教师发展研究

教师领导与教师学习

教师专业发展的双重路径及其整合

曾 艳/著

上海交通大学出版社
SHANGHAI JIAO TONG UNIVERSITY PRESS

内容提要

本书以我国新课程改革为背景,以北京市两所小学为例,展现了在国家、地区、学校等嵌套的改革情境中教师学习和教师领导实践的丰富样态,探讨了两者在学校、教研组、教师个人实践层面相互作用的过程与结果。本书揭示了复杂的改革情境中学校教师的学习与领导实践中内在的"结构-能动"张力,并探讨了超越现有局限,发展教师领导力、促进教师学习的路径与策略。

本书适合对教育改革、教师发展感兴趣的读者阅读。

图书在版编目(CIP)数据

教师领导与教师学习:教师专业发展的双重路径及其整合/曾艳著.—上海:上海交通大学出版社,2020
ISBN 978-7-313-23509-1

Ⅰ.①教…　Ⅱ.①曾…　Ⅲ.①中小学—师资培养—研究　Ⅳ.①G635.12

中国版本图书馆 CIP 数据核字(2020)第 127233 号

教师领导与教师学习——教师专业发展的双重路径及其整合
JIAOSHI LINGDAO YU JIAOSHI XUEXI——JIAOSHI ZHUANYE FAZHAN DE
SHUANGCHONG LUJING JIQI ZHENGHE

著　　者:曾　艳				
出版发行:上海交通大学出版社		地　　址:上海市番禺路 951 号		
邮政编码:200030		电　　话:021-64071208		
印　　制:苏州市古得堡数码印刷有限公司		经　　销:全国新华书店		
开　　本:710mm×1000mm　1/16		印　　张:17		
字　　数:285 千字				
版　　次:2020 年 9 月第 1 版		印　　次:2020 年 9 月第 1 次印刷		
书　　号:ISBN 978-7-313-23509-1				
定　　价:78.00 元				

前　言

　　教师是教育改革的关键。教师专业角色的形成和教师专业发展的成熟程度决定了学校变革与发展的广度和深度(卢乃桂,操太圣,2009)。围绕教师专业性的系列议题,如教师专业角色、教师专业发展、教师专业化等,均成为当前教育改革的焦点。其中,教师领导、教师学习分别回应了"赋权""增能"等与教师专业性有关的核心议题,逐渐成为各国教育改革中广泛运用的政策工具(参见 Darling-Hammond et al., 2009；Katzenmeyer & Moller,2001；Muijs & Harris,2006；Crowther & Olsen,1997)。世界主要发达国家均在其教育改革中不断探索教师领导、教师学习的不同实践模式,以促进教师专业发展、提升教师专业性。我国 2001 年开始实施的新课程改革,既体现了上述世界教育改革的潮流动向,也遭遇了类似的改革难题。一方面,新课程改革对教师提出了一系列新的角色要求,其核心诉求乃寄望于教师表现出足够的专业性,以引领课程变革、促进学生发展；另一方面,改革诉诸于"骨干教师引领的教师学习"手段,促进教师专业角色转型,然而在实践层面改革仍然面临着诸多挑战。东西方教育改革面临的共同难题,要求重新审视教师领导、教师学习实践以及两者的关系、反思两者释放教师专业潜能的机制与效果。

　　基于上述背景,本书以"教师领导与教师学习的互动关系"作为核心研究问题,以北京市两所小学为例,探讨两所学校中教师领导和教师学习在学校、教研组、个人等层面的实践与互动过程。通过这一研究,本书试图揭示我国新课程改革情境中,以教师学习和教师领导作为提升教师专业性之两大路径的关系机制及效果。

　　本书共分为六章。第一章是绪论,分"问题陈述""文献综述""研究设计和方法"三部分,首先,以我国新课程改革对教师提出的要求为背景,讨论了我国教育改革对教师领导、教师学习的理解,以及对两者关系的期待。同时,结合新课程改革所倚重的"骨干教师引领的教师学习"政策实践,剖析了这一特定组合模式在提升教师专业性方面存在的问题。其次,围绕本书的两个核心概念"教师领导""教师学习"以及两者的关系,梳理和评析了相关领域研究的进展。最后,就研究问题的设定、概念框架的阐释、研究方法的取舍、研究过程的实施、研究的可靠性和伦理考量进行了讨论。第二、三、四章是研究发现部分。笔者从学校、教研组、个人三个层面描述了个案学校中教师学习、教师领导的实践形态,以及两者共同影响教师专业发展的过程。这一部分是实证研究部分,为后面的理论分析提供实证证据。第五章基于实证研究部分进行理论分析。就教师学习、教师领导在个案学校教师专业发展中的实践形态与性质进行了理论探讨,运用活动理论对两者的性质和互动关系进行概念化,进而凸显旨在释放教师专业能量的教师领导和教师学习的互动特点。第六章对全书进行总结,在概述研究发现的基础上阐明研究结论、实践启示,以及未来可做进一步探讨的方向。

曾　艳

2019 年 12 月

目　录

第一章　绪论 001
　第一节　问题陈述 001
　第二节　教师领导：教师专业发展的"领导"之维 011
　第三节　教师学习：教师专业发展的"学习"之维 041
　第四节　教师领导与教师学习的关系 063
　第五节　研究设计与方法 070

第二章　学校层面的教师学习与教师领导 083
　第一节　教师感知的学校教师学习 083
　第二节　学校教师学习中的教师领导建构 098
　第三节　教师学习如何影响教师领导：活动结构的规约 118

第三章　教研组层面的教师学习与教师领导 128
　第一节　Q校三年级组：新老搭配的发展困境 129
　第二节　S校三年级数学组：任务驱动下的有限合作 140
　第三节　S校六年级语文组：共同探索"思维导图教学法" ... 147
　第四节　Q校艺术组：失落的理想与消极应对 158
　第五节　教师领导如何影响教师学习：主体的能动探索 163

第四章　个人层面的教师学习与教师领导 173
　第一节　D老师的学习经历：从语文骨干到数学骨干 173
　第二节　L老师的学习经历："出走"的辉煌与困境 186

第三节　H 老师的学习经历：始终"独行"的学习者 198

第四节　教师学习与教师领导的互动：结构—能动的转换 211

第五章　释放教师的专业潜能 219

第一节　"学习"等于"发展"吗？——再思"教师学习" 219

第二节　"赋权"必然"增能"吗？——再思"教师领导" 225

第三节　整合的教师专业发展路径 233

第六章　结语 237

第一节　主要结论 237

第二节　研究启示 243

第三节　不足与展望 245

参考文献 248

索引 260

▶ 第一章

绪　　论

教师专业发展是提升教育质量的关键。教师专业发展的焦点在于通过各类专业发展活动，提升教师专业知能，进而提升整个群体的专业水准，以期实现整个教师群体的专业化（卢乃桂，操太圣，2009）。教师专业发展作为一种"内生型"的专业化路径，通过释放教师作为专业人士的能量，使教师成为专业人士。

第一节 ◦ 问 题 陈 述

近年来的教育改革中，教师在发挥专业能量时所面临的主要挑战之一在于一定程度上缺乏专业自主权，由此带来的是教师的"失能"（Day & Sachs，2004；Day，2002）。"赋权增能"因而成为近年来教师专业发展领域的重要议题。"教师学习"旨在提升教师专业知能，指向了"增能"；"教师领导"意在改变教育领域已有的不平等权力结构，提升教师专业权力，指向了"赋权"。"教师学习"和"教师领导"因此成为实现教师专业发展目标的两大路径。两条路径相互配合，似乎可以最大限度地激发和发挥教师作为专业人士的能量。在实践中，也确实产生了不同的"教师领导—教师学习"组合模式，例如，我国"骨干教师引领下的教师专业发展"。然而，无论教师学习还是教师领导，都是复杂的情境实践。不同的实践组合模式是否始终能够有效发挥两条路径的优势，充分发挥教师的专业潜能呢？本章将以我国新课程改革为背景，阐述这一研究问题的背景、研究目的，并讨论研究意义。

一、研究背景

新课程改革（以下简称新课改）是我国基础教育领域近年来最重要的改革

之一,是完善基础教育阶段素质教育体系的核心环节(钟启泉,崔允漷,张华,等,2001),是在国内外社会经济环境的影响下,因为学校教育不能满足对人才的需求而发动的一场自上而下的系统变革。新课改在教师领导、教师学习,以及两者关系模式方面的创新实践,为探讨教师专业化发展问题提供了丰富的信息。本节首先对新课程改革的要求与实践进行梳理,进而引入教师专业性、教育领导等领域的相关研究,以阐释本书议题。

(一) 新课改的期待:教师成为学习者与领导者

新课改的"新"体现在对课程理念的更新理解上,即"创生取向"的课程理念[①](钟启泉,赵小雅,2006),强调教师对课程计划、标准、教材等的理解与建构。课程与教学整合在一起,课程成为一系列的教学实践,而教学成为课程的生成过程。从这个新的课程理念来看,教师即课程(钟启泉,2004),教师的素质直接决定了课程实施的质量。在此背景之中,新课改将教师视为决定改革成败的关键人物,将教师专业发展视为更新教师角色、提升教师新课程实施能力的关键环节。

第一,"创生取向"的新课程理念期待教师成为领导者和学习者。传统的观点将教师视为"传道、授业、解惑"者,教师是"抱着怎样控制课堂、禁锢学生的照本宣科的'教书匠'的角色出现的"(钟启泉,2009)。此时,教师与课程的关系是分离的,教师成为被动的知识传递者、消费者。"创生"取向的课程理念则要求改变上述教师与课程之间被动、单向的关系。从教师与教材的关系来看,教师要由课程的"忠实执行者"变为课程的"开发者"和课程知识的"建构者";就教师与学生的关系而言,教师要由学生的"控制者"变为学生的"促进者""合作者""引导者";就教师与教学实践的关系而言,教师还应是自身教育教学实践的"批判者"和"反思者",教师应以个人的课程意识和教育理性为依据对其课堂教学行为进行批判和反思(靳玉乐,张丽,2004),亦即"反思的实践者"(Schön,1983)。

新课改期待的教师是课程的开发者、课程意义的创生者、教学的研究者(王艳玲,2007),这是对教师作为实践主体的价值与意义的重新发现。对教师新的角色群描述中蕴含着教师作为领导者和学习者的双重意蕴。作为领导者

---

① 创生取向是课程实施取向中的一种。美国课程学者 J. 辛德(J. Snyder)等在 M. 富兰(M. Fullan)研究的基础上归纳出课程实施的三种取向:忠实取向、相互适应取向、创生取向。课程创生取向是把课程视为教师与学生联合创造、实际体验的经验,这种课程是情境化、人格化的,它不是一件产品或一个事件,而是一个创造的过程。

的教师,不再是他人知识的使用者,而是自身实践的意义创造者、学者和发明者(Lieberman & Miller,2004);作为学习者的教师则是能够进行自主的反思和批判,不断改善自身教育教学实践的"反思的实践者"和能动者。

第二,新课改期待通过教师学习实现教师角色转型。由于"创生取向"的课程理念强调教师对课程的理解与实施,因此,教师理解和实施新课程理念的能力尤为重要。为此,教师不仅要转变角色——通过教师角色转型促进教师专业成长,进而推动新课程的实施;同时,教师角色转型也要依靠教师专业发展而实现。有学者直言"教育改革的核心环节是课程改革,课程改革的核心环节是课堂改革,课堂改革的核心环节是教师的专业发展"(钟启泉,2009)。

教师专业发展的核心是教师学习(Opfer & Pedder,2011;Webster-Wright,2009)。学习不仅意味着知识技能的丰富积累,也意味着学习者身份的变化发展(Wenger,1998;Lave & Wenger,1991)。新课改期待的教师角色转型不仅在于对教师角色重新进行外部定义,更重要的在于教师将课程开发者、课程意义创生者、教学研究者等具有领导者意涵的角色群内化,成为滋养自身专业实践的持久的专业身份。要实现这一角色转型离不开教师学习。那么在新课改实践中,教师如何进行专业学习?教师的角色转型是否能够实现?教师的专业学习在教师角色转变中发挥了怎样的作用呢?

(二)教师角色转型的实践:骨干教师领导下的教师学习

自从新课改实施以来,我国采取了全方位措施来提高教师素质,保证教师具备实施新课程的能力,诸如制定与教师相关的专业标准、完善职前教师培养体系和职后教师继续教育体系,调整教师教育的整体结构和布局等。其中,为确保广大在职教师能够具备实施新课程的能力,积极建立了"面向全员、突出骨干、倾斜农村"的教师终身学习制度(教育部,2003)。除要求全体教师每五年一个周期进行轮训以外,国家特别投入大量资源,实施"跨世纪园丁工程""国培计划"等,重点培养骨干教师,以期促进整个教师群体的发展。"骨干教师引领的教师学习"成为我国教师专业发展实践的突出特征。

"骨干教师"是国家和政策认定的具有正式头衔的教师领导者(陈峥,卢乃桂,2010),被赋予了引领教师学习、推动教师专业发展的重要使命,同时也是获得重点培养的教师群体。骨干教师指具有较高教育教学水平、专业知识扎实,对所教学科有一定的影响力的教师。"骨干教师"政策最初是解决我国教育资源短缺背景下提升学校办学质量的应对举措;随着 20 世纪 90 年代基础教育改革新目标的提出,教师被视为教育发展的基石,骨干教师也被赋予带领教师队伍发展,推进基础教育迈向高水平、高质量的期望(王绯烨,2018)。

在新课改中,骨干教师的引领作用体现在负责学校课程教学事务,如研发新的授课技巧(Lo, 2019;黄显华,朱嘉颖,2005);计划和组织学校教师教研活动;帮助提高同事专业发展水平,如团结同事、分享互助(丁刚,2004);发挥模范带头作用等。在"教而优则仕"的文化中,许多骨干教师事实上还承担着学校中各类管理工作,负责处理一定范围的行政事务(王绯烨,2018; Bu & Han, 2019)。此外,骨干教师还有一个非常重要的角色,即扮演学校校长或外部教育政策要求和一线教师之间的"中间人"(broker),他们往往通过各类正式和非正式的途径,将校长的办学理念和外部教育政策要求阐释、传达给一线教师(王绯烨,2018; Bu & Han, 2019)。

骨干教师群体在教学一线扮演中坚角色的同时,其领导作用的发挥也常常面临诟病。一些研究发现,相当多的骨干教师指导其他教师的次数有限,担任公开课的数量少(罗绍良,2011);同时,许多骨干教师自身的水平有限,反思水平不高(彭华茂,王凯荣,申继亮,2002),教育科研水平较低。另外,在唯经验论、唯资历论的思想下,还有一些骨干教师在学校教研活动中常常表现出"霸权主义"的倾向,压制其他教师的意见和声音(刘群英,2007)。总之,骨干教师的引领作用被认为相当有限。同时,还有研究者认为,这个群体因为占据大量资源形成教师中的精英阶层,不利于教师群体合作文化的实现(卢乃桂,陈峥,2007;冯大鸣,徐菊芳,2005)。

(三)理想与现实之间:"教师领导"与"教师学习"的关系之辩

检视整个新课程改革的目标与手段,不难发现,本次新课程改革将新课程理念的成功实施与教师专业性紧密联系在一起。然而,改革理想和现实逻辑之间很多时候并未顺利衔接。一方面,改革设计者将变革的内在逻辑视为"通过教师发展,推动教师转型成为专业人士(如教师作为学习者和领导者),进而实现课程变革、提升教育质量"。另一方面,实践层面采取的"骨干教师引领的教师专业发展"策略,实则将改革的逻辑转换为"通过(部分)教师进行专业角色转型(如扮演教师领导者),进而提升(全体)教师学习,并发生专业角色转型"。然而,"骨干教师引领的教师专业发展"在现实中面临的种种问题,需要我们重新审视"教师专业性"这一议题之中的"教师领导""教师学习",及其相互关系。

1. "教师领导"和"教师学习"是教师发展专业性的两条重要路径

大规模教育改革已经在世界范围内开始回归(Fullan, 2009)。在改革全球化、全球化改革(尹弘飚,2011)的时代背景中,教师逐渐成为教育改革的焦点(Lieberman & Mace,2008),因为教师作为教育改革的一线实践者,他们对改革价值的认同程度、解读方式影响着他们实践教育改革的行动(谢登斌,2006),进而直接影响改革的成败。研究普遍认为,教师的专业发展能够促进教育政策的推行,促使学校实施改进措施,提高学生学业成就,提升教学的专业地位(Day & Sachs,2004;Huffman & Hipp,2003)。而教师专业发展之所以能够产生如此功效,在于这些专业发展活动能够促进教师在教学实践、教学信念和学生学业成就等方面发生改变(Guskey,2002)。

关于教师改变存在两种观点,一种认为教师本质上是抗拒改变的,另一种则认为教师无时不变、无处不变,教师改变是非常自然的事情(操太圣,2003)。两种观点的差异聚焦于教师是否自主和自愿发生改变。与之相应的,教师发展也呈现两种基本模式,其一肯定教师在知识、技能及素质上的不足,通过提供课程、工作坊等专业发展项目,指令式地要求教师发生改变,但实际上往往并没有让他们在专业上获得真正的发展,即"补足取向"(deficit model)(卢乃桂,黎万红,许庆豫,2000);另一种则认为专业发展活动应该考虑教师教学实践中的实际需求,有效的教师专业发展应该让教师作为积极的学习者,自主地决定专业发展活动的内容与方式,才能够使专业发展活动真正改变教师(Putnam & Borko,1997;Berne & Wilson,1999)。

在上述争议中,专业自主是影响教师专业发展的重要因素之一。对照当下教育改革实践,改革往往采取自上而下的推行方式,市场与管理主义的盛行剥夺了教师的专业自主,导致教师失去专业性。如何提升教师专业性成为研究之焦点。其中,"教师学习"和"教师领导"的概念日渐崛起,围绕教师专业自主、教师专业性议题,形成了两条研究路径。"教师学习"概念在近年来显示出逐渐取代"教师专业发展"的趋势(Fenwick,2004),其根本原因就在于彰显教师专业发展活动中被荫蔽的教师自主(Fullan,2007;Easton,2008;Webster-Wright,2009);而"教师领导"更是直接作为对教师赋权的回应,在美国20世纪80年代的教育改革中应运而生,并在21世纪初成为正式的研究领域,吸引了诸多研究者的关注。两者作为不同的研究领域显示出不同的理论探究路径:教师学习的研究往往从各类学习理论入手,探究教师学习如何真正发生,怎样发生;教师领导的研究理论脉络更加复杂,社会民主、组织理论、教学专业性等均成为教师领导研究的切入点,但无论何种背景,"教师领导"这一概念本身就含有教师赋权的浓厚意蕴。

总而言之,"教师学习"与"教师领导"是探究教师专业发展、教师专业性的两个重要概念和研究领域,这意味着给予教师更多领导机会、促进教师专业学习,都是促进教师专业性提升的路径。一些零散的研究指出了两者之间可能存在互为因果的关系,例如一些研究者发现,教师需要学习必备的知识技能以领导他人(Little,1988;Murphy,2005;Smylie & Mayrowetz,2009;Harris & Muijs,2005),也需要通过学习实现自我领导;还有一些研究者断言教师领导不可避免地与学习有关(Darling-Hammond,1995),对教师学习具有反作用(Smylie,1992;York-Barr & Duke,2004)。但教师领导与教师学习之间究竟如何才能实现相互促成,这一过程机制尚未得到揭示。但教育领导关于"学习—领导"关系的探究,为理解"教师学习""教师领导"之间的关系提供了思路。

2. "为了学习的领导"视野中的"教师学习"和"教师领导"

教育是以学习为中心的事业,学习从来就是教育领导和学校领导的核心目标和领域。"学习—领导"的关系,是教育领导实践关注的核心议题。随着学习科学、教育领导等多领域的发展,"学习—领导"的独特关系也得以揭开一角。相较于早期研究中更多关注校长领导和学生学业成就的关系(参见Robinson,2007;Leithwood et al.,2008),当前的研究更注重从学习的本质特征入手,揭示以学习为中心的教育领导和学校领导实践所具有的品质。Sergiovanni(1994)关于学校作为教育社群的论述,Lambert 及其同事(2002)的"建构主义领导"理论(constructivist leadership),剑桥大学"为了学习的领导"项目(Leadership for Learning Project)等都提供了较为丰富的启示,他们的研究共同促进了"为了学习的领导"(Leadership for Learning)视角的形成。

Sergiovanni 是这一研究取向中的先行者。他提出了要将教育视为社群,认为学校不同于一般的工业组织,学校的本质应该是学习社群(Sergiovanni,1994)。Fitzgerald 和 Gunter 在 2008 年指出,如果不把学校视为工业组织,学校领导(school leadership)就应该将注意力从组织结构、角色、责任、任务等转向"学习"本身。换言之,教育领导研究应该把关注点从领导的环境转向领导的核心目标。有效的领导实践应该足以支持有效教学的发展,因为正是有效教学实践促使学习真实发生。

Lambert 等(2002)提出了"建构主义领导"理论,该理论认为,学习和领导都是基本人权,两者相互交织,不可分割。他们以"学习是人的基本权利"为出发点,阐释了学习和领导的密切联系,并从学习理论与领导理论自身的变迁与相互关系入手,指出教育领导和学习之间存在着平行发展的趋势。当前对学习的理解以建构主义观为主导,学习即意义建构和协商。意义既是身体活动(如抓、看)也是社会活动(要求另一方的参与)、生存活动(通过意义我们才能生存),因此,意义理解是人类最基本的行动,不可约简(Kegan,1982)。学习是共同建构关于世界的意义与知识,使人类能够有目的地行动。学习因而成为人的基本权利。

在此建构主义学习观中,"学习"是学习者主动探究、参与、反思,以及与他人的互动与协商中建构知识和意义的过程;"领导"在其中起"启动和推进学习"的作用。此时的"领导"被理解为"促使教育社群的参与者建构意义,从而达致对学校教育共识的互惠过程",即建构主义领导。"学习"与"领导"通过"社群"概念结合和统整。在教育服务于民主参与的目标之下,"学习"和"领导"都是社群成员的基本权利,是内含于学习社群成员角色之中的维度;领导成为每一位社群成员潜在具有的、等待被激发的能量(capacity);学习既是领导的目标,也是领导实现的途径。

剑桥大学"为了学习的领导"项目通过对"学习"和"领导"内涵的阐释,也发现了两者相通之处,进而识别了促进学习的领导所具有的特征。

该小组发现对"学习"和"领导"的理解均存在新、旧理解框架。在新的理解框架下,"学习"和"领导"颇具相似性:都要求实践主体(学习者和领导者)能够积极发挥能动作用(agency)。在"学习"和"领导"成为天然同盟的前提下,能动性被视为人类本能释放的驱动力(human drive)。因此,他们将"学习"与"领导"统整于"活动"(activity)概念之中,认为"学习"和"领导"都是"以人类能动性为中心的道德活动"(Swaffield & MacBeath,2009)。"学习"具有相互关联的特性(interrelated nature),而指向学习的"领导"是融合不同层面学习的联结组织(connecting tissue)。

上述研究观点的共同之处在于,都将意义作为理解"学习"和"领导"的核心,将"学习"和"领导"视为人类伸展能动性的表现,并赋予了道德的维度。由此,"学习"和"领导"成为天然同盟(Swaffield & MacBeath,2009),不可分割地交织在一起,学习社群同时也是领导社群,每一位学习者都是天然的领导者,这就是在教育作为社群的前提下,"学习—领导"的应然关系逻辑。

基于对学习本质的哲学思辨,学习不应仅局限于学生的学习,学习在多层面发生并交融在一起;领导是促进各层面、各系统的学习相互交融的力量。在这一图景中,校长、教师、家长、学生等所有教育社群成员都应该既是学习者也是领导者。"学习"和"领导"在社群背景中不可分割地交织在一起。对这一图景持有整全的理解,并推动各群体或层面的学习与领导才有可能推进整个社群及其成员的发展。

在上述理解框架中,教师领导、教师学习,以及两者关系均获得了新的内涵。第一,教师既是学习者又是领导者,"学习"和"领导"是教师作为人的基本权利之体现。"教师领导"特别容易被误解为教师与学校行政管理者分享权力和责任。在"学习的领导"视域中,"领导"实际上是教师角色的内在属性(Frost & Harris,2003),关乎教师实现作为人的潜能的权利,涉及教师对自己身处的环境施加影响和对彼此的相互影响(Frost,2008)。每一位作为专业人士的教师在其教学实践中都有领导的潜能(Lambert et al.,2002)。第二,教师学习和教师领导具有内在关联,不可分割。一方面,教师的领导以促进教育社群中丰富的学习实践为指向,其中也包括教师自身的学习;另一方面,领导作为教师角色中有待激发的潜能,需要通过教育社群中丰富的学习文化激发,其中也包括教师自身的学习。

"为了学习的领导"为教师的领导与学习及其相互关系提供了新的见解,但相关研究尚缺乏充分的实证基础(York-Barr & Duke,2005)。

二、研究目的

频仍的改革已经成为当前教育领域的常态,教师虽然被视为教育改革的关键,直接影响教育改革的成败,因而也获得一定程度的赋权,但教师的专业性反而在自上而下的改革浪潮中日益成为问题。教师领导、教师学习等研究领域虽然都围绕教师专业性问题进行不同路径的探索,但彼此的研究相对分离,较少探讨两者如何配合以达到提升教师专业性的目标。与此相应的,却是实践层面,不同的教育改革行动者已经根据自己的理解,采取了不同类型的教师领导—教师学习关系模式,以期促成教师的转变,推进教育改革的顺利实施。例如我国的骨干教师政策,美国的领袖教师相关政策等,都采取了独特的教师领导—教师学习关系模式。然而,由于关于两者关系的知识基础较为薄弱,实践中各种类型的教师领导—教师学习关系模式并非都能达到预期的目标。我国骨干教师的引领作用屡遭诟病,甚至被视为不利于教师合作的开展(卢乃桂,陈峥,2007);在美国,教师领导政策的实施也在历次挫折中不断调整,逐渐形成了从侧重行政管理,到关注教师教学,再到走出课堂与学校,发展教师领袖群体(Silva et al.,2000)的政策更迭。可见,探究教师领导与教师学习之间的关系和作用,是了解如何提升教师专业性的关键议题。

此外,教育改革频繁更迭的背景中,教育领导向来被视为推进变革的重要力量。教育领导始终以学习为领导事业的核心目标,但学习—领导的相关性甚至受到这一领域自身的质疑。最新的研究表明,校长领导与学生学习之间的关系要受到教师等学校其他成员的中介(Leithwood et al.,2008);而从学习的本质出发,一些研究者也得出学习与领导密不可分的结论(Lambert et al.,2002;Swaffield & MacBeath,2009)。总之,在教育社群之中,学习是多层面、不限于学生的,领导也不是等同于校长领导,多层面的学习和领导之间存在类似网络状的关系形态,而非"校长领导—学生学习"的线性过程。在这一过程之中,教师作为最直接影响学校教学的群体,他们自身的领导与学习存在怎样的关系,就成为极其重要的研究议题,但已有教育领导研究多从校长的角度展开,而忽视了教师群体。总体而言,无论从教师专业性提升,还是从教育领导的角度而言,教师领导和教师学习的关系都是值得探究的议题,两者的关系浓缩着教育改革中各类微观政治力量的博弈,也对教育改革的推进具有不可低估的影响。

基于这些考虑,本书旨在以我国新课改为特定背景,探究这一改革情境中学校教师领导与教师学习之间的互动过程,以及此种关系形成的原因,由此增进对教育改革中如何提升教师专业性的理解,以及对推进变革的教育领导之认识。具体而言,本书将聚焦于我国新课改中教师领导与教师学习的关系问题展开论述。为了使分析更加清晰,分为三个层面,分别从教师领导和教师学习的角度探讨对彼此的影响,然后总体探究两者的关系与成因。研究问题如下:

(1)学校教师学习为教师领导提供了怎样的条件?

(2)学校教师领导对教师学习具有怎样的影响?

(3)学校教师领导与教师学习之间存在怎样的关系?为什么会存在这样的关系?

三、研究意义

本书的研究在实践和理论层面均具有重要意义。

(一)理论意义

第一,将增进对"领导—学习"关系的理解,揭示教师专业发展和教师专业化的复杂进程。正如前文所言,教育领导中"领导—学习"关系不是单一层面上单向、线性的过程,而更可能是一种复杂的网状结构。对教师领导与教师学习关系的探究,有助于增进对这一复杂过程的理解,进而提升对教师专业发展,乃至教师专业化进程的理解。

第二,将扩充对教育领导的理解。当前教育领导主要以校长领导为着眼点,相关理论建构也主要围绕校长领导展开,在一定程度上使教育领导近乎等同于校长领导。本书将探究教师领导在现实中的表现及作用于学习的过程,直观展现教育领导中教师领导的存在与作用,从而扩充对教育领导的理解。

第三,将充实我国对教师领导研究的不足,并为教师领导研究提供以我国教育改革情境为背景的知识。教师领导是一个生成于西方教育改革的概念,相关研究在西方已经渐成研究领域,并积累了相当的知识基础。但在我国教师领导刚刚获得关注,主要停留在引介这一概念的阶段,针对我国教育情境中教师领导的实证研究很少,更少关注教师领导与教师学习的互动机制(参见后文第二节)。因而本书将充实我国教师领导研究的不足。同时,由于教师领导是一个社会建构的产物,我国与西方社会的文化差异使我国教育情境中的教师领导具有异质性特征,因而本书立足于本土情境中的教师领导研究将为教师领导研究提供独特的本土知识。

第四,将提供本土知识,充实我国教师学习研究的不足。与教师领导研究类似,教师学习也是一个较新兴的研究领域,因而本研究对我国学校教师学习过程的探究,既有助于充实我国教师学习研究的不足,也能为教师学习研究提供基于我国情境的案例与知识。

(二) 实践意义

首先,本书对教师领导与教师学习之间关系的探究结果有望为我国教师发展政策中采取的"骨干教师引领全体教师学习"的思路进一步提供理论依据,以分析这一政策方针的合理性。

其次,在实践层面,骨干教师引领的教师学习已成为教师专业发展活动中的突出现象。尽管对骨干教师的引领作用存在种种批评,但当前针对骨干教师的研究主要聚焦于骨干教师的选拔、培养环节,对于骨干教师经过培养之后,在工作学校情境中如何引领教师学习的研究较少,已有研究也常常采取应然取向。本书的研究回归实然,将学校情境中骨干教师引领的教师学习作为探究的一个组成部分,其结果有望对骨干教师的管理和使用提供启示。

最后,本书对学校情境中教师领导与教师学习的探究必将涉及学校教研组、集体备课、骨干教师等具有中国特色的文化现象。这些教师学习和教师领导的模式在我国教育发展中起到重要作用。例如包含教研组在内的中国基础教育教研系统被视为世界最大规模的教师学习组织(管培俊,2009),而原上海市教育委员会副主任张民选在搜狐举办的"'教育与中国未来'30人论坛2010年年会"中,将上海在PISA2009中取得优异成绩的经验之一,归结为中国教师在职进修和集体备课形式。本书对中国学校情境中教师领导与教师学习的探究,有望挖掘提炼我国悠久文化传统中孕育的某些优秀的教师学习、教师领导经验,对其他国家的教师领导与教师学习也可提供实践启示。

第二节 ⊙ 教师领导：教师专业发展的"领导"之维

"教师领导"是在20世纪80年代以来世界性教育改革潮流中兴起的新概念。作为一种现象,"教师作为领导"历经了社会民主、教育分权、教师研究和教师专业化等不同思潮的影响,并进而演化发展出复杂多样的实践形态。基于对复杂的教师领导实践形态的梳理,本节归纳了作为既存现象的教师领导中矛盾并存的多样观点,并进而澄清作为规范理念的教师领导之内涵。同时,对教师领导的实践类型、发生机制进行整理说明。

一、"教师领导"的概念内涵

(一)"教师领导"议题的源起

随着新自由主义思潮的泛滥,20世纪80年代以来形成了一股世界性教育改革潮流,以标准和问责为导向,强有力地塑造了以"个体赋权、基于角色"为特征的话语潮流。在这一背景下,"教师领导"作为新的教育改革策略应运而生。以英美为例,教师领导主要在两类政策中体现。

首先,"教师领导"与提升教师表现的议题有关。由于认识到教师在教育教学中的重要作用,教师成为改革的重点领域之一。为了提升教师教学的专业性与地位,英美出台了一系列政策文件,例如英国《教师:迎接变革的挑战》、美国《准备就绪的国家:21世纪的教师》《明天的教师》等。这些政策文件遵循如下思路:借助国家制定的教师入职标准、能力标准等,对教师进行认证、评核、分层、表现管理等等级化分类,其中部分处于金字塔尖的教师被推上领导岗位,成为教师领导者(teacher leader)。例如英国《教师:迎接变革的挑战》规定,创造新的付酬系统,根据教师的表现支付酬劳,表现好的教师被纳入领导队伍(DfEE, 1998);美国《明天的教师》将教师分为教员、专业教师、终身专业教师等不同等级（The Holmes Group，1986），并进而在《准备就绪的国家》文件中明确规定，设置"领袖教师"（lead teacher）职位，使之发挥在重新设计学校课程及帮助同事提高专业水平和教育质量方面的领导作用（Carnegie Corporation of New York，1986）。

上述被选拔出来的教师领导者或加入学校的中层管理团队，或根据临时性任务被指派领导某一任务，还可能参与学校之外的领导事务，如学区层面的协调员和代表（Frost & Harris，2003）；这些教师领导者的实践范畴涵盖了校内事务的协调管理、学校或学区的课程工作、同侪专业发展、学校改进、家长与社群参与、专业贡献、职前教师教育等不同领域（York-Barr & Duke，2004）。

其次，"教师领导"是"基于现场的管理"（site-based management）中一个重要维度。"基于现场的管理"是在教育市场化、教育分权的思路下产生的，假设"由于学校专业人员掌握着有关课程、教学法和学生学习等方面的知识，因此学校专业人员有能力对学校事务和学生学习做出最恰当的决策；如果把有关决策权下放到学校，由各方人士共同决策，将有利于学校民主管理和政治稳定"（冯大鸣，2004）。教师作为重要的教育持份者理应在教育实践中拥有一定决策权，这成为教师获得领导权的一个原因。"基于现场的管理"为教师获得领导权提供了理据和空间。在英国，国家鼓励教师参与自由学校的筹建，乃至由教师自己创办自由学校；在美国，契约学校和特许学校中教师有权参与学校设计，在财政、课程、人事方面都享有一定的决策权。

总体而言，英美两国的"教师领导"改革策略产生于教育分权的思路，并与提升教师地位和教学质量等要求结合，因此"教师领导"往往与赋权、地方管理等话语相伴出现（York-Barr & Duke，2004）。与以往相比，教师获得了课堂之外更多的领导空间。

（二）"教师领导"的理据溯源

虽然"教师领导"是在 20 世纪 80 年代美国教育改革中正式提出的名称，但"教师作为领导"的现象存世已久（Smylie & Denny，1990）。从发展历史来看，教师领导的概念形成中，先后受到社会民主、教育分权、教师研究和教师专业化等思潮或运动的影响。这些理论或思潮为教师领导提供了理据。

1. 社会民主

Smylie 等（2002）简要回顾了 20 世纪以来教师领导在美国的发展历程。在 20 世纪上半叶，美国的教师领导嵌套在对民主社会的诉求中，教师领导被视为社会民主的一部分。相关主张认为：如果学校自身不能够成为民主社群,那么它也无法孕育民主社会。这一时期兴起的"教师理事运动"(teacher council movement)①、"民主行政运动"(democratic administration movement)等要求组织教师共同解决教育问题,从而推动学校民主化,以提升学校在社会民主进程中的能量。这一时期的教师领导是面向全体教师的。之后,工业管理模式之下的学校教育出现了种种问题。此时,学界开始从学校教育的哲学基础中再思学校教育目的,提出了学校作为民主社群的呼求,并以此作为教师领导的理据(Katzenmeyer & Moller,2001)。

总之,将培育民主的诉求嵌入教师角色职责之中,并以此作为教师领导的理据之一,是从"教育培育民主社会公民"这一教育目的与社会功能来考量教师的角色担当的。在追求社会民主的宏大目标之下,每一位教师都担负着培育民主社会的责任,并因此而成为领导者;同时,教师领导的目标绝不仅仅局限于课堂内,甚至也不局限于学校之中。教师是具有转化力量的公共知识分子,他们"必须承担他们作为公民和学者的责任,采取批判的立场,使他们的工作与更广泛的社会问题联系起来,给学生提供知识并就紧迫的社会问题进行辩论和对话,提供条件让学生们满怀希望,并相信公民生活至关重要,相信他们在型塑公民生活以及为所有的群体拓展公民生活的民主可能性上能够做出独特的贡献"(Giroux,1997)。

2. 教育分权和基于角色的组织理论

进入 20 世纪 80 年代后,美国教育改革第二波浪潮认为学校教育中的问题来自教育科层化结构本身,系统故障是造成问题的根本原因,因此需要采取"权力分散"为中心的改革策略,进行"系统重构"(Murphy,1990)。在教育分权的思路下,教师作为重要的教育持份者理应在教育中拥有一定决策权。因此,教师理应获得赋权,"教师领导"的观念于是被重新拾起,并明确以"领袖教师"等名称为教师正式命名。

此外,受到"基于角色的组织理论"(role-based theories)、"个体工作的重新设计模型"(models of individual work redesign)、"职业提升"(job enhancement)等理论影响,美国还采取基于角色、融合教师职业生涯发展的个体赋权方式开展教师领导,旨在发挥优秀教师的能量、改进学校教学和提升学生学业成就。在基于角色的组织理论视角中,教师领导的理论依据是:将学

---

① "教师理事运动"中,教师代表组成委员会就课程、教学方法、学校管治等方面对学校负责人提出建议。

校视为组织,组织的发展需要员工的共同参与,教师作为学校组织的员工参与决策能够提升决策的正确性、全面性,能够提升教师自身的组织承诺。此时的教师领导面向部分教师,教师领导的角色内涵得到拓宽,但教师领导的本质发生变化——不复以民主为诉求,相反具有为改革的政治性目标服务的工具色彩。

3. 教师研究、教师专业化与教师赋权

影响教师领导概念形成的另一股力量来自教育界内部。20 世纪 80 年代兴起的教师研究运动与教师专业化运动结合,从教师群体自身的处境出发,以教师知识的实践性、教学的情境性、教学的专业模式等为依据,提出了"教师作为研究者"的要求,要求承认教师知识的专业属性,提高教师群体的专业地位,通过教师赋权改善教师的工作生活处境,实现教师专业发展与更新。

"教师研究"的定义很宽泛,包含所有系统性、有意的、自我批判的教师探究形式(Cochran-Smith & Lytle, 1999),具体包括行动研究、实践者探究、教师探究等(Smylie et al., 2002)。教师研究运动的关注点有三个层面,分别是社会探究取向的教师研究(teacher research as social inquiry),旨在变革社会;社群理解取向的教师研究(teacher research as knowing within communities),强调教师是课堂和学校改变的能动者;实践探究取向的教师研究(teacher research as practical inquiry),将教师研究或实践探究作为生产或提升教师实践知识的方法(Cochran-Smith & Lytle, 1999)。

"教师作为研究者"意味着教师能够自主地做出专业判断,通过探究与行动,在不同层面引起变革。在这一观点中,"当教师抛弃掉自己作为受管理的技术工人这种角色,而承担新的、作为'研究者、有意义的创造者、学者和发明者'的角色时,就扩展了教师是谁、教师做些什么的视野。教师开始视自己为致力于探究教与学的知识分子,也被大众如此看待。在这种关于教与学的扩展的视野中,蕴藏着的观念就是教师也是领导者,是能够改变当下和未来的学校和学校教育的教育者"(Lieberman & Miller, 2004)。在此意义上,教师研究既是教师领导的一种实践方式,也是发展教师领导的一种途径(Smylie et al., 2002)。

在各类思潮与实践的推动下,各类教师担当领导的现象逐渐聚拢形成"教师领导"这一概称,并发展为独立的研究领域。然而,推动概念形成的各类思潮具有不同的立场和角度。例如社会民主思潮、教师专业化与教师赋权分别从教育的本质与目的、教师专业性的角度,发出教师作为领导者的呼吁,更多是基于教育自身特点而产生的要求;相较而言,教育分权与基于角色的组织理论主要从教育系统外部,针对教育的设想与需求,理解和设计教师领导。这一视角并未对教育的独特本质给予过多关注,而将学校视为一般性组织。

不同的立场产生了对教师领导各异其趣的理解与行动,形成了复杂的教师领导实践格局。在研究领域,层出不穷,乃至截然相反的教师领导定义导致很难对教师领导进行系统探究,例如早期由于对教师领导缺乏一致性的理解,难以对实证研究的结果进行比较。因而,有必要先将教师领导视为既存现象,寻找现实中交锋的观点,进而寻求作为规范理念的教师领导所具有的特征与形态。

(三)"教师领导"作为既存现象:矛盾并存

作为一种现象类别的教师领导,包含了具有丰富表现形式、发挥不同功能的"教师行使领导"的现象。就实践背景而言,教师领导既可能发生于组织环境中,又可能发生于社群背景下;就实践形态而言,教师领导既可能集中体现于某一个体教师身上,也可能表现为分布于教师群体之中的领导实践、集体能量;就领导的范畴而言,教师领导既可能表现为教师对自我的领导,也可能体现为对他人的影响,既可能发生在课堂之内,也可能发生在课堂之外乃至宏观社会范畴中;就功能而言,教师领导既可能带来教师专业地位的提升、学校教学改进、学生成就提升,也可能成为控制教师的工具和手段……总之,作为一种现象类别的教师领导是一个中性词,它包罗了基于不同立场、对"教师行使领导"现象的理解。基于这一含义,宜采用 Harris 和 Muijs(2003)的描述型定义来理解教师领导,即教师领导是"不论职位(position)或指派(designation),教师行使领导"。

以下从四个方面对实践中的教师领导现象进行梳理,从而呈现当前教师领导的实践样态以及交锋观点。

1. 谁是教师领导者

Frost 和 Harris(2003)将"教师领导"中"作为领导者的教师(teachers who are leaders)"分为如下四种类型(见表 1-1)。其中,除了第四类"教师的领导"将所有教师都视为领导者外,在其他三类理解中,作为领导者的教师主要产生于正式指派或任命,其领导范畴涵盖了从学校内部到学区层面与学校教育有关的所有事务。可见,关于"谁能作为教师领导者"这一主体问题就存在争议。

表 1-1 谁是教师领导者?

类　　别	类 别 描 述	实　　例
领袖教师 (lead teachers)	为了学校内部某个特定的目标，教师被指派(appoint to)做"领导者"(teacher leader)。这类教师的特点是"首要关注其他教师和他们的教学"	高级教师(master teacher)、顾问(consultants 或 advisory teachers)、影子教师(semi-detached teachers)、支持教师(support teacher)
中层领导 (middle managers)	占据学校等级化结构中某一个位置的教师	学校中的部门负责人(head of department)、学科组长(subject leaders)、学科协调人(subject coordinators)、负责生活的年级组长(pastoral year head)①等
协调员和代表 (co-ordinators & representatives)	主要指在学区层面支持同侪专业学习或研究的角色	包括被指定(designated)为持续的专业发展中的教师导师(mentor)、协调员(coordinator)，特别教育需求协调员(special educational needs coordinators, SENCOs)，研究协调员(research co-ordinator)(行动研究的推动者)
教师的领导 (teachers' leadership)	无论职位或指派，教师行使领导力	所有参与"教师引领的发展活动"的教师

(Frost & Harris, 2003)

2. 教师领导的实践范畴

根据 York-Barr 和 Duke(2004)的整理,已有研究发现,教师领导实践涉及协调管理、课程工作、教师专业发展、学校改进、家校关系、专业事务、职前教师教育等广泛领域(见表 1-2)。

表 1-2 教师领导者做些什么

实践的维度	来自文献的例证
协调、管理	协调日常计划和特别事物(Wasley, 1991a)
	参与行政会议和任务(Smylie & Denny, 1990)
	监控改进努力;处理麻烦(Heller & Firestone, 1995a)

---

① 英国一些学校中设置的负责学生安全工作的职位。其工作范围包含一切与学生安全相关的内容，包括筛查学校雇员是否具有犯罪记录、调查学校中是否存在学生受到欺侮等情况。

（续表）

实践的维度	来自文献的例证
学校或学区课程工作	定义产出和标准（Paulu & Winters，1998a）
	选择和发展课程（Darling-Hammond et al.，1995a；Fessler & Ungaretti，1994）
同侪专业发展	做其他教师的导师（Archer，2001；Berry & Ginsberg，1990；Darling-Hammond et al.，1995a；Devaney，1987a；Fessler & Ungaretti，1994；Hart，1995；Paulu & Winters，1998a）
	领导工作坊（Devaney，1987a；Fessler & Ungaretti，1994）
	参与同侪互助（peer coaching）（Berry & Ginsberg，1990；Devaney，1987a；Fessler & Ungaretti，1994；Guiney，2001）
	建立专业成长的模型、鼓励专业成长（Silva et al.，2000a；Smylie & Denny，1990）
参与学校工作改进	参加学校范围的决策（Berry & Ginsberg，1990；Hart，1995；Paulu & Winters，1998a）
	和同侪共同为学校改进而努力（Darling-Hammond et al.，1995a；Heller & Firestone，1995a；Silva et al.，2000a）
	通过组织内的过程促进教师学习社群的组建（Crowther et al.，2002a）
	参与研究，尤其是行动研究（Henson，1996a）
	遭遇障碍，挑战学校现有的文化和结构（Crowther et al.，2002a；Silva et al.，2000a）
家长与社群参与	与家长互动，鼓励家长参与（Paulu & Winters，1998a）
	围绕社群事务，创造伙伴关系（Paulu & Winters，1998a）
	与社群或社群组织共同工作（Crowther et al.，2002a；Paulu & Winters，1998a）
对专业贡献	参与专业组织（Paulu & Winters，1998a；Fessler & Ungaretti，1994）
	政治性参与（Paulu & Winters，1998a）
职前培训	和大学建立伙伴关系共同培养未来教师（Darling-Hammond et al.，1995a；Fessler & Ungaretti，1994；Paulu & Winters，1998a；Sherrill，1999）

（York-Barr & Duke，2004）

此外,Muijs 和 Harris(2006)经过一项大型的实证研究,发现英国的学校中,"教师领导"具有五个维度:分享决策,合作,积极参与,专业学习,行动主义(activism)。Harris 认为教师领导者的角色中有四个清晰可见的维度:中间人(brokering),参与(participative),中介(mediating),关系(relationship)(Harris,2002:转引自 Muijs & Harris,2003)。

综上可见,实践中的"教师领导"已经触及与学校教育相关的方方面面,并超越了学校的界限,从课堂、学校,延伸至校外。例如,教师领导的范围涵盖了校内、学区、社群等层面;教师领导的对象包括学生、家长、同侪(包括新教师和校长)、准教师等;教师领导的内容涉及课程、教学、行政、同侪专业发展、教师(职前)培训、政治性议题等。

尽管如此,从整个社会政治安排方面挑战现有学校教育制度的教师领导极为少见。大量的教师领导实践依然是在现有的政策制度安排之下、在组织范围内开展。即便在学校内部的教师领导,也很少发现由教师自身生成关于学校发展愿景的情况(Murphy,2005)。这意味着教师往往围绕外部赋予的目标实践领导。

3. 教师领导的功能

由于不同行动者采取不同的立场理解和实践教师领导,因而有关教师领导实际功能的评价也呈现出截然相反的观点。

支持者认为教师领导对学校相关持分者均能带来增益。就学生群体而言,教师领导有助于培养学生的民主信仰、提升学生学习成就(Barth,2001);对学校来说,教师领导能够促进学校中学习社群的建立(Harris,2003),促进员工发展,提高决策质量,促进学校改进;对教师自身而言,教师领导为教师提供了更好的学习机会(Barth,2001),是对抗职业倦怠的潜在方法(Duke,1994),能够为教师带来更多心理效益(Smylie,1994),例如增加智力激发、消减孤独状态等(Porter,1986)。

批评者则认为教师领导增加了教师的工作负担,使教师之间的关系更加等级化,损害了平等的专业信条(转引自 York-Barr & Duke,2004);质疑教师领导可能成为隐性的控制手段(Frost & Harris,2003),进一步强化学校现存的等级结构和权威,形成对教师及其工作的监控等(Fitzgerald & Gunter,2007)。

4. 教师领导的生态环境

尽管各类教育改革政策或项目中培育"教师领导"的方式多种多样,发展教师领导者的模型亦层出不穷(参见 Smylie & Denny，1990；Wynne，2001；转引自 Murphy，2005)，总体而言，"教师领导"的实践方式正在经历着从关注个人赋权、以角色为本，到关注集体领导实践、以任务为本(Smylie et al.，2002)的转变。Murphy(2005)曾将上述两类培养"教师领导"的思路归纳为"角色为本"(role-based)策略和"社群为本"(community-based)策略，这反映了"教师领导"所处的两种不同生态环境：组织与社群。

以角色为本的"教师领导"以等级化为特征的"组织"原型作为其生态环境，此时"领导"从属于个别领导者的个体属性，而非集体属性；"教师领导者"的选择和产生往往来自对教师进行分层[①]后处于金字塔尖的教师，教师领导者的权威来自上级授予，教师领导的焦点是管理或行政，教师领导者要对科层化结构中更高层级的管理者(如校长)负责。这样的"教师领导"实践中，教师实则被看作物品、执行者，而非变革的启动者；教师领导在本质上是竞争文化的产物，它将导致教师之间隔膜更甚，因此担任领导者的教师与其他教师之间的交往难以触及深层关系，教师领导者的影响力往往难以持久，教师领导对组织发展的作用亦有限。

以社群为本的"教师领导"以实践社群为生态环境，此时成员之间的联系更具生机(organic)、双向交流；"领导"作为组织的属性，是专业现象的表现；教师领导的焦点指向教与学，教师领导者施加影响力的基础是其专长与社会资本，问责活动虽针对同事，却以专业性为主；领导活动的动力是突然涌现的(emergent)，根据当时当地的需要即时发生；此时的教师领导是一种立场(stance)，即每一个教师都应该成为变革的启动者，教师领导不仅是教师日常工作不可分割的一部分，也是教师角色内含的维度之一。

角色为本的教师领导策略是 20 世纪 80 年代到 90 年代的教师领导的主要表现形式。有证据显示，这一特征的教师领导并没有显著提升学校效能。于是，以社群为本的教师领导策略逐渐受到重视，但有关结果的资料目前依然有限(Murphy，2005)。

上述四个方面的信息梳理呈现了作为一种既存现象的教师领导实践中存在的诸多做法。例如，教师领导者既可以是个别教师，也可能是所有教师；教

---

① 例如，《明日的教师》(Holmes Group，1986)提出要明确划分教师的专业级别。按不同的职能、胜任工作的能力等把教师划分为 3 个级别，并分别提出不同的教育或培训要求，给予不同的专业职称和不同级别的待遇，即为"专业生涯阶梯"(professional career ladder)。

师领导发挥作用的范畴可以在教师教学的课堂之内,也可以在课堂之外、学校之中,还可能触及社会政治安排;教师领导实践的愿景大部分来自改革赋予,似乎也有可能从教师群体实践中自发生成;教师领导既可能为学校教育的相关持分者带来积极效益,也可能带来消极影响;教师领导在等级化的组织中或更为自然、在富于生机的社群中都能实践……

上述现象做法中蕴藏着实践者对教师领导的理解,多元的实践实则昭示了不同理解及其立场。在上述做法中,不难看到若干交锋的立场。例如,教师领导者是个体还是全体? 是否由正式指派或任命产生? 教师领导的范畴是否仅限于学校之内,是否可以延展到社会政治文化安排的讨论? 教师领导的愿景是自发生成的,还是可以接受外部安排的? 教师领导为学校教育的相关持分者究竟会带来哪些积极的效用? 教师领导的发展背景究竟应该是组织还是社群?

矛盾的并存正是教师领导作为一种现象的实然存在状态。只有认定这一点,才能在相对一致的基础上展开进一步的探究。若将教师领导作为一种既存的社会现象,那么宜采用描述型定义来圈定教师领导的研究对象,即教师领导是"不论职位(position)或指派(designation),教师行使领导"(Harris & Muijs,2003)。

(四)"教师领导"作为规范理念:概念内涵

尽管教师领导已然成为广泛存在的既存现象,但其日益被用作一类改革手段,因此必须澄清究竟怎样的教师领导才能够对教育实践更具有价值? 这就需要探究作为规范性概念的教师领导所具有的特征与内涵。

当"教师领导"被作为规范性概念使用时,人们相信它是通达民主社会、教学专业模式、教师专业自主、学校改进的有效途径(Katzenmeyer & Moller,2001;York-Barr & Duke,2004)。鉴于以上已经列举了教师领导产生消极作用的证据,那么,作为一种规范性概念的教师领导具有怎样的特征呢? 在以上列举的几对交锋的观点中,面向全体教师、以社群为背景的教师领导被认为能够引领积极变革。以下将结合这一观点中的两个关键概念"社群"和"集体/分享/分布的领导"来进一步诠释作为规范型概念的教师领导的内涵。

1. 社群

社群(community)原本是一个社会学的概念,指与组织、社会相对的一种人类聚合类型。"社群"在不同学科中有不同的定义。Westheimer(1998)通过对当代有关"社群"的理论进行回顾分析后,归纳了社群研究关注的 5 个主题,作为"社群"的核心特征：相互依存(interdependence)，交往与参与(interaction and participation)，共享的利益与信念(shared interests and beliefs)，关注个体与少数人的意见(concern for individual and minority views)，意义性关系(meaningful relationships)。Sergiovanni 将"社群"概念进一步引入教育行政领域，认为基于社群的譬喻方可使教育行政研究显示其教育属性。在教育行政中，Sergiovanni(2000)将"社群"定义为"由自然意愿联系在一起、共同分享一套观念和理想的个体的集合"。

总体而言，社群中的关系联结乃是基于人们之间的意义交往，以社会盟约(social convenant)为特征，基于共享的观念和价值建立的关系联结。这种联结更具有道德的性质。婚姻、家庭、友谊中的关系是此类联结的典范。社会盟约性质的联结一旦建立，成员就会将互信互惠的角色与责任内化。社会盟约中的关系以规范来调节。

2. 社群中的领导观

社群以共享的观念为联结之基础，社群中的领导权威也植根于共享观念中(Sergiovanni，1992)。共享观念在社群成员长时间、自然交往中逐渐形成，指那些得到广泛认可的信念、价值、观点等(Sergiovanni，2000)。成员根据共享观念为彼此行动赋予意义、寻求相互理解。在共享观念的基础上社群文化逐渐生成，并在价值层面规范群体成员的行为。这就是 Habermas(1968)所说的生活世界，即沟通行为的背景和视域。

在基于社群的领导观中，由于领导权威源自社群的核心共享观念，因而，这种权威不是被外界赋予，而是来自社群自身的历史。这也意味着，社群中的领导愿景是基于社群自身历史而产生，而非外部强加。就权威分享的范围而言，由于权威与对群体共享观念的理解与实践有关，因此权威不是以"零和"方式分配。任何个体只要能较好地理解与实践群体共享观念，就可能在社群之中获得领导权威，权威可以在整个社群中分享，社群中的领导因而更类似一种集体性实践。由于群体的共享观念对社群内部成员来说本质上是互惠的，因此基于共享观念产生的成员关系，其本质不是互斥、竞争，而是互信、合作。在社群中，领导的功能是保护生活世界，守护社群中共同的承诺、观念、价值(Sergiovanni，2000)。

3. 社群中的教师领导

基于上述对社群和社群中领导观的阐释，可以从教育社群的属性中寻获教师领导合法性的依据。当学校被看作是教育社群，教师的领导权威源于学校教育社群所共享的观念,而这一共享观念与教育自身的目标、价值密切相关。教师作为专业的教育工作者,他所掌握的专业知识理应能够体现教育目标与价值,因而称职的教师凭借自身的专业知识就能够在学校教育社群中获得权威,这就是"专业权威"(Sergiovanni,1992),它基于专业知识为学生发展带来的益处而形成。同时,基于教学专业中潜藏的道德的力量,称职的教师还因此具备"道德权威"(Sergiovanni,1992),它基于教育自身价值在教育社群中所获得的尊重形成。

在学校社群中,两类权威都源于教师自身所具备的知识与道德,教师的权威不应来自外部赋予,而应来自教师长期、持续地在专业实践中的探究。在此意义上,在学校社群中,教师权威源自教师作为教育专业者的身份,教师在教育社群中天然就具备权威,所以"领导"应被视作教师角色的一个内在维度(Frost & Harris,2003)。由于权威内置于教师角色之中,每一位教师因而都有可能在实践中表现出对教育社群共享价值的理解与行动,因此每一位教师都是潜在的领导者。这意味着,在教育社群中的"领导"本应该是广泛分布的,基于社群的教师领导也应是广泛分布、属于教师群体的。

除了从角色维度来理解领导的广泛分布性,还有研究者用其他的方式来描述教育社群中领导的广泛分布性,例如,Lambert 等人(2002)将广泛分布的领导理解为流动于群体之间的能量(capacity),能够导引群体成员之间的意义交往;Barth(1988)将之描述为领导者的社群(community of leaders),富有领导的文化,而 Gronn(2000)则从分布式认知的角度,提出领导也是一种分布于相关情境的实践。总之,广泛分布性是新型领导的特征,也是教师领导的本质特征之一。

4. 分布式机制下教师领导的谬解及其批判

以上从社群的角度,阐述了作为规范性概念的教师领导的内涵。上文并没有采取当前被广泛讨论的"分布式领导"理论作为理解教师领导的视角,因为这一理论自身并不能够为教师领导提供充分的依据。

一方面,分布式领导自身缺乏足够的实证证据支持其有效性(Hartley,2007)。已有研究发现领导力分布存在多种模式(Woods,Bennett,Harvey & Wise,2004;Gronn,2002;Spillane,2003;Harris,2008),一些模式比另一些模式更加有效(Leithwood et al.,2008;Harris,2008)。

另一方面,从概念自身的属性来看,分布式领导理论的提出本是作为理解领导本质的一种分析性工具和概念透镜(Harris,2005;Spillane,2006),并不具有规定的取向。也就是说,无论是有效的领导还是无效的领导,领导本质上都是一种分布于能动者与情境的实践活动。

就教师领导而言,分布式领导的概念可以容纳各种各样教师作为领导的现象,然而当面对某些质疑时,例如认为多领导会导致管理混乱和效能降低(Harris,2003),分布式领导并不能够提供充分的解释:为什么面向全体的教师领导就能够带来积极效用?

既然如此,为什么分布式领导还会被广泛接受呢? Hartley(2007)认为在没有充分证据支持分布式领导对学校发展和学生成就具有支持作用、分布式领导自身也没有提供坚实的理论基础证明自身有效性的情况下,有必要质疑政策和学术界推崇分布式领导理念背后的政治性因素。分布式的领导原则在现实中往往采取自上而下的方式实现,是国家推行教育分权的一种表现。Weiler(1990)指出教育分权的政治性功用在于国家需化解中央集权所带来的种种社会冲突、提升自身政治合法性。分布式领导在这一意义上符合当前世界范围内教育分权的潮流。Weiler(1990)同时还指出教育分权面临与现代国家意图控制的本质相左的矛盾,因而在实行中必然面临种种障碍,难以真正实现。当自上而下的教育分权自身都面临着根本性功能障碍时,从属于这一思路的分布式机制的教师领导也很难真正引领积极的变革。要真正实现分布式机制的教师领导,需要转变学校作为组织的隐喻,回归教育的社群本质,并在社群背景中发展教师领导。

5. **作为规范概念的教师领导内涵与特征**

作为规范概念的教师领导,具有如下内涵与特征。

首先,从本质特征来看,教师领导是教育作为社群的必然产物。教师领导不是工业模式下领导范式的一种形态,它的本质无关乎教师与学校行政领导者分享行政权力,而是在教育作为社群的前提下,教师专业权威的自然彰显,也是教师角色不可或缺的构成。

其次,从形态来看,教师领导是广泛分布的。基于教育社群的理解,领导必然是广泛分布的。教师领导体现了教育社群中领导的广泛分布性,因而领导的机会同样面向全体教师而非部分教师。

此外,陈峥(2007)根据 Keedy(1999)对新型领导的定义,将教师领导的特征归纳为:重新分配权力、提升专业性、增加同侪互动。这三点正是现实中重构教育社群、实现教师领导的三大行动要点。第一,在学校作为教育社群与科层组织时,学校中的权力、权威的性质并不相同:科层结构中的"领导"与等级化分配的科层权力相关,而社群中的"领导"与社群共享的观念有关,因而社群中实现教师领导的前提便是重新分配权力。第二,由于教育社群中的教师领导以教师的专业知识与道德作为权威的来源,因而教师领导的核心即增强专业性。而要实现这一点,需要通过增加同侪互动实现专业性的提升。

由此可见,在教育作为社群的前提下,教师领导具有广泛分布的特征,并要求重新分配权力,提升教师专业性,增加同侪互动。

(五)"教师领导"的多重内涵

从前文对"教师领导"这一概念的来源、理据、现实中的表现与人们的多元理解来看,"教师领导"是一个内涵丰富的复杂概念。不同的理解角度赋予了这一概念不同的内涵焦点,例如从社会民主的角度理解教师领导实则是从批判教育学的角度来理解教师的角色与功能,教师领导于是成为教师角色内涵的一个必要维度,同时也将教师领导的范畴扩展至社会政治安排;从教师专业化的角度去理解教师领导,它与谋求教师专业地位的要求不谋而合。这两类诠释角度都自然将全体教师视同为领导者,对教师领导的范畴与功能也持积极观点,并将之与社会政治安排结合起来。这些对教师领导的理解都是与"教师"这一角色自身所具有的社会功能联系在一起的。教师领导成为一个规范性理念。

与之相比,从教育分权的角度来理解教师领导则显得含义模糊。因为教育分权自身也是一个矛盾的概念(Weiler,1990),分权的发起(initiative)可能自上而下,也可能自下而上。当前教育分权多是一种自上而下的行为,因而从教育分权的角度理解教师领导,极易产生教师领导即教师从校长等学校管理者手中抢夺权力,或教师被赐予权力的印象。这种理解自然倾向于将教师领导视为面向个体教师、局限于学校乃至课堂,教师领导仅仅只是一种多级领导的形态,因而可能导致学校管理混乱等。由此看来,教师领导并非必然具有积极效果。

总体而言,教师领导是一个具有多层次内涵的复杂概念,它的内涵层次如表1-3所示。

首先,从概念属性来看,教师领导既可以理解为一种中性的社会现象,也可以理解为一个具有规定性的概念。其次,从理解取向来看,存在多种,例如"个体—集体"取向之分,教师领导既可以理解为个体的教师领导者,也可以作为教师群体中的领导实践活动或教师的集体能量;再如"内—外"取向之分,即教师领导既可以侧重理解为教师的自我领导,也可以关注教师对他人的影响。

表 1-3 教师领导的内涵层次

类 别	教师领导内涵
概念属性	中性概念、既存现象 规范性概念、理想形态
理解取向	个体取向—集体取向 领导者—领导实践、领导能量 内—外 自我领导—对他人的影响
范畴和目标	课堂,学校,社会
功能	消极—积极

再次,从教师领导的范畴和目标来看,教师领导的范畴涵盖了从课堂、学校、教育系统(如院校关系)到整个社会的政治经济安排。最后,从教师领导的功能来看,教师领导既可能推进教师赋权、学校工作改进,乃至社会进步,但也有可能成为实现教师专业自主的阻碍,妨害学校转化为平等互信的教育社群。

二、"教师领导"的实践机制

本节基于"教师领导作为既存的复杂现象"之理解,进一步探究教师领导的实践机制。下文首先将从认识论的角度剖析教师领导的三种发展取向及其实践表现。这一分析背后的逻辑是:纷繁复杂的教师领导现象之所以产生,与行动者的认知旨趣不无关系。当前不同的教师领导发展取向正是基于行动者对学校教育、教师知识和教师权威持有不同的认知旨趣而产生的行动结果。然后将结合已有实证研究对教师领导发生过程进行探究,寻找理解教师领导实践机制的概念框架。

(一)"教师领导"的发展取向及其认识论基础

1. 发展教师领导的三种行动取向

世界各国的教师领导实践有着各自的具体内容、不同的表现形式。"角色为本"和"社群为本"两大教师领导发展策略(Murphy,2005)的背后,显示了"组织—社群"是发展教师领导的重要背景维度。除此以外,是否以教师专长作为教师领导权威来源也构成了另一条区分教师领导发展策略的维度。基于这两个维度,本书将教师领导的发展取向归纳为如下三种类型,它们相应发展出了三种类型的教师领导实践。

类型一主要以组织为教师领导的发展背景,但主要将教师权威视为教师获得组织授权的结果,即行政权力赋予的权威,本书将之称为"作为行政管理延伸的科层式教师领导"。类型二也以组织为教师领导的发展背景,但将教师专长视为教师权威的来源,本书将之称为"基于教师专长的科层式教师领导"。类型三以社群作为发展教师领导的背景,并将教师专长视为教师权威来源,本书称之为"基于教师专长的社群式教师领导"。

类型一:作为行政管理延伸的科层式教师领导

这一类型中,教师被置于行政岗位,改革者试图通过从外部赋予教师行政权威的方式实现教师赋权。这一发展取向被学者形象地称为"角色为本"的教师领导策略,本质乃是依据工业模式,依附学校已有的科层结构,让教师承担行政管理的功能(Steel & Craig, 2006)。这时的教师领导权威来自职位角色,且权威固定于个体的教师领导者。

美国在第二波教育改革初期,采取直接将教师推上学校行政岗位的方式作为赋权于教师的手段(Silva, Gimbert & Nolan, 2000)。在我国,原本作为教学科研组织的学校教研组实际上同时也具有学校行政组织的属性(陈桂生,2006),原本应发挥教学科研领导功能的学科教研组长,其实际工作的常态往往是"上传下达"行政指令,实际发挥的是辅助学校管理层进行教学管理的功能。这些都是将教师领导用于行政管理的表现。

类型二:基于教师专长的科层式教师领导

第一种发展取向因为忽视了教师的专业特性而受到广泛批评。当前各国教育改革普遍认识到教师专长乃教师权威的本源。然而在实践中,技术理性思维依然占据主导。在实践中最为常见的做法是:在承认教师权威基于教师专长的基础上,仍旧遵循科层结构的逻辑来发展教师领导。

这种发展教师领导的实践表现为设置一些利用教师专长的领导职位,例如高级教师、教练、顾问、影子教师、支持教师(Frost & Harris, 2003)等,以此推动其他教师专业发展。依据国家制定的各级各类关于教师、教学的标准而甄别出某些熟练教师,使之获得这些职位。国家对这些职位上的教师倾注大量资源,如给予物质奖励或符号性奖励、分配更高质量的学习发展机会等。这些原本因为专长而获得权威的熟练教师被纳入科层结构并按照科层制的原则加以固定。这一发展教师领导的思路虽然承认教师专长为教师权威的本源,但本质上依然是以科层制的思路培养基于个体的、角色为本的教师领导。

在美国第二波教育改革的中晚期,Silva 等人发现,作为专家的教师会为课堂授课教师提供提前准备好的材料。此时,课程需要得到作为专家的领袖教师验证和认可(Silva,Gimbert & Nolan,2000)。这种做法依然将广大普通教师看作是去技能化的工人。在我国,骨干教师是教师领导的代表人物。骨干教师群体表现出等级制、精英化、工具性的特征。与普通教师相比,他们在资源分配中占据极大优势(陈峥,卢乃桂,2010)。

类型三:基于教师专长的社群式教师领导

研究者已经逐渐认识到基于教师专长的教师权威乃是生发于社群的特征,与科层制中的权威具有不同本质。理解这一根本性矛盾之后,就要求改变学校作为科层制工业组织的隐喻,要求教育回归社群本质(Sergiovanni,2000),提倡通过建立教师社群的方式来发展教师领导。这一设想称为"社群为本"的教师领导(Murphy,2005)。

社群为本的教师领导同样认识和承认教师之间存在多元差异。但与第二种类型不同,这一类型的教师领导并未将这种差异当作教师之间需要弥补的沟壑,也未将此作为在教师内部进行资源分配的依据。在社群中,教师专长的多元性被视为社群发展的源泉和动力。社群中,教师通过合作与交流,改进彼此实践,并共同解决学校面临的问题,由此推动学校社群不断发展。在这一过程中,教师是平等的个体,每一位教师都有可能在特定情境中,基于自己的专长而对他人发挥影响,因此,每一个教师都有可能成为领导者。这时的教师领导是教师角色的内在维度之一(Frost,2008);是"反等级化"的,珍视同侪关系和专业性;它面向全体教师,是组织财富和集体能量(Ogawa & Bossert,1995)。能够成为领导者的教师,往往是那些能够帮助同事通过合作(帮助同事完成那些单单依靠自己难以完成的事情)改进专业实践,为同事提供专业成长活动,引导同事参与解决学校层面问题的人(Silva,Gimbert & Nolan,2000)。

虽然社群为本的教师领导主要是一种理论设想,但越来越多的实践者已经开始尝试以此为原则发展教师领导。美国从第三波教育改革开始,尝试建立教师社群、专业学习社群、学习者社群等方式发展教师领导。英国近年来的教育政策也提倡在不同学区之间建立网络,并采取向教师咨询的模式发展教师领导。在我国,也认为教师之间的日常交流具有社群为本教师领导的色彩。

2. 从"组织"到"社群":教师领导发展取向的认识论基础及其转移

Habermas 对人类认识和旨趣的研究表明,人类的认识活动受到特定认识旨趣的指引,成为认识的基础,并进而指明行动的方向。以上三种教师领导发展策略的差异,其根源来自对学校教育、教师知识、教师权威所持有的不同认识旨趣。

技术认识旨趣与实证分析视角中的教师领导。人们选择合适的手段达成欲求的目标,这一行动中发展起技术认识旨趣,以控制作为认识的兴趣。人类用工具改造自然是目的论行动的典型案例。在这一过程中,人类将认识对象视为客观存在、可供观察的现实,将之分解为多种因素,并通过逻辑实证的方法验证、确定各因素之间的关系和结构,其结果具有普遍性(曾荣光,2006)。

第一、二种类型的教师领导均以科层制作为发展教师领导的蓝本,它们体现了技术认识旨趣下,两种教师领导的具体发展方式。

第一种教师领导发展取向,完全忽视了教师作为教育工作者的独特性,将学校等同于工业组织,将教育等同于产品的来料加工。教师成为流水线上的工人,而熟练教师作为熟练工人,可以赋予其行政权威,以方便管理和控制其他教师的劳动。在这一教师领导发展取向中,教育自身被视为以技术手段操控的生产,学校教育目标可以分解成不同岗位的工作,例如按照年级、学科来安排知识和教育过程。按照科层制的模式,即所有学校成员按照岗位所规定的角色职责各行其事,普通教师服从于中层教师、中层教师服从于管理人员及校长,这样便能更有效地实现已被隐喻为工业生产的学校教育目标。教师领导在这一科层结构中,作为行政管理的延伸,成为辅助生产的技术手段。

第二种发展取向表面上尊重熟练教师的知识,但它认为被熟练教师验证和认可后的知识才能为广大普通教师使用,因此仍然将整个教师群体视为去技能化的工人。就整个教师群体而言,教师知识被视为客观存在的物品,可以分解成独立的要素指标,通过各种关于教学和教师的标准加以评判分级,区分优劣。熟练教师的知识被视为位于这一知识金字塔的顶端,通过逻辑实证的手段验证、确定他们的知识结构的特征,并将之如物品一般"传递"给普通教师,如此就实现了教师群体的发展。为了确保这些熟练教师的知识在传递过程中受到尊重,第二种思路在科层制已有的等级结构中"凿出更多层级"职位给予这些教师;在资源分配中,同样依据科层制的原则,使资源向这些职位集中,从而固定并强化熟练教师的权威,使之成为永远的知识领袖。这一教师领导的发展思路实则上是基于对教师知识的实证分析视角而采取的行动。无论是对教师知识、教师发展还是教师领导自身都持有控制的技术认识旨趣。

试图通过部分领袖教师控制全体教师的发展,这本身就体现了旨在控制的技术认识旨趣。在这一旨趣指引下,教师可能失却主体思考与诉求,缺乏内部生成的领导愿景(Murphy,2005),教师领导极易沦为控制教师群体的工具(Fitzgerald & Gunter,2007)。

实践认识旨趣和历史诠释视角中的教师领导。在实践认识旨趣中,认识的目的是为了更好地彼此理解以达成共识。相应引导出的历史诠释学认为社会现实是主体间交往理解所建构的产物。第三类型的教师领导发展策略强调两个方面:教师专长是教师权威本源;教师交流与合作是发展教师领导的主要途径。强调教师交流与合作表明这一发展思路以主体间的相互交流、理解、获得共识为基本认识旨趣,即 Habermas 所谓之实践认识旨趣。在此认识旨趣指引下,这一发展思路对教师专长、基于专长的教师权威与运用都持有不同于前两种类型的理解。

在实践认识旨趣之中,知识不是客观存在的物品,知识存在于识知(knowing)过程之中,它在关系性交往之中才表现出其有效性。知识的价值因此与情境有关。因知识而产生的权威也就不能够永恒地固着于某一个体,而是在知识的运用之中、在关系性交往中、依随情境而产生和运作。

就教师知识而言,并不存在金字塔式的知识等级。一方面,每一位教师因为拥有不同的知识结构,而在特定情境中,贡献自己独特卓见,使之成为解决实践问题的共识之基础;但另一方面,每一位教师自身独特的知识结构也是源自之前无数次社会性交往与合作的结果。图1-1描述了个体如何通过社会参与而达成发展,并进一步推动群体发展的过程。

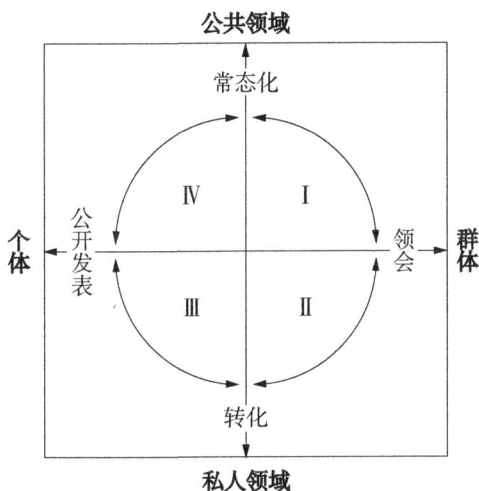

图 1-1 Vygotsky 空间

(根据 Gavelek & Raphael,1996;Harre,1984;McVee et al.,2005 修订;转引自 Gallucci,2008)

这一过程运作如下:个体通过与他人的交流,领会某种独特的思考方式(空间Ⅰ);个体在各自独特的工作情境中发生思维方式的转化，并最终形成对新的思维方式的拥有（空间Ⅱ）；通过交谈或行动，新的学习成果得以公开发表（空间Ⅲ）；成为公共产品的学习成果进一步常态化，在个体随后的实践、他人的工作实践中反复运用（空间Ⅳ）。这一过程循环往复，实现了知识在个体与群体之间的循环与发展（Gallucci，2008）。

在这一视角之中，内嵌于实践之中的教师知识是所有教师共同的历史性建构物。因此，基于教师知识的权威也是属于全体教师共有的。同时，具有实践性的教师知识又寓居于关系性交往（即识知过程）之中，这一实践性的本质决定了基于知识而产生的权威是随情境而发生运作的，它是流动的而非固着的。

总而言之，在实践认识旨趣指引下，我们以主体间相互理解与达成意义共识为基本认识框架。在此种认识取向中，教师知识是实践性的，是全体教师共同的历史建构成果。基于这样的知识观所产生的教师领导权威因而也是流动的、面向全体教师的。

3. "社群"之后：解放认识旨趣和批判视角中的教师领导

从"组织"到"社群"，实现了教师领导发展取向的一大飞跃。然而以社群为教师领导的发展取向与背景，仍然存在潜藏的危机。社群关注共同的目标，社群为本的教师领导所秉持的实践认识旨趣也以达致共识作为终极目标，于是极有可能形成另一种压迫，即高度一统对多元性的抑制。因此，在社群为本的教师领导发展取向提出之后，还需关注"社群之后"的发展路向。

Habermas 对历史诠释学中历史主义进行批判时指出，历史诠释学对意义的理解是以衍生于解释者初始状况的"前理解"为前提的。这种前理解不是纯粹客观的，是理解的主体建构起来的，而历史主义的错误就在于它不去思考解释者的前理解（郑一明，1998）。在教师社群之中，已有的社群文化可能已经遭到系统扭曲，在此基础上教师之间的主体交往与意义建构可能已经受制于扭曲的结构限制，此时达成的一致共识，极有可能进一步强化已有的意识形态，压迫多元声音，阻碍自由的可能。

在教师领导实践中，这一限制已有所显现。例如，对我国教研组的研究发现，集体性的教研活动往往以这样或那样的方式消除了多样性，如追求统一教案、统一备课等；教研组长和学科带头人在听评课中可能唱"独角戏"、搞"一言堂"（刘群英，2005；毛齐明，2010）。西方也有研究表明，科层文化可能被教师内化，成为教师理解和建构教师领导的依据（Emira，2010；Grant，2006），并有可能强化已有的科层结构（Scribner & Bradley-Levine，2010）。

那么如何才能真正获得解放，实现自由？Habermas 指出，唯有批判的社会科学才能实现认识与行动的统一，达到人类的解放与自由。这一批判的社会科学所具有的方法论框架即自我反思（郑一明，1998）。

行动研究往往被视为教师发展的重要途径之一。教师通过行动研究，对彼此实践进行批判性反思，并在与他人的平等交流与论争中，形成诤友（critical friendship）、批判性同侪关系（critique colleagueship），进而将所处社群建构为批判性话语社群（critical discourse community），由此形成互动、平等、批判的价值信念，规范所有成员的行动，并推动学校社群的发展。由于持反思与批判的立场，教师探究的范围不仅仅局限于课堂内部，教师也从教育的目的出发，对现存教育制度设计中不合理的政治社会安排进行质疑与行动，因而教师是具有转化力量的知识分子（Giroux，2011）。这就是解放认识旨趣与批判视角中教师领导的图景。

从作为行政管理延伸到利用教师专长、从"组织"到"社群"，教师领导的发展取向已经实现了第一次质的飞跃。这一发展取向的转换其实已经表现了解放认识旨趣和批判认识取向的引领。在社群隐喻之中，教师社群中绝非毫无冲突存在，教师社群是一个永无止境、充满冲突与协商的旅途（Grossman，Wineburg & Woolworth，2001；Westheimer，1998）。尤其在当前全球化背景下，表现主义教育改革对教师的工作生活造成了种种扭曲，社群隐喻中的教师领导更需持自我反思的批判认识框架，才能纠正和改善结构性的制约，充分实现教师领导之于教育的价值。

（二）"教师领导"的发生机制

对教师领导实践和发生机制的探究是近年来教师领导研究的重点。在教师领导作为研究领域兴起的初期，由于各种发展教师领导的思路和立场的差异，教育改革和学术探讨中的"教师领导"包含了许多各异其趣，甚至相互矛盾的理解。出于理论建设的需要，这一研究领域初期关注对概念内涵的讨论和阐释，意在厘清教师领导是什么。随着对教师领导内涵逐步澄清，近年来该领域的研究重心逐渐转向对教师领导实践的探究。以下列举了关于教师领导实践的研究焦点。

1. **教师领导实践的研究焦点**

教师感知的"教师领导"。Harris 和 Muijs（2005）发现教师担当领导角色的意愿、经验和信心是影响学校教师领导水平的重要因素。作为学习主体，教师自身关于教师领导的先有知识会影响随后的认识与实践。以往虽然有很多研究①探讨了教师领导者所具备的知识、能力、气质等,但多是采取第三者的视角。从建构主义学习观来看,学习是学习者主动的参与(Philip,1995)。因而,从教师的角度探究教师领导极有必要。

Grant(2006)的研究发现,个案中的南非教师理解的"教师领导"的含义经过了这样的转变:教师领导是正式职位的领导,教师领导与课堂范围有关,教师领导即与其他教师共同工作,教师领导是参与整个学校改进,教师领导延伸到学校之外的社群以及校际网络。

Emira(2010)探讨了埃及普通教师和高级教师(正式领导者)如何定义领导。这一实证研究发现无论正式与否,个案中的埃及教师都根据领导者的特征、领导风格、教师领导者在课堂内外的所作所为来定义领导者。他们都认为领导与决策之间存在联系。这些教师感知的领导者特征包括:具有冷静客观的处理问题和危机的能力,具有丰富的知识、持续学习的能力、决策能力、强有力的人格,令人信服,办事有效率,能够承担责任,有合作意识,自信积极,有远见,有经验。教师感知的教师领导者的领导风格强调道德与价值、参与、艺术性。具有如下作为的教师被其他教师识别为领导者:课堂上能够控制学生的行为、创造合适的课堂氛围、发挥教师自身的楷模作用、解决问题;课堂外能完成额外任务、持续学习、扩展知识、解决问题。

我国研究者也探讨了教师感知的教师领导者。陈莺(2010)的研究发现学校教师感知到发挥领导力的教师主要是中层教师和两长(年级组长和教研组长)。

教师领导中的重要角色:校长。校长作为学校最高行政级别的管理者,对学校中的教师领导实践具有重要影响。Harris 和 Muijs(2005)的研究发现,在教师领导实施较好的个案学校中,校长和学校各个层面的管理者都给予了积极支持。

还有研究进一步探讨了校长支持教师领导的具体行为与领导风格。如Birky 等人的研究(Birky,Shelton,& Headley,2006)发现校长如下行为能够

---

① 这类研究发现教师领导者应该具备的专业能力包括:有效教学、示范性教学与学习;反思、探究、评估课程与改进、诊断性监督;理解关于教学与学习的理论与研究、成人发展理论。教师领导者应具备的关系技能包括:与他人合作、创建社群、人际关系技能。教师领导者具备的个性气质往往是:有毅力、有耐性、担当领导的动机。教师领导者所具备的领导能力包括:能创造愿景、营造拥有感、为他人/自己赋权、寻找政治性支持、寻找资源。这类研究结果很丰富,可以参考 Murphy(2005),York-Barr & Duke(2004)等的文献综述。

鼓励教师开展领导实践：尊重和赏识教师领导者本人、其工作和角色；迎接改变、允许教师有实验和冒险的行为；倡导和促进合作（包括有必要时参与会议，无必要时允许教师独立召开会议）；用任务赋权于教师；让教师参与决策；教师需要校长帮助的时候能够获得校长帮助；为学习领导的教师做出示范，运用事例领导。相反，以下校长行为会阻碍教师开展领导实践：组织、控制和限制教师分享权力；低估教师的工作和努力，将教师置于隔绝而非合作的境地；过多关注和插手工作细节而不是为更大的目标提供支持。

Thornton(2010)的研究有类似发现，他发现校长的领导风格会影响教师领导的实施。校长采取积极培育合作的领导风格有助于教师领导。

Frost 和 Durrant(2003)指出校长支持和发展教师领导的主要途径包括：在外部，校长帮助学校加入或建立与校外其他机构的伙伴关系，为学校教师领导的专业发展工作提供支持；在内部，校长创造有利于教师领导的校内结构和条件。

Mangin(2007)的研究探讨了影响校长支持教师领导的因素和过程。他发现校长对教师领导的知识水平（包括教师领导者的责任、如何启动教师领导和教师领导的目标）、校长和教师之间就教师领导角色所做交流的水平（包括交流频率和质量，以双向对话、专注于教学主题等内容和形式的交流为高质量交流）都影响着教师领导的开展。高支持型的校长会在沟通中反复向教师领导者表达改进教学的期望，同时将教师领导者描述为有用的教学资源；他们还会在沟通中表达"期望教师与教师领导者沟通交往"等来支持教师领导的发展。

教师领导中的关键角色：中层教师与普通教师。Sanders(2006)发现，个案中担当领导者的几名新教师在合作过程中，遭遇团队成员的抵制，而这些新教师缺乏改善关系、促成合作的技能，因而教师领导实践遭遇巨大困难。这说明教师领导者与其他教师之间的关系是教师领导实践的重要影响因素。

Ghamrawi(2010)探讨了学科领导教师(subject leader)在培育教师领导过程中的关键作用。研究发现，学科领导教师，即中层教师领导在各自的部门中营造了社群式文化，有助于培养教师领导；他们承担一些高级管理任务，因此能够创造有利于教师合作学习的结构，这种结构中提倡的是交易式的领导；此外，中层教师所实施的监督和评价系统对培育教师领导具有非常重要的影响。那些能够成功营造一种没有威胁的、保证教师赋权的监督和评价系统的中层教师就能够继续他们培育教师领导的能力。

学校结构与教师领导。很多研究(York-Barr & Duke，2004；Harris &

Muijs，2002)都发现等级化的科层组织结构是阻碍教师领导实践的重要因素。具体表现为不能为教师提供充足的时间用于计划、观课、评估、合作等教师领导活动(Sanders，2006；Thornton，2010；Gigante & Firestone，2008)；缺乏变通的策略和措施去促进教师合作(Harris & Muijs，2005)；学校内部为加强教师交流的结构，如教师团队、按年级划分的教学组织反而导致全校范围内教师之间交流的障碍(Thornton，2010)；学校正式的领导结构导致普通教师在参与学校决策时，只是行使象征性的决策权，空有教师领导之名却无领导之实(Thornton，2010)。

学校文化与教师领导。 Harris 和 Muijs 的研究(2005)系统地探究了三所学校中不同的教师领导水平。他们发现学校文化是影响学校教师领导水平的重要因素之一。教师领导水平高的学校中，学校文化提供了道德支持、具有分享的价值和目标，整个学校文化强调分享和信任；偶尔发生教师领导的学校中，学校文化提倡共享优秀实践、同侪共同掌权、具有共享的愿景，但并非所有管理层都给予教师领导以积极支持；在教师领导受限制的学校中，学校文化中缺乏共享愿景、合作文化。

宏观教育环境与教师领导。 Little(2003)的研究探讨了 1988 年到 2002 年间美国不同的政策和改革阶段中，政策制定者、行政管理者和教师对教师领导含义的理解及其行动。早期教师领导还未作为教改策略时，教师领导局限于学校学科部门内部，较少有行政干预，但也没有获得积极有策略的培育。之后随着"整体学校改革"运动的开展，国家积极介入教师领导的培育，设置了大量正式的教师领导职位。由于改革目标指向学校各个层面，因此教师领导的目标主要关注如何满足外部对学校改革各层面的要求。但在学校中，行政管理者依然依赖个体创新、小范围的自愿合作而非采取积极态度培育教师领导，因此教师领导缺乏制度性支持，成为短期行为。进入第三个阶段，外部问责的压力增大，对教师的"扩展性角色"要求更加具体和密集，学校也将教师领导作为一种策略，让教师分担问责压力。

陈峥(2007)的研究探讨了在我国教师专业发展中，国家、教育专家和教师之间形成的权力关系，及其对教师领导的影响。她发现国家、作为官方代表的教研员、受国家委托的教育专家在教师专业发展中占据支配地位。教师在制度化学习中既缺乏自主与选择，也没有感到效能增长。从重新分配权力这个角度来看，在现存权力关系下的教师专业发展缺少教师领导。Harris 和 Muijs (2005)也在针对英国教师领导的研究中指出，外部的问责机制使学校内分散权力、实践教师领导变得困难重重。

除却国家宏观教育环境的影响,地区教育政策也影响教师领导的实践。Mangin(2009)探讨了美国各学区政策环境如何影响教师领导者的角色实施。她发现虽然国家和各州的政策注重问责,使这一层面推行教师领导的行为成为驯服教师的手段,但在地方,各学区对国家政策的理解、自身的财政状况、学生成就表现等都会影响学区推行项目。她感到受到积极影响的学区采取了经典的教学型教师领导模式,即在学校中安排专门的教师领导职位,该职位的教师领导者会专门划拨时间用于与同事合作以改善教学;她还感到受到完全负面影响的学区未推行教师领导;处于中间状态的学区采取了一种修正过的教师领导模式,即虽然学校安排了专门的相关教师领导职位,但该职位上的教师领导者并不会专门划拨时间用于与同事合作以改善教学,而会采取其他的迂回手段。

教师领导的整体性过程。有一些研究整体探讨了教师领导发生作用的过程。Gigante 和 Firestone(2008)探讨了教师领导者如何帮助其他教师改进数学及科学教学。研究发现教师领导者依据学校所提供的社会性资源(如共同的规范,分享价值和期待,共同的目标,信任水平)和物质性资源(如书本、课程资料等)开展两类工作,发展性工作和支持性工作,从而提升其他教师的人力资源,帮助整个学校提高能量。

张佳伟(2009)探讨了教师领导者如何在院校协作式学校改进背景中建构领导实践的过程。借用 Giddens 的结构化理论,她发现学校中领袖教师的沟通行为与学校的符号化结构通过学校的沟通规则相互作用,领袖教师的权力运用与学校的支配化结构通过学校资源相互作用,领袖教师的行为约束、行为认可和学校的合法化结构通过学校的规范相互作用。教师领导的建构是以上各类关系整体发生作用的过程。

教师领导的关键环节。还有一些研究集中探讨了教师领导中一些关键环节的发生机制。Scribner 等人(2007)的研究探讨了组织环境和团队话语模式如何影响教师领导。具体而言,具有明确目标、决策力强的团队(目标和自治的表现),教师话语模式更积极,指向更多的言后行动,实现了领导力的分布;而目标不明确,还处于明确问题(即弄清楚目标是什么)状态,且决策力弱的团队,教师的话语模式更消极被动,其言后行动较少,领导力没有获得有效分布。

Scribner 和 Bradley-Levine(2010)的研究发现,教师依据学校的文化逻辑建构教师领导的意义。个案学校中的教师对教师领导意义的建构更多是顺从科层文化,依赖制度化的组织角色(如具有学校正式领导职位的教师和具备学科教师资格认证的教师)和社会角色(如更能够控制学生的男教师)的价值来建构教师领导的意义。但反过来,作为文化建构物的教师领导也会强化原有的科层文化,不利于教师领导的发展。

学校情境中教师领导的类型。Harris 和 Muijs(2005)依据教师决策方式、参与程度的高低,将三所个案学校中的教师领导水平描述为成功型、偶发型、受限型三类。

Lambert(2003)则进一步建构了学校教师领导类型的模型——"教师领导能量矩阵"(teacher leadership capacity matrix),用以描述学校支持教师领导的能量水平。这一模型,主要依据校长的角色、教师探究与信息状态、项目的关联性、合作与责任的水平、反思、学生成就等维度,描述教师参与领导的程度和领导技能水平的差异。这一模型将学校教师领导能量大致分为四类:低参与低技能型、高参与低技能型、低参与高技能型、高参与高技能型(见表1-4)。Lambert 指出,这四种类型只是一种粗略的描述,现实中的学校并不一定严格落入其中某一类型,而更多可能介于其间。

表 1-4 教师领导能量矩阵

	低 参 与	高 参 与
低技能	校长是"独裁式"管理者	校长是"放任型"管理者;大量教师在发展着相互之间无关联的项目
	信息单方向流动;没有分享的愿景	缺少连贯性的碎片信息;各类项目缺乏分享的目标
	相互依赖,父亲/母亲式的关系;严格定义的角色	个人主义规范;缺乏集体责任
	顺从与责罚的规范;项目中的一致性是技术性、肤浅的	角色与责任缺乏定义
	教与学中极少创新	创新行为零散、质量参差不齐;一些课堂表现卓越而另一些很糟糕
	学生成就低,或者仅仅在标准化考试方面具有短期的赋权行为	学生成就没有变化(除非将数据分解开来看)

（续表）

	低　参　与	高　参　与
高技能	校长和核心教师形成了有目标的领导团队	校长、教师、家长和学生都是熟练的领导者
	对学校范围内数据的有限使用；信息只是在被指派的领导团队中流动	共同的愿景产生了项目连贯性
	职员分化严重，具抵抗性	采取探究取向的数据分析，为决策和实践服务
	被指派的领导者工作有效，其他人遵从传统角色安排	广泛的参与、合作，角色与行动反映了集体责任
	较强的创新能力、反思技能，教学卓越，但项目连贯性弱	反思性实践往往产生创新
	学生成就基本不变，或者有少许进步	学生成就稳步提升，达到较高水平

Thornton(2010)借用 Lambert 这一模型，探究了学校情境中教师领导的特征。他发现 44 所个案学校中有 14% 属于低参与低技能型，18% 属于高参与低技能型，59% 属于低参与高低技能型，9% 属于高参与高低技能型。总体而言，绝大部分教师具有较高领导技能，但参与领导活动的程度相当低。

2. 已有研究的分析视角

正式理论以解释的深度作为有效性的标准，即正式理论能够解释"为什么"的问题，能够系统而理性地揭示相关因素之间的关系；同时，正式理论更具实证基础。因此，在正式理论引领下开展的研究能够看到教师领导现象背后深层的机理，并可能发现重要问题(Smylie，1997)。

在以上研究中，部分研究使用了正式理论来概念化研究问题或作为分析数据的工具，并具有一定的共性。这些研究对正式理论的运用具有如下特点。

首先，有相当研究采用"分布式领导"作为透视教师领导的理论框架。例如，Harris 和 Muijs(2005)以分布式领导作为理解教师领导的理论框架；Scribner 等人的研究(Scribner，Swayer，Watson，& Myers，2007)首先将"教师领导"概念化为"分布式领导"的一种形式，再将"领导力分布"概念化为"沟通"(distribution as interaction)，因而教师领导是通过话语交流(沟通)实现领导力分布产生的结果；Scribner 等人的研究 (Scribner & Bradley-Levine，2010)运用了组织领导理论、分布式领导和新文化理论；Emira(2010)的研究也部分运用了分布式领导和参与式领导的原则。

不同研究不约而同地采用同一理论框架,使得系统探究成为可能。但分布式领导自身缺乏足够的实证基础(Spillane,2006;Hartley,2007),还存在究竟作为一种分析工具还是规范性理论定位的争议(Spillane,2006;Mayrowetz,2008),因此这一理论缺乏足够的内涵去提供丰富的解释,这也是一些研究还引入其他理论作为补充的原因之一。

其次,部分研究根据研究问题将若干理论整合成为一个复合理论框架。有些研究采取了两个或更多理论作为理论框架。整合较好的理论框架不但能够为理解现象提供更丰富的解释,而且能够丰富原有理论的内涵。

Scribner 和 Bradley-Levine(2010)的研究是一个较好的例子。他们将分布式领导与新文化理论(new cultural theory)(Swidler,2001)①结合起来去理解教师如何建构教师领导的意义。研究者首先借用分布式领导,将"领导"视为领导者及追随者和情境复杂互动所形成的领导实践,从而将教师领导概念化为文化建构的产物。其次,借助新文化理论观点中情境如何影响主体行为的解释,探究教师如何基于地区教育政策与学校情境来建构教师领导的意义,并发现教师基于问责的教育环境与学校的科层文化建构教师领导的意义,这样建构出来的教师领导是顺从于科层文化的。同时结合新文化理论中关于主体的行为模式反过来强化制度文化的论点,指出这种教师领导极有可能反过来强化以控制与等级为特征的科层文化,并不利于教师领导的开展。

在理论建设方面,分布式领导强调"领导是组织的属性"。新文化理论关于情境与行为之间互动机制的解释为这一观点提供了注脚,丰富了分布式领导理论的内涵。类似的例子还有张佳伟(2009)的研究,其将分布式领导理论与结构化理论整合起来,解释了在学校改进中教师领导者如何建构领导实践。其中结构化理论关于能动者与结构之间如何相互作用的解释也丰富了分布式领导中关于"情境内在于领导实践"这一观点的内涵。相较而言,我国内地关于教师领导的研究较少使用正式理论导引。

---

① "新文化理论"用来解释制度、组织和个人如何形成文化与行动。具体而言,该理论认为群体会发展出符号性符码(symbolic codes),据此判断什么行为是可接受的。可接受行为成为模式后会强化群体文化。因而"教师领导"的意义会透视出学校文化。"文化如何形构行动"的机制有三个分析层面:制度层面、组织环境、教师交往(发展符号性符码)(Swidler,2001)。关于这一理论的具体内容,可参考 Swidler, A. Talk of love: How culture matters [M]. Chicago, IL: University of Chicago Press,2001.

3. 已有研究的特点与不足

由于多数研究都采用了分布式领导作为分析教师领导的理论工具,因而,以下也以分布式领导作为评述这些研究的视角,据此探究已有的教师领导发生机制研究的特点与不足。

分布式领导这一概念是基于活动理论、分布式认知等理论而提出的,Gronn(2000)认为应该将"领导"看作一种实践活动。Spillane(2006)继承了他的看法,提出了"领导实践"的概念,认为领导实践是领导者、追随者和情境三者互动的结果。其中,情境包括常规、工具、结构、文化。情境应该被理解为内在于领导实践的一个要素,而不是领导实践发生的背景。

在分布式领导的视角中,教师领导是教师作为领导者开展的实践,是教师等参与者与情境互动的产物。总体而言,已有研究多角度、多层次地探究了教师领导不同层级和面向的情境要素,但对情境要素与参与者的互动分析是不足的。

第一,已有研究深度探究了影响教师领导的丰富情境。这些研究结果表明,构成教师领导实践的情境要素既包括国家政策、地方教育政策等宏观的教育情境,也包括学校组织结构、学校文化、校长、中层教师、普通教师之间的关系等学校微观情境,甚至还涉及教师内在的关于教师领导的感知等个体心理情境。对这些情境要素的探索,丰富了对教师领导实践情境的理解。在实践层面,了解教师领导情境要素的丰富性能够帮助实践者全面思考发展和改进教师领导过程中的可能障碍;在理论层面,对情境丰富性的深入理解为进一步采取分布式理论来探究教师领导的动态机制提供了坚实的基础,有助于进一步揭开分布式领导中"领导"建构的内在机理。

第二,已有研究对情境互动的复杂性探索不足。Spillane(2006)指出,在分布式领导视角中,情境是内在于领导实践的。领导实践的发生有赖于常规、工具、结构、文化等所有情境要素共同发生作用。这也意味着,对于最终呈现的教师领导实践而言,所有情境要素是共同发生作用的。因而在理解教师领导实践中情境与参与者的互动时,也要持整全(holistic)的视角。已有研究虽然各自探究了部分情境因素的作用,甚至也有研究探索了部分情境因素之间的互动,但从整全视角探究教师领导内在发生机制的研究还很少见(如Gigante 和 Firestone,2008;张佳伟,2009 的研究)。

要解决上述问题有两种办法:一是选择合适的理论框架,在单案例研究中探索尽可能多的情境要素与参与者的互动过程;二是需要"教师领导"研究领域的广大研究者协同努力,通过不同研究者对不同情境中的教师领导,以及对教师领导实践中部分关键情境要素的深入探究,揭示现实中各种情境下教师领导实践的内在机理,从而形成规模效应,丰富整个领域对教师领导过程的整全理解。

第三,缺乏教师领导类型研究与中国本土化类型研究。虽然已有研究多秉持建构主义的观点来看待教师领导,强调教师领导发生情境的独特性和本土性,但就改善实践的角度而言,缺乏普适结论则难以改善实践。教师领导作为多重情境建构的产物,具有错综复杂的一面,但也并非全无规律可循。Lambert(2003),Harris 和 Muijs 等人的研究(2005)已经开启了这方面探索的先例,更多的深入探索有待进行。

此外,在建构主义视角下,教师领导是建构的产物。由于学校组织是教师领导发展和表现的中介因素(Smylie & Denny,1990),因而,不同学校可能建构出不同形态的教师领导(如 Harris & Muijs,2005;Thornton,2010 的研究发现)。而深层的原因则是学校组织中生活世界的存在——生活世界是人类交往行动中意义的来源。不同的学校文化催生出不同类型教师领导,反过来又构成教师学习领导的重要学习情境。因此,了解学校教师领导的形态是探究教师在具体的学校情境中如何学习领导的重要部分。相较西方而言,我国的学校教育具有自身独特的历史文化社会背景,其中的教师领导形态与西方有何差异? 这些学校之间又有何差异? 虽然 Lambert(2003)提供了一个分析框架,但考虑到文化情境的本土性,这一框架是否适用于分析我国的情况? 这些都是需要进一步探究的问题。

(三)"教师领导"的实践框架

就教师领导的实践机制而言,已有研究往往将分布式领导作为理解教师领导实践机制的基本框架,然而单凭这一视角还不能够充分理解教师领导的复杂动态。其他用于理解教师领导的理论还包括新文化理论、结构化理论等。无论是从"结构—能动"的维度,还是"文化—行为"的维度来观察教师领导,这些理论都持非二元对立的立场,由此将教师领导视为兼具结构与能动双重属性的实践活动,即教师领导作为一种主体能动性的发挥过程,生成了对自身的限制和促进条件。这一描述是中性的,但引入认识旨趣与行动的关系,则能够理解具有发展取向的教师领导,突破限制的条件所在。这三者结合起来构成了本书对教师领导实践机制的理解(见图 1-2)。

情境

宏观情境要素：国家政策、地方教育政策等；
微观情境要素：学校组织、结构、文化、校长、
中层教师与普通教师的关系等；
心理情境要素：行动者的认知旨趣（包括教师
对教师领导的感知等）

教师领导
实践

领导者
（教师领导者）

追随者
（其他教育社群成员）

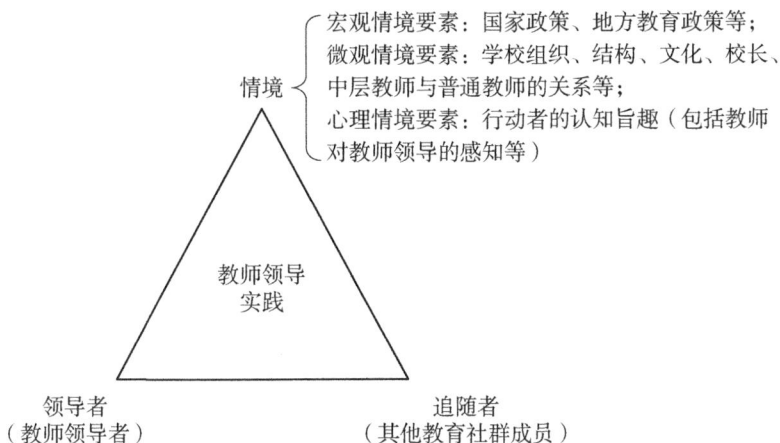

图 1-2 教师领导的实践机制

第三节 ● 教师学习：教师专业发展的"学习"之维

Berne 和 Wilson(1999)通过整理已有研究对教师专业发展的理解后，总结认为有效的教师专业发展应该具备如下特点(Putnam & Borko，1997)：①教师应该被赋权，被当做专业者；②教师教育应该嵌入(situated in)课堂实践中；③教师教育者期待教师如何对待学生，就应该如何对待教师。

在这一认识中，教师专业发展最为核心的内容指向了教师学习。然而在现实中，大量教师专业发展活动依然侧重提供内容而非提升学习(Webster-Wright，2009)；有一些专业发展活动虽然采取工作坊(workshops)、课程(courses)、项目(programs)等形式，活动设计冠以"行动研究"之名，似可呼应教师知识实践性的特点，但往往以外部力量启动为起点，以满足各类教育改革要求为目标(Fullan，2007)，实际导致教师的"去专业化"。与此相对的，则是教师感受到的专业发展活动零散、不系统、与教师教学实践脱节(Webster-Wright，2009)。

总体而言，当前的教师专业发展差强人意，"不能足够有力、足够具体、足够可持续……"(Fullan，2007)。对当前教师专业发展的批评集中在这些发展活动没有触发真正的教师学习(Opfer & Pedder，2011)。有鉴于此，许多研究者提出以"教师学习"取代"教师专业发展"，以避免"发展"一词中带有的被动意味(Easton，2008；Webster-Wright，2009)。此外，近年来随着知识社会的

兴起,对学习型组织、终身学习的倡导也进一步推动了从"教师专业发展"到"教师学习"的转变。总之,在近十年的教师发展研究领域中,"专业发展"逐渐为含义更加宽泛的"终身学习"所取代(Fenwick,2004),这不仅仅是话语方式的转变,也意味着研究和实践的重心从**提供**和**评价**专业发展项目转变为**理解**与**支持**真实的专业学习(Webster-Wright,2009)。那么什么是教师学习? 如何理解教师学习并进而支持真实的教师学习呢?

一、理解"教师学习"

用于理解教师学习的理论很多,例如成人学习理论、终身学习理论、社会学习理论、组织学习理论等。那么教师学习是否是一种特殊的学习? 在上述提及的各种理论中是否存在某一理论特别适合用以理解教师学习?

Putnam 和 Borko(1997)指出,教师学习并非属于某一独特的理论视角。Opfer 和 Pedder(2011)从教师学习的复杂系统观出发,认为教师学习之所以难以界定,正是因为学习的本质基于环境、个体等因素(自身及其互动形式)的独特性而生发,因而,没有必要修正学习的一般性分析原则来描述教师学习。Edwards 也指出,人类基本的学习机制都是一样的,教师学习并不具有特别的独特性。在社会文化角度看来,人类学习都是一个社会化的过程,具有一致性。但是,不同的群体所处的社会文化情境不同,其社会化的具体机制自然会表现出不同(日常谈话:转引自毛齐明,2010)。国内研究者(毛齐明,2010)也通过对成人学习理论的批判,指出教师学习并不具有特殊规律。

从这些观点来看,教师学习既具有学习的一般特性也存在自身的独特性,两者均源自建构主义的学习观:在建构主义观点中,学习都是学习者建构意义的过程,这是教师学习与其他学习所具有的共性;但从社会建构主义的角度出发,学习者和学习情境的差异会导致学习过程的独特性,因而教师(而非学生的)学习、不同情境中的教师学习必然具有其独特性。教师学习的一般性与独特性在这一意义中共存。鉴于这一原因,下文将从学习的本质特征入手来理解教师学习。

(一)学习:涵义与结构

1.学习的涵义

"学习"是一个在日常生活中用得极多、也因此具有极其丰富含义的词语。作为日常用语的"学习"有时指称学习过程的结果,有时指称导致变化的某一心理过程,有时候指称交流过程,还有时候与"教"(teaching)成为同义词。本书采取一个宽泛的定义,将学习定义为"一切导致活的生物体中永久性能力改变的过程,这一改变绝非仅仅因为机体自然成熟而发生"(Illeris,2007)。

这一定义强调如下几个方面。

第一,学习与"成熟"(maturation)相区别。成熟是个体随着时间的流逝表现其"特质"的一种发展过程,特质的表达依据的是人类基因。相较而言,学习则是生物体那些非基因带来的持续变化(Estes,1975;转引自 Bigge & Shermis,1999)。

第二,学习并非人所特有的功能。

第三,学习与"发展""社会化"等概念相比较,是一个更为宽泛的用语,可以将发展、社会化等视为一种特殊形式的学习。

2. 学习的结构

"学习"是人类生活中最古老的现象之一。正因为学习这一古老现象具有诸多类型及维度,因而学习领域存在多种不同类型的学习现象(Phillips & Soltis,2009)。Winch(1998)在对学习诸多方面进行探究后指出,追求建构关于学习的宏大理论(grand theory)既是一件困难的事情,也并无必要。现有关于学习的大量理论从不同的角度探究了学习的某些方面,而要理解学习这一复杂现象,可以从总体上把握这些研究所提供的知识。在这一方面,Illeris 的研究(2007)可以作为参考。

Illeris(2007)对大量关于学习的理论进行了梳理之后,将已有研究关于学习的理解整理为三个维度(见图 1-3),并将不同的学习理论置于这三个维度所构成的领域中,描述已有研究为理解学习过程提供了怎样的知识(Illeris,2007)。

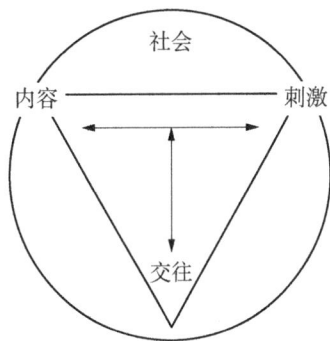

图 1-3 学习的结构模型

按照 Illeris 的研究结果,学习同时包含三个维度:内容(content)、刺激(incentive)、交往(interaction)。内容维度涉及知识、理解和技能等;刺激维度包含动机、情感和意志力(volition)等;交往维度包括行动、沟通与合作等。

Illeris 的上述模型恰好描述了当前关于学习的两类隐喻:"获取隐喻"(acquisition metaphor)和"参与隐喻"(participation metaphor)(Sfard,1998)。上述模型中的横轴连接了内容维度与刺激维度,关注个体学习者在学习中"学到了什么"以及学习的信念态度,这一类视角主要以"获取"作为学习的隐喻;纵轴连接了个体与环境之间的关系,关注社会性交往在个体学习中的意义,这一类视角主要以"参与"作为对学习的隐喻。正如 Sfard(1998)对两种学习隐喻的分析——学习同时包含了"参与"和"获取"的过程,两种隐喻结合起来才能够完整地理解学习。Illeris 的模型也强调学习同时涉及三个维度:学习是内在的心理过程与个体及其环境之间交往过程的整合;学习也是人作为生物发展出的类属生物性与人发展出的社会结构之间的中介过程。

(二) 教师学习:问题与转向

以前述关于学习的三维模型为镜,当前教师学习实践呈现出过分关注学习的内容和个体心理维度,忽视交往维度的倾向。具有这种特点的教师学习实践被称为"认知主义主导的教师学习"。新的探究取向——学习社群的出现,说明教师学习中的社会性维度开始得到重视。实际上,理解教师学习应秉持整全视角,应将教师学习同时视为个体的心理过程与社会交往过程,同时这是一个复杂的系统过程。

1. 认知主义主导的教师学习实践及其问题

认知主义主导的教师学习实践。当前教师专业发展活动中对教师学习的理解主要以"认知主义"(cognitivism)为主导(Kelly,2006)。认知模式是 20 世纪 70 年代心理学研究和教育心理学研究的主要范式,它认为个体在经过特别设计的环境中获得技能、知识和理解,并能够将这些知识、技能和理解运用于他处(Kelly,2006)。这一观点特别重视学习者的前备知识、动机、概念与迁移。采取这一视角,教师学习的研究主要关注教师的信念与态度,以及教师应该获得怎样的知识才能够成为有效能的教师(Fishman & Davis,2002)。

虽然在研究领域,认知科学已经受到其他学科的影响,朝向情境认知的方向发展①,但在实践中,认知模式却成为影响教师学习实践的主导思维方式和话语,成为教师学习的认知主义。它表现为:首先,教师的专业性被简化为可

---

① 认知心理学和认知科学的发展至今日已经进入情境认知阶段。早在 20 世纪 80 年代以后,认知心理学和认知科学的研究者(如奈瑟和西蒙)就已经深刻反思了认知信息加工理论所存在的问题,提出认知心理学应该做出更加现实主义的转变,主张以生态学的方法取代信息加工的方法,强调研究自然情境中的认知,更多地关注环境对于智能的影响(关于认知心理学、认知科学的发展及其反思参见 *How people learn:Brain, mind, experience, and school* 一书前言部分。Bransford, J., Brown, A., & Cocking, R. How people learn:Brain, mind, experience, and school [M]. Washington, D. C.:National Academy Press, 1999.)有关教师认知的研究也已经从纯粹的认知心理学视角,逐渐转向现象学、社会文化和建构理论等多学科视角的融合(裴淼,刘静,谭士驰,2011)。

测量、可以为标准所定义的能力和技能,教师是否成为专业者取决于教师是否具备标准所定义的能力和卓越技能;其次,专业技能可以划分为通用教学技能之下的价值、态度、知识、理解等子门类,通过描述可以迁移(Patrick et al.,2003)。最后,在现实中,大量以认知主义为主导的教师专业发展活动侧重提供内容(Webster-Wright,2009),假设提供足够多的学习内容和合适的活动方式就一定能产生教师学习(Webster-Wright,2009;Opfer & Pedder,2011;Wilson & Berne,1999)。认知主义的观点与认识论中的还原论(representationalism)及心理原素论(atomism)一致,将教师学习视为线性(linear)(Doll,1993)、累加(additive)(Day,1999)的过程。

对认知主义主导的教师学习的批评。根据 Illeris 关于学习的三维模型,认知主义主导的教师学习仅仅关注了学习内容和个体的学习心理维度(并且尤为关注内容维度),但忽视了交往维度。许多研究者批评了实践中的此种倾向。

Kelly(2006)批评了当前教师学习中单纯采用认知视角[①]存在的问题:这一视角倾向于认为专长完全存在于个体心智之中,对教师知识采取简化的理解,忽视了知识的实践性、缄默性、过程性;将知识、技能和理解的获得与使用分开,暗示学习是一种迁移的过程,但"迁移"这一概念自身就存在问题。已有大量研究表明,在一种环境中获得的知识很少被学习者在其他环境中使用(参见 Desforges,1995)。认知模式最根本的问题在于它隐含并宣扬"学习即知识获得"的观点。

以知识获得的角度来理解学习,重点关注个体心智(mind),关心有什么"进入"了心智,强调知识作为物品的内卷过程(inward movement)。Sfard(1998)早已指出以"获取"隐喻学习存在的悖论:它将主客体之间的关系理解为二元对立。由此便陷入了 Plato 所言之"学习悖论"(the learning paradox):我们怎么可能了解我们尚未获知的知识呢?如果不在已知范畴之中,那么我们也就不知道它的存在,既然如此,我们怎么可能会去探究它呢?换句话说,如果我们仅能基于我们已有的知识来认识了解某一事物的话,那么不属于我们已知范畴的事物就永远不可能为我们所知。按照这一逻辑,学习根本不可能发生。

在教师学习研究领域,纯认知模式也遭到一些研究者的批评。例如"新

---

① 本书此处所指主要是常见于当前教师教育和教师学习实践中仍以认知的信息加工理论为基础的认知视角。

手—专家教师"的对比研究是探究新教师发展的一种典型研究范式。这一模式试图通过比较发现新教师和专家教师在认知结构方面的差异,从而促进新教师的成长和发展。一些实证研究确实发现专家教师的知识结构、认知图式与新教师存在明显差异。这种研究视角把教师作为成人学习者,认为其认知结构会随着成长而表现出由相对简单到比较复杂的趋势。对此种纯认知分析框架的批评在于:它将人完全看做是由心理因素自我主导的(Veenman,1984;Goodlad,1983),但教师的专业发展并非一定是线性的,教师有可能由于所处社会情境的不同而表现出不同的发展轨迹(Webster-Wright,2009)。纯认知视角暗藏的前提是:随着个体认知成熟,新教师任职初期遇到的问题就能迎刃而解。这一视角忽略了社会因素在教师发展过程中的制约作用(Veenman,1984)。

认知主义的分析单位"内在于头脑",忽视了影响学习的重要环境因素和社会因素(Hoban,2002)。与之相比,逐渐兴起的"学习社群"概念表明人们开始关注学习中的交往维度。

2. 学习社群的兴起

当前的教师发展领域中,兴起了各类"社群"。如教师社群(teacher community)(Grossman et al.,2001)、教师学习社群(teachers learning community)(Wood,2007)、教师专业学习社群(teacher professional learning community)(Mitchell & Sackney,2000;Hord,1997)等。这些"社群"有关概念的兴起,可以看作对此前教师学习忽视学习的社会性和交往维度所做出的回应。

社群的特点。Westheimer(1998)通过对当代有关"社群"的理论进行回顾分析后,归纳了社群研究中共同关注的 5 个主题,作为"社群"的核心特征,它们是:相互依存、交往与参与、共享的价值与信念、关注个体与少数人的意见、有意义的联系。

而按照 Sergiovanni 的理解(1994),社群是围绕着"关系与观念(relationships and ideas)"建构起来的。Stoll 等人(Stoll,Bolam,McMahon,Wallace,& Thomas,2006)以及 Hord(1997)在对"专业学习社群"(PLCs)的研究中,也认为社群是围绕某一共同的观点,建立成员之间的意义关联。由此,社群可以视为基于意义交往和共同观点而形成的群体。

学习社群中的社会性学习。学习社群强调了学习的社会性,但社群中的学习其实包含了不同性质的具有社会性的学习。借用 Illeris 关于社会性的学习的三个概念,社群中的社会性的学习至少包含如下类型:①社会性学习(social learning):强调个体学习中社会交往的一面;②合作性学习(collaborative learning):一群学习者在相互交往中各自的学习或发展;③集体性学习(collective learning):在一群学习者共同学习的过程中,共同的学习情境对学习者产生作用。

学习社群中同时包含三类社会性的学习,但这一概念极为强调的是第三种学习(Stoll,2011)。这是一种具有类似自组织性质的学习。在学习社群中,社群能够产生某种集体知识,并具有相对独立的特性。这种分布于社群的知识对社群中的个体学习具有双重效果:因为知识的建构是在与他人交往的过程中发生的,知识的判定受到社会价值、规范等的影响,学习也就不是一个价值无涉的过程。由于集体共享的规范与价值对于整个群体来说既可能是有助于群体的积极发展,也可能是消极有害的,因而对于个体而言,学习可能受到群体价值规范的推动,也可能因此而遭受限制。例如,Achinstein(2002)的研究发现,对学校教育持有传统观点的教师社群中,教师倾向于追求一致性和采取与社会主流价值观相一致的观点,进而尽量掩饰冲突;而对学校持有民主观点的教师社群中,教师倾向于让学校教育扮演培育批判以改进社会的关键角色,因而冲突得以浮现并被善加利用,成为改善的契机。这意味着在教师的群体性学习中,个体教师的学习深受所处社群共享观念(即某种集体知识)的影响。在 Wenger(1998)的实践社群概念中"共享的技艺库"(shared repetoire)就类似这一种类型的集体知识,它从社群成员之间有意义的交往中产生,并累积下来,但最终又成为定义社群成员身份的一个重要指标。

3. 理解教师学习的整合视角

"学习社群"概念的兴起说明了人们开始关注学习中的交往维度、学习的社会性和情境性。然而过分强调学习的交往维度,即单纯采取情境视角理解教师学习,同样会产生以偏概全的谬误。

Anderson 等人(1996)对学习的情境视角中的关键假设——学习是情境性的,提出了质疑。他们认为虽然有一些学习是受环境影响的,但并非所有学习都如此,而且有许多研究表明教授技能并不需要在完全真实的背景中进行。Salomon(1993)指出,单纯采用情境视角否定了个人反思的重要性,不能够解释社群为何能够产生自己的集体知识,以及这种分布于社群的知识如何变迁。

Sfard(1998)指出应该兼取"获取"与"参与"两种学习隐喻理解学习,即整合的视角。整合的视角以"关系性行动中的个体"为分析单位(Hoban,2002),强调交往(interaction)中同时兼顾个体与情境的变化。采用整合的视角,则学习既有个体特征也具有社会文化特征,"应该既被视为个体积极建构的过程,也被看做参与更宏观的社会实践的文化适应过程"(Cobb,1994;转引自Borko,2004)。Borko(2004)指出,应该将学习理解为参与社会性组织活动中发生的改变,将个体使用知识视为个体参与社会实践的一个方面。

就教师学习而言,教师学习应该被理解为这样一个整体性过程:它既是教师个体心理内反思的过程,也是教师与其环境进行社会性互动的过程;教师学习"最好被理解为持续参与教学实践,并通过这种参与,在教学中,以及对教学变得更加博识(knowledgeable)"(Borko,2004)。采取整合视角理解教师学习意味着将教师学习理解为一个同时包含个体与群体维度、内在与交往维度的整全过程:即使个体的独自反思也是在社会文化的中介下发生;即使在学习社群中,教师学习同样也充满个体意志的选择和协商。

4. 复杂系统观中的教师学习

除了前述依据 Illeris 的三维学习模型外,当前还有另一股理解教师学习的思潮,即复杂系统的思维。Hoban(2002)是将复杂思维和复杂系统观用于分析教师学习的主要研究者;Opfer 和 Pedder(2011)也基于对大量教师专业发展和教师学习研究的元研究,得到类似的结论。

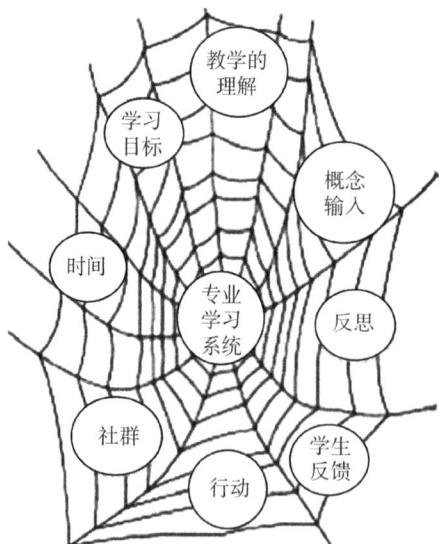

图 1-4 教师专业学习系统(PLS)的条件

Hoban(2002)提出要采用复杂系统的思维作为理解教师学习的框架,并基于相关领域的已有研究,绘制了教师专业学习系统(PLS,professional learning system)的蛛网图(见图 1-4)。

Hoban 的蛛网图一方面纳入了学习者自身的因素,如反思、目标、对教学的理解,同时也考虑到学习的社会和环境因素,如社群、学生反馈、时间、概念输入。同时这些因素都需要在教师尝试新观念的行动中发生关系,从而导致所有因素之间产生复杂互动。这意味着不仅情境会引起学习者的反思,还会引起其动机的变化和对教学的理解的变化,反之学习者自身的变化也会引起情境的变化。同时,在这一互动中不仅每个因素之间相互影响,且每一因素自成一个系统,也处于变化之中。整个教师专业学习系统就在这个多重嵌套的系统互动中展开。

Hoban 的蛛网图同时关注了学习者自身因素与学习情境,并将教师学习理解为这些行动者与情境之间的关系互动,在融合两种教师学习的视角方面做出了突破。然而,Hoban 的蛛网图缺乏操作性。一方面,正如他自己所说,将教育变革与混沌理论相提并论易步入极端,暗示学校和学校之间不具有可比性,每一所学校都是完全独特的个案、无从掌控。这意味着,Hoban 也主张要从复杂的教育现象中识别共性。Opfer 和 Pedder(2011)通过回顾已有的教师发展相关文献后指出,应将教师专业学习视为一个复杂系统(complex system),是"不可预计但高度模式化的",这就意味着教师专业学习虽然复杂到不可在初始预知其结果,然而必然存在某些共通模式。

尽管 Hoban 已经意识到要在复杂的教师学习中寻找共性,然而他对自己创建的"教师专业学习系统"的阐释仅止于肯定教师学习中复杂互动的存在以及初步分析构成互动的多种要素。复杂系统理论更多只能视为理解教师学习的基本原则、一种思维倾向或观念模式(mindset),无法为深入探究教师学习的过程提供更进一步的分析工具。

另外,需要说明的是,无论是 Hoban 的复杂系统思维,还是 Illeris 的三维模型,本质上并无冲突。学习的三维模型所奠基的各类学习理论均以建构主义为根本理论立场,采取这一理论立场意味着认可学习中的复杂性、多样性:当不同的学习者的心理因素与不同的社会情境相结合时,便会产生独特又复杂的学习现象。复杂系统的思维不过强调了这一交互过程之复杂性和不可预测性。

二、文化历史活动理论视野中的"教师学习"

当下关于学习的各类理论视角中,文化历史活动理论(cultural historical activity theory,CHAT,后文简称为活动理论)日益受到青睐。近几十年来基于活动理论的教育研究数量急剧增长(Roth,2004),其中有相当部分研究将其应用于教师专业发展、教师教育等领域(参见 Ann Edwards,2010;Lisa,Yamagata-Lynch & Haudenschild,2009;卢乃桂,何碧愉,2010a,2010b)。以下将在简要介绍活动理论的基础上,对活动理论视野中的教师学习内涵、过程、结果进行理论阐释。

（一）CHAT 的历史脉络

1. 社会文化理论的源与流

文化历史活动理论（CHAT）是社会文化理论（socio-cutural theories）的一个具体分支。社会文化理论源自 Vygotsky 关于人类发展的理论，主要探究人类高级心理机能与其发生的文化、制度和历史情境之间的关系（Wertsch，1991，1995）。社会文化理论中的各种流派对社会与思维之间的关系都持非二元对立的观点，将思维理解为"与物质世界融为一体的思维（embodied mind），思维本身是物质世界的一部分，延展于社会与物质环境中"（Roth & Lee，2007）。这种相互渗透的视角，正是 CHAT 与社会文化理论家族中其他研究路径的共同点。这种相互渗透的视角认为人持续塑造着社会环境，也为社会环境塑造着，这样的观点不同于将知识看做个体获得的具体物品。

但在社会文化理论的研究中，实则发展了两种具有不同焦点的研究传统。其一以 Vygotsky 为代表，关注个体如何内化文化中介工具的过程，可以称为个人取向（individualism）的文化历史研究。这一条研究路径下还包括 Wertsch（1991，1998）的"中介行动理论"（mediated action theory）。其二以 Leont'ev 和 Engeström 为代表，关注群体的中介行动，称为群体取向（collectivism）的文化历史研究（Smagorinsky，2010）。这两条路径的研究在一些核心概念（如活动、临近发展区）的理解上持有不同的观点（后文将在涉及之处详细解释）。

CHAT 属于第二类文化历史研究传统。Leont'ev 发展了活动的三层级结构，清楚地表明研究重心从个体转向群体。在这一条路径的研究传统中，Engeström 的理论常为人引用。他对活动系统的结构描述（活动三角），以及基于这一结构发展起来的"扩展型学习理论"（theory of expansive learning），将这一脉络下的研究重点推向对"行动（action）以及旨在发展实践和实践场所的干预行动"（Edwards & Daniels，2004：108）的关注。同时，Engeström（1987）指出，多数对活动理论的研究采取一种"垂直"（vertical）的视角，关注活动如何历时地发展，而少有人进行"水平"（horizontal）研究。当今文化的发展并非完全依据线性、整齐划一的发展，而是呈现多元化趋势。第三代活动理论采取横向的视角，将至少两个交互（interacting）活动系统纳入基本分析模型，这就走向了"活动网络"（networks of activities）的研究。

需要指出的是，个人取向和群体取向的社会文化研究并不完全互斥，也可视为一种相互补充的关系。虽然两者采取的分析单位不同,但这主要是由研究问题、研究者的关注点以及研究者所处情境决定的。实际上,对于社会文化理论而言,任何单一的分析单位都不足以完成对研究对象的完整理解(Matusov,2007)。

2. **社会文化理论的主要观点**

辩证思想。社会文化理论的主要理论渊源之一为马克思主义哲学。这一理论也继承了马克思主义学说中的一些基本的立场与关键概念,其中之一即为辩证思想(Roth & Lee,2007)。在辩证思想中,那些常常被视为二元对立的概念对,如个体—群体,身体—意识,主体—客体,能动—结构,物质—观念等,在社会文化理论中均是互为前提、预先假定的(presupposed)。例如,完全独立于物质世界的意识是不存在的,而人们感受到的物质世界本身就带有人类意识的烙印;集体活动由个体行动构成,但分散的个体行动又是由集体活动目标定义的。总之,整个活动都渗透着非二元对立的辩证统一思想,这为沟通思维与社会之间建立了桥梁。

人工制品的中介。社会文化理论认为,每一人类个体除非天生的神经反射活动,否则不会直接与环境互动反应;人类作为行动主体与环境对象之间的关系是借由文化物质、工具、符号的中介实现的[①]。人类的心理过程是伴随着"人类通过修正物质对象来调节他们与世界或他人交流的途径"这一新的行为形式出现的。Luria(1928)指出"人与动物不同的地方在于人能够制造和使用工具",这里工具"不仅改变了人类的生存条件,也作用于人类自身,使人类的心理条件发生改变"。这时,工具不仅指物质性工具,如锄头、盘子等,语言也是这一文化中介过程的内在组成部分,被视为"工具的工具"。

历史发展。除了制造和使用工具,人类还要让后代重新发现已创造的工具。"让自身成为文化存在,也让他人成为文化存在"是文化适应(enculturation)过程中密不可分的两个部分。我们总是生活在各种文化制品之中,这些文化制品凝结了之前人类活动的结晶。文化是整个社会群体在其历史经历的过程中积累起来的所有文化制品的总和。总体而言,人类累积的人工制品——文化——被视为人类作为族类的发展之中介,是"凝结在当下的历史"。在文化中介之下发展,并让后代在文化再生产中发展是人类这一种族的独特之处。

---

① 参考 http://www.edu.helsinki.fi/activity/pages/chatanddwr/.

实践活动。 人类心理功能的分析必须基于人类日常活动。只有通过活动，人类才能感受到之前世代的活动所留下的心理/物质留存。

(二) CHAT 的主要观点

CHAT 的三个关键词"活动""文化""历史"极为凝练地总结了这一理论的内容。"活动"是人类存在的具体方式；"文化"则是"活动"的载体，是人类感受世界的手段；"历史"则展现了"活动"如何通过"文化"手段不断延续发展。以下将分别结合 CHAT 的三个关键词，"活动""文化""历史"，来解析这一理论的内容。出于论述的方便，以下观点中未作特别说明的，即为广义的社会文化理论与 CHAT 共同持有的观点；CHAT 与其他社会文化理论存在分歧的地方将会特别加以说明。

1. CHAT 的活动之维：**活动、活动系统**

"活动"的定义。 苏联心理学家用"活动"这一概念来描述由某一特定动机激发，并服务于特定目标的智力行为或其他行为(Crawford，1985)。这一概念来源于黑格尔以及马克思对"活动"概念的描述。黑格尔将活动视为"终结主客体二元论的单位"，马克思认为活动"首先且必须是一种感官性的实践"(Roth，2007)，"历史活动是意识的发生器"(Leont'ev，1978：转引自 Roth，2007)。在此基础上继续阐释活动中主客体关系："在实践发展的过程中，人类遭遇了认知问题，人类的知觉与思维由此产生并发展，在这一发展过程中同时包含着知识(真理性和充分性的)标准。"在这些对"活动"的阐释中，"活动"就如一枚硬币，主客体成为这一硬币的两面，共同交融于活动之中(Roth，2007)。Leont'ev 关于活动对象的论述说明了主客体如何共存于一体：活动对象首先作为物质实体存在于世界之中，之后又作为一种意像(image)或愿景(vision)存在。两者既同时表现为当下的状态，也同时作为人们对其未来的想象。但实际上，整个活动的概念都渗透着"两次存在"(Hegel，1807，1977；Leont'ev，1978：转引自 Roth，2007)的内涵。

总之，活动是人的社会存在的具体形式，包含着有目地改造自然及社会现实(Davydov，1999)。活动这一概念体现了主客体辩证统一的观点。选择活动为分析人类高级心理功能的基本单位，体现了活动理论的研究者对思维与世界之间关系持非二元对立的立场。他们通过采取以集体动机指引的活动系统为分析单位的方式，采取一种互动主义的视角来理解高级心理功能，这迥异于西方心理学的研究传统，即采取个人作为分析单位，进而探究个体行为或表现之所以产生差异的原因(Crawford，1985)。

活动的结构。虽然 Vygotsky 和 Leont'ev 的理论中都出现"活动"的概念，但在两者的研究中，其所指并不相同。Kozulin（1996）通过对两人的理论中"活动"概念的演变进行分析后指出，Vygotsky 主要将"活动"作为解释原则，而 Leont'ev 将"活动"作为研究主题。前者是一种方法论手段，而后者要求对活动本身的结构进行分析。正是在这里，个人取向与集体取向的社会文化理论产生了分野。

Leont'ev 以群体性主体为着眼点，提出活动具有三级结构，活动（activity）、行动（action）、操作（opeartion），分别对应于动机（motive）、目标（goal）、调适（condition）（见图 1-5）。这三级结构用来描述活动发生的过程，但其中三级结构是预先假定（presupposed）的：活动是由集体动机导引的，而集体动机在社群成员的行动目标之间进行协调才能产生，这意味着活动是以行动为前提的；反过来，个体的行动虽然以目标为导向，但行动的目标又是受到社群集体活动目标指引的，这就是说，个体的行动又是以社群集体活动为前提的。个体行动与操作之间也存在类似的辩证关系。这里体现了活动理论的辩证观。

层级	导向	载体
活动 ——	对象/动机 ——	社群
行动 ——	目标 ——	个体或次团体
操作 ——	调适 ——	进行惯例行为的人或执行程序的机器

图 1-5　活动的层级结构

也正是因为活动层级结构之间辩证关系的存在，因而产生了活动中的不平衡，活动因而随时需要进行协调才能维持平稳运行，为此规则总是在调整，分工也总是在改变。这也就成为活动中矛盾的来源之一，以及活动发展的动力。

Engeström 进一步发展了对活动结构的阐释。他将 Vygotsky 关于个体中介行动的三角结构扩展为一个包含了主体、对象、中介工具、分工、社群和规则的更大的三角结构，称之为活动系统（见图 1-6）。在 Vygotsky 原有的简单三角结构中,每一边都发生了断裂(见图 1-7),"个人生存"因为利用工具而出现断裂,"社会生活"因为集体生活的传统、仪式和法则形成断裂,"集体生存"因为分工而产生断裂,由此产生了活动系统。活动系统是人类文化进化到一定阶段,进入人类专属活动形式的表征。作为活动发生的环境,活动三角揭示了活动赖以发生的物质和社会资源及其中介性(Engeström,1991,1999:转引自 Roth & Lee,2007)。

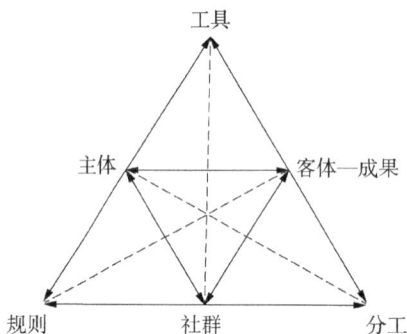

图 1-6 人类活动的结构

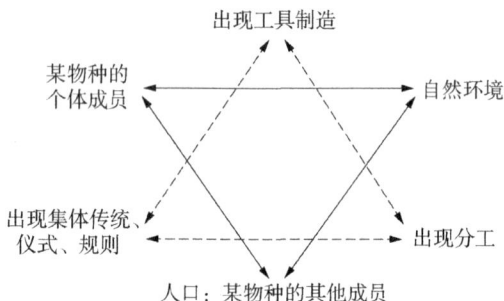

图 1-7 从动物活动结构到人类活动结构

在图 1-6 这个三角结构中,"主体"指的是依照分析的观点而被选择的个人或次团体。"客体"指的是主体所欲改造的对象。需要说明的是,"客体"的概念已经隐含在活动的本质中,因此并不存在缺乏客体的活动,客体是自动赋予的,也是被投射、自动参与的,当一个对象或现象能够满足人类需要时,就自动成了活动的客体,这样的需求满足是一种"独特的动作"(Leont'ev,1978)。客体在物质工具或符号工具等多种中介的双重协助下,被转换成活动欲求的结果——"目标"(outcome)。"社群"由多元个体或次团体共同组成,他们共享活动的客体。"劳动分工"既包括成员之间对任务的平行分配,也包含权力和地位的垂直掌控。"规则"是指明确的法律法规,或约定俗成的习俗规范等。

活动边界与活动的存在状态。中介行动是能动者在中介手段下的行动,中介行动的目标体现着主体的动机。CHAT 关于对象的阐释清楚地表明了这一点。

从行动到活动的层面,活动地目标因而也体现了主体的动机,并且是群体性主体的动机。因此活动的边界由活动的目标来决定。"一个活动如何区分于另一个活动,由活动的目标所决定。活动的目标决定了活动的发展方向。"

"活动的目标是活动真正的动机"(Leontiev，1978：转引自 Kozulin，1996)。

此外，活动目标产生于群体性主体中，涉及多元个体之间的协商。在此过程中，不同客体种类之间一定要达成协调来维持系统的运作顺畅。就活动目标而言，它会随着群体动机的变化而变化，因此活动边界往往处于动态之中。相应的，活动中所采用的中介工具，以及涉及的社群范围也会随之发生调整，任务需要不断地重新分配，规则也会调整和重新定义。换言之，整个活动系统恒常地处于动态之中。这也正是活动中矛盾的来源之一。但并不意味着整个活动系统的变化完全取决于主体动机的变化，实际上，主体动机的变化也受到身处环境所提供的中介条件的影响。因此活动系统就在自身的矛盾与协调中变化与发展着。

2. CHAT 的文化之维：中介、人工制品

CHAT 最基本的立场是认为思维与社会之间乃相互渗透的关系，这一关系主要通过人工制品的中介来完成。各类人工制品彼此交织构成了人类文化。在 CHAT 的视野中，人类经由文化而感受世界，并通过自己的活动创造文化。

中介：人、中介工具、中介行动。社会文化环境塑造人的心理机能的一个基本的手段就是通过使用的文化工具。中介为这种塑造行为的发生提供了可能。中介是一种功能、一个过程，可以理解为能动性发挥过程。中介物(mediator)是承载着中介功能的物品。Vygotsky 认为中介物(mediator)具有三种存在形式：物质工具(material tools)、心理工具(psychological tools)、他人(other human beings)。物质工具和心理工具的物化形式统称为人工物品(Wertsch & Alvarez，1995)。中介物不能独自发挥中介作用，只有当人使用这些工具的时候，它们才发挥影响。因此理解中介可以从两个方面入手：人及中介工具。它们构成了中介的一体两面(Kozulin，2003)。有关人工物品将在下一部分进行详细阐释。

他人如何发挥中介作用？Rogoff(1995)描述了他人发挥中介作用的三个维度：学徒制(apprenticeship)、引导式参与(guided participation)、领会(appropriation)。"学徒制"描述了儿童和成人新手以社会文化为中介模式的社群活动模型。"引导式参与"涵盖了共同活动的人际方面。"领会"与个体参与中介活动、发生改变有关。这三个维度并非上下等级的关系，而是一个不可分割的整体。要理解他人如何发挥中介作用，其中任何一个维度的行动必须涉及另外两个维度的行动。

简单来说,中介行动是"人运用中介手段的行动"(individuals-acting-with-mediational-means)。在这一表述中,人与世界的关系是能动者在中介手段下的行动。这一视角不仅仅是理解世界的手段,也是改变世界的手段(Wertsch,1991;Tappan,2006)。

中介工具(中介物):人工物品。 在 Vygotsky 对中介物(mediator)的三种存在形式——物质工具(material tools)、心理工具(psychological tools)、他人(other human beings)——的描述中,物质工具指具体的由物质制成的工具,如犁,棍棒;心理工具指以符号形式存在的人工物品,包括符号(sign)、象征(symbol)、文本、公式、图形结构等。物质工具和心理工具的物化形式统称为人工物品(Wertsch & Alvarez,1995)。

Wartofsky(1973)将人工物品描述为"赋予了认知或情感内容的人类需求或动机的物化形式"(objectifications of human needs and intentions already invested with cognitive and affective content)。人工物品分为三类。①第一人工物品(primary artifact)。指那些在生产中直接使用的物品,如斧头、棍棒、针、弓。Cole(1996)增加了一些例子,如词语、书写工具、远程通信网络、神秘的文化人物。第一人工物品最能体现人工物品的概念,它是人类历史活动中所改造的物质。②第二人工物品(secondary artifacts)。它包括对第一人工物品的再现(representation),也包括使用第一人工物品的行为模式。第二人工物品在行为方式与信念传承时扮演着关键角色,它包括秘方、传统信念、规范等。③第三层面的人工物品是那些能够"逐渐构成相对自主的'世界'的一类人工物品,包括规则、习俗,和看上去不是直接有用的那些结果,或那些看上去构成了一个非实用、或'自由'的游戏活动的人工物品"。这一想象性的世界被称为第三人工物品(tertiary artifacts)。这些想象性人工物品会逐渐影响我们看待"真实"世界的方式,提供改变当前实践的工具(Cole,1996)。

这一描述类似 Popper 描述的三个世界。第一世界是指物理对象或物质的物理状态。第二世界指意识或心理状态,或行为倾向。第三世界是关于思维的物化形式(objective content of thought),尤其是指科学思想或诗学思想及艺术品(Popper,1972)。

从以上的对人工物品的描述来看,人工物品并非仅仅是物质对象。物质世界在被纳入有意识、有目标指向的人类活动的过程中被改造。人工物品就是这个被改造的物质世界的一个方面。人工物品因而具有双重属性:它既是物质的(material),也是有意识的(ideal 或 conceptual)。它的意识性特征在于:由于人工物品来自"转化性、以创造形式为目的的、社会生物的活动,这些活动以目标为中介、是能够被感知的客观活动",所以它不仅仅是一种纯粹的物质外形(physical form)。以"树"为例。如果没有进入人类有意识的活动中,树这一物质就不会获得"树"这一命名;而当我们说"树"这个词,并指称这个物质的时候,这个叫做树的物质就成了人工物品。树——这一物质形态与我们对其的指称共同凝结在作为人工物品的"树"之中。

文化:发挥中介功能的人工物品总和。Cole 认为人类文化就是"整个社会群体在其历史经历的过程中积累起来的所有文化物品的总和"(Cole,1996)。三种人工物品共同交织于人类活动之中。由于社会文化理论将人类经验世界理解为"主体—人工物品—对象"的过程,对于一个群体而言,文化成为人类感受世界的手段。

3. CHAT 的历史之维:临近发展区、矛盾、再生产循环

文化作为所有人工物品的综合,凝结了历史上以往活动的痕迹,是"当下的历史"。当文化服务于当前活动,用于满足主体实现当前活动目标时,当下活动中的历史维度就全浮现出来。在文化中介之下发展,并让后代在文化再生产中发展是人类这一种族的独特之处。CHAT 因为认识并着重阐释活动中历史或发展的维度,从而将自身区别于社会文化理论家族中其他流派。

CHAT 对于活动的发展、延续有着独到的阐释。CHAT 也借用 Vygotsky 创造的"临近发展区"(zone of proximal development,简称 ZPD)概念来描述社会性协作中的发展与学习。但这一概念较为抽象,未能对发展的具体过程进行充分阐释。Il'enkov 提出"矛盾作为活动发展的内在动力",以及 Engeström 提出的"再生产循环"模型丰富了对活动发展的理解。

临近发展区(ZPD)。Vygotsky 提出了"临近发展区"的概念来描述心智的发展。ZPD 是"实际发展水平和潜在发展水平之间的距离"(Vygotsky,1978)。跨越临近发展区则意味着实现了学习与发展。然而使用 ZPD 概念并不是为了深入讨论学习、发展的微观层次,而是意在通过这一概念说明,即使在学习、发展的微观层次,人也处于与他人的协作之中(Kozulin,1996)。

社会文化理论家族的不同流派对临近发展区的理解有所不同。Lave 和 Wenger(1991)对此做出了总结。①在指向个体学习的个体性解释中,临近发展区主要指学习者在独自工作时,和受到更有经验的人的帮助或与他们合作

时表现出来的解决问题能力之间的差距（如 Greenfield，1984；Wood et al.，1976）。②在更为宏观的学习活动——文化适应中，临近发展区指的是社会历史脉络所提供的文化知识和个体的日常经历之间的差距（如 Davydov，Markov，1983）。这是对临近发展区进行的文化性解释。③集体主义或社会性的观点则认为，临近发展区是个体的日常行为和社会活动的历史新形式之间的差距，这种差距可以作为解决潜藏于日常生活中的双重约束的方法，以集体的方式产生（如 Engeström，1987）。

前两种对临近发展区的理解均基于个人取向的社会文化研究传统，在一个较小的社会性氛围中去探讨学习的社会特征。学习在更为宽泛的社会世界结构中所处的位置目前还没有得到说明（Fajans & Turner in preparation：引自 Lave & Wenger，1991）。Engeström 做出的集体性或社会性解释则将对学习的研究拓展到教育组织之外，将社会世界的结构纳入分析的范围，并着重考虑社会实践的矛盾本质（Lave & Wenger，1991）。

活动发展的内在动力：矛盾。Il'enkov（1977；1982）论证了内在矛盾是活动系统内改变和发展的驱力概念。Engeström（1987）进一步从活动网络的角度，将活动系统变化的驱动力来源描述为四个层级的冲突（见图 1-8）。

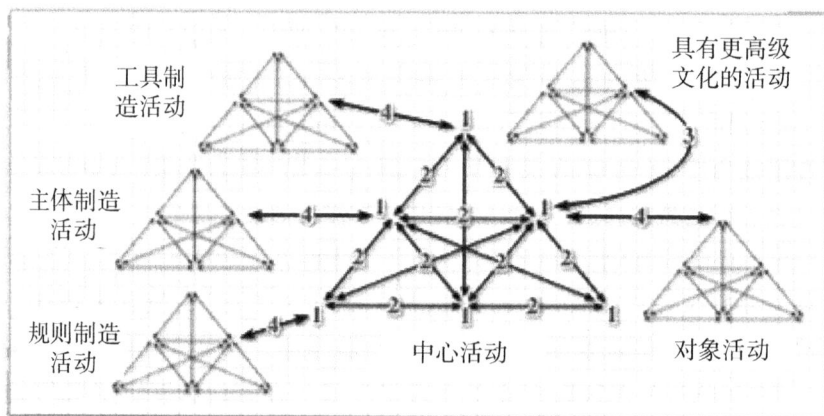

图 1-8 人类活动系统网络中冲突的来源

其中，初级冲突（图 1-8 中"1"为代表）将一切活动看作资本主义大生产中的组成部分，因而每一个活动系统的各个节点都被剩余价值和使用价值这一资本主义生产的基本矛盾所左右。由于自身存在双重本质，因而内部就存在矛盾与冲突。

次级冲突到第四级冲突(图1-8中"2""3""4"为代表)都是外界因素侵入已有活动系统后,引起活动系统内部各个节点自身、节点之间关系的变化,从而实现活动系统自身的变化和发展。由于单个的活动系统并非存在于真空之中,而是处于与其他活动系统的联系之中,因而会受到来自外界的影响。当活动系统尚未将外部影响内化到系统内部的协调运作之中时,就构成了系统内部的冲突与矛盾。

外界因素的侵入之所以能够引起活动的变化,在于活动理论秉持的基本观点是思维与社会并非心物二分的二元对立关系,人的动机受到社会文化环境的诱发,反过来指导人采取行动;同时这一行动在社会情境中开展,需要与他人分工协作,即形成活动;活动的过程是包括主体和所处环境在内的整个系统的复杂互动;随着活动的发展,主体与环境都会发生变化。

活动的延续:再生产循环。 Engeström 基于马克思关于社会资本再生产理论提出了活动发展的"再生产循环"模型(见图1-9)。在活动系统中,当主体在中介手段的辅助下完成对对象的改造后,就产生了产品;这些产品在社群中依据分工而得到分配;在规则的调节下,在社群内部进行交换而实现再分配;再分配后,产品被用于生产性消耗,就实现了新一轮的生产。这时活动系统就得到了延续。

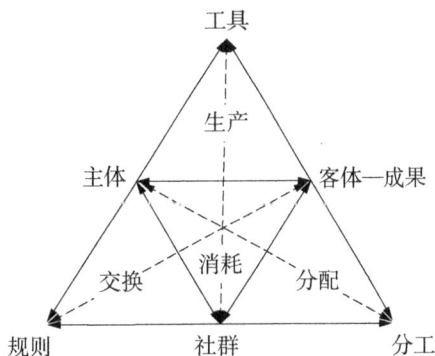

图1-9 活动系统的再生产循环

4. 活动系统的分析层级

将活动系统的三角结构应用于活动分析时,可以因应不同的研究需求,将之应用于不同层级的对象与活动范围。如果聚焦的活动层面不同,那么6个活动组成要素的内容和侧重点都会有所变化。

例如,如果侧重于分析个体参与群体活动的行动历程,那么在活动三角中,主体即为该个体,社群指涉共同完成某一目标的群体。"主体—工具—目标"这个三角关系描述的是个体的中介行动,但三角结构的下部则涉及该个体处于共享目标的群体之中所受到的中介影响。

又如,如果要分析一个小团体达成某一目标的活动历程,则此时的社群指涉的是该小团体所处的更高层级的较大团体,如小团体指某一学校,而更高层级的较大团体可能就是学校所处学区的教育系统,包括其他学校、教育局、社区等相关团体。此时"主体—工具—目标"这个三角关系实则包含了学校内部次级团体(如学科组、年级组等)或个体(如学生、教师、校长等)的活动/行动。如果以图形表示,则此时上面的小三角实际上是由若干个更次一级的活动三角系统构成的。

总体而言,CHAT 所建构的活动系统的三角结构具有较大弹性,能够用以分析不同层级的人类活动,以及其中人类关系的诸多向度,但核心的任务始终是要紧抓全局的系统观点,而非个别连结关系[①]。

(三) 教师学习的再概念化

下文结合 CHAT 的主要观点,重新对教师学习的定义、产品和过程进行理论诠释。

1. 教师学习的定义

在社会文化理论的视野中,学习在个人、人际、社群等三个相互交织的层面上同时发生(Rogoff, 1995)。在个体层面上,学习是学习者内化中介工具,形成意义、改变参与的文化适应过程;在人际层面,学习是通过人际交往学习领会中介工具的过程;在社群层面,学习是在与他人的交往中,提升参与程度的过程。

基于社会文化理论对学习的理解,教师学习既是个体性的,又是群体性的。可以从个体和群体两个层面上描述教师学习。就个体的角度而言,教师学习即教师个体通过参与社会性实践,内化中介工具,获得能动性伸展(个体转化)的过程;就群体的角度而言,教师学习同时也是教师群体协调彼此的中介行动,跨越集体的临近发展区(群体转化),达成群体目标的过程。在这一过程中,教师个体转化与群体转化成为彼此转化的源泉。

社会文化视角是对学习的一般规律所做的阐释,从这一视角来理解教师学习,就是将教师参与社会性实践,达成目标的实践过程视为教师学习。因而,并不存在一种特殊的教师学习的形式,教师的整个社会实践自身就构成了教师的学习。这与新的学习科学(见 Bransford et al., 1999)对学习机会的理解一致,如教师学习包括各种正式、非正式的学习机会:教师可以通过自己的教学实践学习,也可以通过参加学位课程学习,还可以从同事之间的课间谈

---

① 参见 http://www.edu.helsinki.fi/activity/pages/chatanddwr/.

话、从自己做父母的经历中学习等。

基于前文对文化历史活动理论的介绍与阐释,本书将教师学习定义为:教师作为个体和群体在其实践中通过各种学习机会发生改变的过程,是一个具有自主性、社会性、复杂性、转化性、长期性的系统化过程。

第一,教师学习是教师作为学习者的自主学习。教师的前备知识、信念、动机是影响教师学习方向和成效的重要因素。

第二,教师学习具有社会性。教师的学习不是发生在真空之中,教师信念、动机的激发往往来自环境的刺激。在 CHAT 视野中,学习是面对不平衡、矛盾、冲突时重新寻求恢复平衡的过程;学习者需要批判性同侪、诤友和批判性话语社群来激发和重塑自己的认知结构;同时,社群所有的价值、规范也对教师的个体学习产生制约或支持。

第三,教师学习具有转化性。学习本质上意味着转化,教师的学习使其工作对象——学生发生转化,也使学习者自身——教师发生知识、技能、情感、身份等发生变化,还使教师所处的情境发生变化。这些转化既有可能带来积极成效,也有可能带来破坏性后果。

第四,教师学习是一个复杂的系统。教师学习并非线性累加的过程,教师学习在学习者自身、学习情境的复杂互动中展开,这些因素互相制约,也相互促成。教师学习因而难以在初始预知,理解教师学习的首要一点即理解形成不同关系与模式的原因。

第五,教师学习是持续的长期过程。

2. 教师学习的产品

已有关于教师发展、教师改变的研究中,教师学习产生的转变主要包括两大类:一是教师作为学习者自身的变化,二是教师学习环境的变化。

Vermunt 和 Verloop(1999)指出教师学习会使自身在知识、技能(表现)、信念上产生变化。Kilion(2007)认为教师学习会带来自身在知识、态度、技能、渴求(aspiration)、行为上的变化(Joellen Kilion,2007:转引自 Easton,2008)。Evans(2002)指出,教师发展的结果会导致自身态度或功能上的发展。其中,态度发展包括智识发展和动机发展;功能发展指专业表现改善,包括过程性发展和产出性发展。而 Hargreaves(1992)则认为教师发展不仅会引起自身的变化,还会引发其所处环境的变化。他把教师发展归纳为三个层次的目标:知识与技能发展、自我理解、生态改变。这三个层次的目标是层层递进的。这些观点归纳如表 1－5 所示。

表 1-5　教师学习的产品

		Vermunt & Verloop (1999)	Kilion (2007)	Evans (2002)	Hargreaves (1992)
教师自身的变化	知识	√	√	√	√
	技能(行为)	√	√	√	√
	情感态度	√	√	√	√
环境变化	物质产品(如教案、教具等)			√	
	(较为稳定的)生态环境			√	√

在 CHAT 的理论视野中,这些教师学习引发的变化可被理解为教师学习活动的产品。

活动的再生产循环说明,活动的产品将成为新一轮生产的中介工具。其中既包括物质性工具,也产生符号性工具。在长期的活动发展中,符号性工具(或人工物品)形成活动系统中的规则与分工,成为活动系统发展的重要结构性因素。这说明,教师学习的产品即教师个体或群体为达成目标而改造的对象。其结果分为两类,物质性产品和符号性产品。在上述教师学习的产品中,教师自身的变化和环境变化中较为稳定的生态环境(包括规则、分工等),将构成教师学习的符号性产品;环境变化中教案、教具等是教师学习的物质产品。

按照三类人工物品的分类,教师学习活动改造的物质对象,如教具、教案等属于第一类产品;对这些物质对象的表述(如知识)和行为模式(技能与行为)是第二类产品;包括长期以来教师学习活动所产生的,具有一定独立性的教师社群规范、习俗、价值观等(即生态环境,包括稳定成为模式的情感态度)属于第三类产品。

3. 教师学习的过程

从个体层面来看,教师学习是教师(主体)在物质工具(如电脑、网络)、心理工具(如书籍、教师教育课程、话语共同体)的辅助下,通过与同侪、领袖教师、校长、教研员、教师教育者等不同群体的互动(人际中介),透过集体的临近发展区,获得能动性的伸展(即学习)。教师在这一过程中所处社群内的位置或水平(分工)、社群自身所具有的价值规范等(规则),将会影响教师学习的结果。

从群体层面来看,教师学习产生了教师自身的变化(知识、技能、行为、情感态度的变化)和环境的变化(教案、教具等物质对象的具体变化和教师社群中的生态环境的变化)。这些产品在教师之间进行分配,如某些骨干教师作为熟练学习者能够从群体性教师学习中获得更多的产品,表现为自身发生更好、更多的变化(如生产出更加优质的教案、教具,对知识的理解更深刻,能够更加深入理解教学的意义与方法等)。分配之后,教师依据自身拥有的教学水平(即占有的学习产品)而在教师社群中占据不同的位置。如果教师社群内存在互惠合作、信任关爱的教师文化,教师可能会将自己拥有的学习产品进行交换,如师徒带教、听评课、集体备课等。如若教师能够从这些合作学习中受益,并用于新问题的处理,就在学习产品的消耗环节实现了剩余。对于教师学习社群而言,有利于再生产(即持续学习)的剩余产品切实表现为平等、信任、批判的教师学习文化。

以上描述的是理想情况下个体和群体层面的教师学习过程。两者在现实中是交织在一起的。顺利的教师学习是在个体与群体学习发展相互交织和推动下产生的。

然而,活动并非静止不动的,活动中充斥着各层面的矛盾。教师学习活动中面临着各个活动要素自身蕴含的矛盾,不同活动要素之间不相协调而产生的矛盾、外部更高级文化活动带来的矛盾,以及各个要素的发展变化带来的矛盾等。例如,教师群体如何协商出共同的学习目标? 在这一过程中首先就受到各类因素的影响,教师群体的学习目标始终处在动态平衡中。为了实现随时处于协商和变动中的学习目标,相应汇聚的群体成员、采取的工具、进行的角色分工、发生作用的规则都将进行新的协调,由此教师群体学习活动就恒常地处于不平衡之中。这仅仅只是目标层次中教师学习活动可能遭遇的矛盾,在其他环节同样存在类似的矛盾。而这些都成为教师学习活动发展的动力来源。

第四节　教师领导与教师学习的关系

基于此前对教师学习和教师领导相关文献所做的梳理,本书进一步整理已有研究关于两者关系的观点。下文首先结合教师学习和教师领导领域的研究,挖掘和呈现两者之间的关系。由于这两个领域的研究发现尚不能为彼此的关系提供充分的理论解释,本书进而转向"学习与领导"研究领域寻求更加充分的理据。

一、"教师领导"与"教师学习"：已有观点及其不足

在教师领导和教师学习各自研究领域中，彼此都提及双方的重要性。在已有研究中，两者关系呈现出如下特征。

第一，教师领导不可避免地与学习有关（Darling-Hammond，1995）。这一论断有两层含义。首先，有研究者认为，教师领导的理据与教学的专业模式有关（Katzenmeyer ＆ Moller，2001）。"教学的专业模式"相对于"教学的官僚模式"而提出，它认为教师不是在专家或行政干预的力量下，被动、不加理解地执行教学程序，而是在理解具体教学策略的理论基础的前提下、基于具体的教学情境、自主地选择教学策略。"教学的专业模式"要求教师持续学习，以做出专业判断（Katzenmeyer ＆ Moller，2001），教师领导与自身学习有关。此外，教师领导不可避免地与其他教师的专业发展和学习有关（Darling-Hammond，1995）。

第二，教师领导通过教师学习而实现。一方面，担当领导者的教师需要学习必备的领导知识与技能。一些研究者发现，"领导"虽然被视为教师角色的内在维度之一（Frost，2003），但教师并非天生就掌握领导的技能，教师需要通过学习掌握必备的知识、技能以开展教师领导。在实证研究中，研究者发现"好教师不等于好的教师领导者"（Smylie ＆ Mayrowetz，2009）；如果直接从课堂中推选优秀教师去担当领导工作，而不给予其支持或准备时，担任领导者的教师往往会遭遇各种困难（Little，1988）；同时，教师领导者也自我报告缺乏能够较好开展领导工作的知识和技能（Murphy，2005；Harris ＆ Muijs，2005）。还有一些研究者（Murphy，2005；Lieberman ＆ Miller，2004；Little，1988）指出，从事课堂教学所需要的知识与技能与开展教师领导所需要的知识与技能不大相同。Murphy（2005）的研究识别了教师领导需要的知识与技能包括：①领导学校组织的理解与能力；②与其他成人有成效地共同工作的能力；③建立"合作事业"的能力，意即具备推进团队合作、共同学习、解决问题与行动的能力。

另一方面，教师需要通过学习实现自我领导。教师赋权是教师领导的理据之一（Katzenmeyer ＆ Moller，2001）。Wilson 和 Coolican（1996）把"赋权"分为外部赋权和内部赋权。外部赋权给予个体操控他人的权力，内部赋权给予个体内在的、来自自我的力量，相信权威来自内在、确信自己的思想和价值

是有意义的、能够进行自我激励。教师学习是提升教师内在权能的重要途径。因此,教师领导可视作教师学习的结果,教师学习正是实现教师领导的必要途径。

第三,教师领导对教师学习可能具有促进作用。Smylie(1992)认为教师领导可以通过提升教师群体自身的专业发展而间接地推动学校系统的发展、改善教师学习的条件。但教师领导的相关实证研究也发现教师领导对教师群体具有积极或消极的不同作用(参见 York-Barr & Duke,2004)。这意味着某些形态的教师领导(而非所有形态的教师领导)有可能促进教师学习。

总体而言,已有研究从不同的角度观察到教师学习和教师领导之间关系的某一侧面,虽然将这些观点连缀起来,两者隐约呈现出相互作用、互为因果的关系,但由于这些观察是分散的,缺乏一致的理论立场,因而无法对两者之间的互动机制给出强有力的解释:怎样的教师领导能够促进教师学习? 为什么某些教师领导能够促进教师学习? 有效的教师领导如何促进教师学习? 教师如何通过学习获得有效的领导力? ……已有的研究尚未回答这些问题,教师学习与教师领导之间的关系仍需进一步的理论诠释和探究。

二、"学习"与"领导"的关系探究

教师领导与教师学习两个研究领域中的发现还不能提供统一的理论框架来理解教师学习和教师领导之间的互动关系,对两者的互动机制缺乏足够的解释力。但对"学习与领导"的研究提供了一些可资借鉴的思路。

"学习"与"领导"之间的关系日益得到教育研究的关注,寻求两者关系的实效证据成为许多研究者(参见 Bell et al.,2003;Witziers et al.,2003;Leithwood et al.,2004)关心的问题。在这些研究中,人们不仅通过量化研究发现了领导与学习之间存在着很高相关性(参见 Robinson,2007;Leithwood et al.,2004),一些研究还进而寻求两者相互玉成的哲学依据。在后者的研究中,Lambert 等人(2002)的"建构主义领导"(constructivist leadership)理论和剑桥大学"为了学习的领导"项目均从"学习"和"领导"的理论基础出发,基于当前对"学习"和"领导"的前沿理解,建立起理解"学习"和"领导"的统一框架。当前,基于对学习的社会文化性质的理解和对领导的文化性解读,学习与领导的关系也得到重新诠释(参见 Lambert et al.,2002;MacBeath & Dempster,2009;O'Donoghue & Clarke,2010)。

下文将主要基于两者的研究介绍他们的研究思路和发现。

(一)"建构主义领导"关于"学习—领导"的观点

"建构主义领导"是 Lambert 等人在当前对"领导"的理解范式出现重构 (redefine)的趋势下,对"领导"内涵进行重新界定所提出的一个概念。在这一概念中,"领导"与"学习"密切相关。

Lambert 等人(2002)首先探讨了学习理论与学校领导理论发展中的相关性,他们发现对"学习"的理解和对"(学校)领导"的理解向来存在一致性。在教育领域,学习是教育的核心,学习理论的发展与教育领域中对"领导"的理解有着重要影响,从而产生了"学习"和"领导"之间平行发展的关系。当前,建构主义是理解"学习"的主要思潮,"学习作为意义建构""学习作为社会协商"的本质,深刻影响了教育领域中对"领导"的理解。Lambert 等人创造的"建构主义领导"这一概念,就是从这一角度出发,将教育领域中的"领导"界定为"促进学习的能量"的。

首先,学习的本质乃是意义的建构。这首先意味着"学习"是人的基本权利。Kegan(1982)将"意义"视为身体活动(如抓、看)、社会活动(要求另一方的参与)、生存活动(通过意义我们才能生存),因此,意义理解成为最基本的人类运动,不可约简。其次,"学习作为意义建构"也意味着学习具有社会性。学习是在社会参与中实现的,是与他人有关的意义建构过程。因此,学习既是意义的建构,同时也是意义的协商。确定哪些建构的意义可以被共同接受,认可为知识,就涉及如何在意义协商中达成共识,而这是教育中"领导"活动的主要目标。

教育领域中的"领导"以"学习"为中心。在对"学习"做如是理解的基础上,"领导"的含义也就由"学习"来界定,成为"促进参与教育社群中意义建构、达成关于学校教育共识的过程"。同时,由于学习是人的基本权利,以促进学习为旨归的"领导"也就关乎如何实现人的潜能,"领导"也就成为学习社群成员的角色中最基本的维度之一(Frost,2003)。

此外,长期来看,意义的成功建构必须是一个互惠的过程(Kegan,1982:转引自 Lambert et al.,2002)。这意味着作为意义建构的"学习"必须是一个互惠的过程。由此产生了"领导"的另一个维度:互惠性。

以建构主义观的学习概念来理解"领导","领导"具有建构主义特征。Lambert 等人创造了"建构主义领导"(constructivist leadership)的概念,将领导定义为"围绕学校教育,促使教育社群参与者共同建构意义、协商意义、达致共识之互惠过程"。其中,"领导"的本质被视为弥散于整个社群的能量(energy,capacity),它在参与者的关系中(in-between)存在,导引着社群成员之间的交往。

总体而言,Lambert 等人将"学习"和"领导"共同置于建构主义的理论视野中,通过"教育社群"的概念联结两者。首先将学校教育视为成员共同建构意义的社群,"学习"是社群成员建构意义、协商意义、达成共识的过程(Lave & Wenger,1992),"领导"则是促成教育社群成员建构意义达成共识的互惠过程(Lambert et al.,2002)。"学习"与"领导"因而通过"社群"概念联结起来。在教育服务于民主参与的目标之下,"学习"和"领导"都是社群成员的基本权利,是内含于学习社群成员角色的内在维度;领导成为每一位社群成员潜在具有的、等待被激发的能量;"学习"即为"领导"的目标。

(二)"为了学习的领导"关于"学习—领导"的观点

剑桥大学的"为了学习的领导"项目将"学习"与"领导"共同置于"活动"(activity)概念中,"学习"和"领导"都被视为"以人类能动性为中心的道德活动"(Swaffield & MacBeath,2009)。

剑桥大学的研究者首先对"学习"和"领导"的含义进行梳理,发现对"学习"和"领导"的理解均存在新、旧两种框架。在新的理解框架下,"学习"与"领导"具有相似性:都要求相关角色(即学习者和领导者)能够积极发挥能动性(agency)。在"学习"与"领导"成为天然同盟的前提下,能动性被视为人类本能释放的驱动力(human drive)。因此,他们将"学习"与"领导"共同置于"活动"概念中,认为"学习"与"领导"都是"以人类能动性为中心的道德活动"(Swaffield & MacBeath,2009)。从学习的分布性、社会性、情境性等

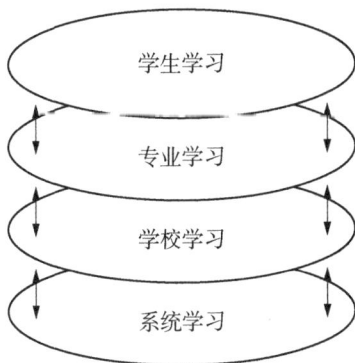

图 1-10 相互交织的多层面学习

(Swaffield & MacBeath,2009 改编自 Knapp et al.,2003)

本质特征出发,"学习"活动具有相互关联的特质(interrelated nature),每一个体的学习、某一团体的学习均不可孤立视之,而是分布于相互关联的社会性情境之中。学校中的学习应该被视为包含着相互影响的多层次学习活动的系统(见图 1-10)。而指向"学习"的"领导"则是融合不同层面学习活动的联结组织(connecting tissue)。

研究者借助社会资本、能动性和道德目标三个概念阐述"为了学习的领导"所具有的特征:广泛分布性、能动性、具有价值取向。

(三) 两类研究的共同观点与启示

以下对"建构主义领导"与"为了学习的领导"两类研究进行总结。

第一,两类研究都基于"学习"与"领导"之间的相似性,从"学习"的本质特征来界定"领导"的含义、"领导"对"学习"的作用。两类研究都发现对"学习"和"领导"的理解之间存在某种关联。对"学习"与"领导"的最新理解都以"意义"为核心:学习被视为社群中进行意义建构和协商的活动,而由学习所界定的领导就成为促进意义建构与协商的活动。为此,"为了学习的领导"将"领导"理解为"促进不同层面的学习活动相互交融的联结组织"(Swaffield & MacBeath, 2010);"建构主义领导"则将"领导"定义为"促成教育社群中参与者意义建构以达成关于学校教育共识的互惠过程"。

第二,两类研究都认为"学习"与"领导"具有不可分割的关系。在新的理解中,"学习"和"领导"被视为不可分割的天然同盟(Swaffield & MacBeath, 2009),这主要是因为"建构主义领导"和"为了学习的领导"均以"学习"为核心来界定"领导"的内涵。在这一研究路径中,从"领导"到"学习"方向的关系得到了充分论证,但从"学习"到"领导"这一方向的关联却还不够充分。

第三,两类研究都基于学习的分布性本质或社会性本质,对"领导"的广泛分布性给予了关注。但两者对"领导"的广泛分布性做出了不同的概念诠释,丰富了对"领导"的理解。由于"学习"是广泛分布的社会性、情境性活动,促进成员之间加深交往(interaction)的"领导"不再聚焦于某一个体或角色,而是展现于成员的关系性交往中。成员之间的交往蕴含着大量的领导机会。

广泛分布的"领导"究竟是什么?"建构主义领导"将"领导"描述为一种渗透在整个健康的社群文化中的能量,它渗透于所有意义交往者之间、之上,导引着人们的交往行动;"为了学习的领导"还缺乏明确的概念化方式,只是将之理解为"一种独特的教育实践形式,涉及公开对话、保持对学习的关注、致力于营造提升学习的条件,它也是一种分享、问责的领导"。但它明确指出将("学习"和)"领导"(都)看作在道德目标指引之下、以人类能动性为中心的"活动"[①]。总之,广泛分布性成为学习的领导所具有的本质特征。但这种"分布性"应被理解为"学习的领导"所具有的本质特征,而非仅是"领导"的一种形

[①] 其他研究者也曾对领导的广泛分布性做过其他比喻,如 Spillane(2006)和 Gronn(2000)将之视为"分布于领导者、追随者和情境的实践(practice)";Ogawa 和 Bossert(1995)将之称为"组织的财富(organizational quality)"。

态。也就是说"领导"并非来自外在的给予或馈赠,"领导"本来就存在于每一个进行社会性交往的行动者角色之中。

第四,两类研究均将整个教育社群的每一位成员同时视为学习者和领导者。基于"学习"的广泛分布性和"领导"的广泛分布性,整个教育社群中不同系统的学习是融合的、相互影响的。学习绝不局限于学生,教师、校长、家长等每一位教育社群的成员,他们的学习同样重要并相互影响。同时,基于学习的广泛分布性所产生的广泛分布的领导也决不局限于某些个体的特权,而是弥散于每一位成员身上、成员关系之中、渗透于整个社群文化中的能量。正是在这里,教师的学习、领导与整个社群的学习、领导发生关联,教师的学习和领导是整个社群的学习和领导的重要组成部分。这为教师学习和教师领导的存在必要性提供了依据。

第五,两类研究都注意到道德维度在学习和领导中的重要性。

当前时代环境的变迁促使各个学科领域对"学习"产生了新的理解,进而影响了教育领域对"领导"本质及其在推进学习方面所扮演角色的理解。这一变化是理解范式的深刻变迁(Tony & MacBeath,2011)。

"建构主义领导"和"为了学习的领导"均体现了理解领导的新范式。在这两个概念中,"学习"与"领导"具有明显的相似性:它们都是广泛分布的、以意义为核心、以能动性为表现,同时具有道德的维度。

基于学习的广泛分布性,整个教育社群即为学习的社群。学习绝不局限于学生,教师、校长、家长等每一位教育社群的成员的学习同样存在,并相互影响。同时,基于学习的广泛分布性所产生的广泛分布的领导也决不局限于某些个体,而是弥散于每一位成员身上、成员关系之中、渗透于整个社群文化中的能量。学习社群亦即领导社群。这与 Barth(1988)所言的领导者的社群(community of leaders)、富有领导的文化有相似的含义。

在教育社群即学习社群、领导者社群的理解中,教师的学习和领导与整个社群的学习、领导发生关联,教师的学习是整个社群学习系统中重要的一部分,教师领导是整个学习社群作为领导者社群的体现。由于教育以学习为中心,领导由学习而界定,因此,教师学习与教师领导的关系也从属于学习—领导关系的整体图景,教师学习是教师领导所着力促进的目标之一。

总体而言,"建构主义领导"和"为了学习的领导"关于"学习—领导"关系的研究,为从"教师领导"到"教师学习"方向的紧密关系提供了充分的论据。

但从"教师学习"到"教师领导"这一方向的关联还没有获得足够的理论支撑。

基于本节两部分研究的成果,教师领导与教师学习之间的关系如图 1-11 所示,其中,教师领导以教师学习为目标,这一关系已经在"建构主义领导""为了学习的领导"等研究中获得了理论阐释,具有较强的理据(图中以粗线条表示)。与之相比,教师学习对教师领导虽然具有影响,但这一影响关系的机制尚未得到充分的理论阐释(图中以细线条表示)。

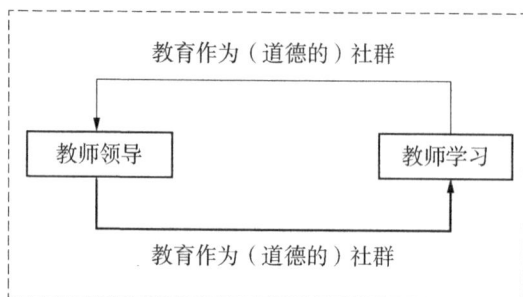

图 1-11　教师领导与教师学习的关系

第五节　研究设计与方法

一、研究目的、问题与框架

(一) 研究目的与问题

本书试图探讨我国新课程改革背景下学校教师领导与教师学习的现状及相互关系。为了使问题更加清晰,研究分为三个层面。首先,探讨教师学习对教师领导的影响,即个案学校中基于学校情境的教师学习活动为教师发挥领导提供了怎样的条件;其次,了解教师领导对教师学习的作用,即教师发挥领导的方式和过程对教师学习活动产生了怎样的影响;最后,总体分析学校教师领导与教师学习的关系,并探讨何以在新课程改革背景下形成如是关系。基于对已有文献的梳理,以及对教师领导与教师学习的理解,本书要回答的具体问题如下。

问题一:学校教师学习活动为教师领导提供了怎样的条件?

(1) 学校中教师学习是如何开展的?

(2) 在上述教师学习活动中,教师实践领导的范围、方式等有何特点?

（3）两者具有何种关系？

问题二：学校中的教师领导对教师学习产生了怎样的影响？

（1）教师在自己的学习活动中具有怎样的能动性？

（2）担任领导者的教师如何影响学校教师学习的过程与结果？

（3）作为集体属性的教师领导如何影响教师学习的过程与结果？

问题三：学校中的教师领导与教师学习之间的关系及成因

（1）教师领导与教师学习之间的关系如何？

（2）为什么会存在上述关系？

（二）概念框架

本书主要探讨教师领导和教师学习作为教师专业发展的两类视角，如何相互作用，影响教师专业发展的质量。基于本章第二至第四节对教师领导、教师学习，以及两者关系的文献梳理，本节提出如下概念框架（见图1-12）。

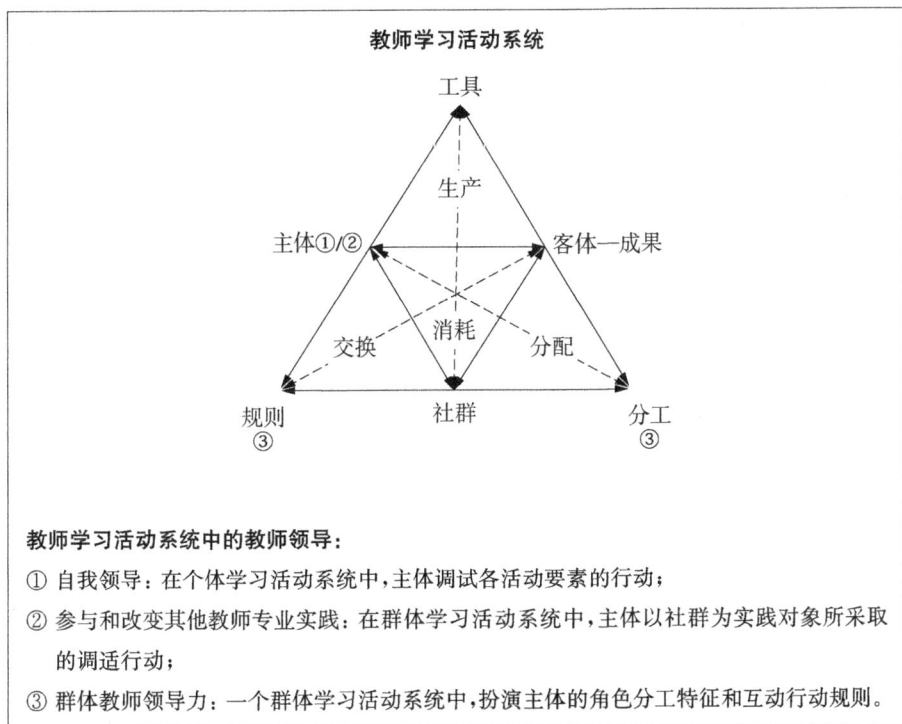

教师学习活动系统

工具

生产

主体①/②　　　　客体—成果

交换　消耗　分配

规则③　　社群　　分工③

教师学习活动系统中的教师领导：

① 自我领导：在个体学习活动系统中，主体调试各活动要素的行动；

② 参与和改变其他教师专业实践：在群体学习活动系统中，主体以社群为实践对象所采取的调适行动；

③ 群体教师领导力：一个群体学习活动系统中，扮演主体的角色分工特征和互动行动规则。

图1-12　本书研究的概念架构

图1-12所述概念框架是从教师领导的多重属性入手（即教师领导既可

指称个体行动,又可指称集体行动的能量;既可视为能动性的展现,又可看作结构的凝结;既指向教师自身实践,又指向其他教师实践),将之置于教师学习活动架构中,从而考察教师领导与教师学习的互动关系。

具体而言,概念框架中的教师学习是一个集主体、目标、工具、分工、规则、社群于一体的活动系统,通过生产、分配、交换、消耗等实践环节的运作维持学习系统的延续性。作为一个完整的系统,在活动各个环节的实践中,各个要素均以不同的方式参与活动实践并相互影响(图1-12中箭头标识了这种相互影响的关系),其中主体为达成活动目标采取的能动行动是推动学习活动系统运作发展的动力源。当上述框架作为分析工具时,根据分析的需要,这一活动系统既可扩展至以国家为主体、以国家所制定的教师发展要求为目标、涵盖全体教师的教师学习宏观系统,也可以收缩至以个体教师为主体,以教师个体发展需求为目标的教师学习微观系统。

上述概念框架中的教师领导是一个中性概念,指称教师个体和集体的能动性,是教师按照自身意愿采取行动的能力。在上述教师学习活动系统中,教师领导具有多种表征方式:①在个体层面,当它指向教师自身时,表现为教师在自己的学习实践中的自我领导,在上述框架中体现为作为活动主体的教师为达成目标而主动改变活动系统要素的能动行动;②当它指向他人时,表现为教师在其他教师专业实践中施加影响、改变他人实践的能力,在上述框架中体现为作为活动主体的教师在达成个体活动目标过程中,接受来自社群其他成员所施加的工具中介影响,或者作为活动主体的教师为达成活动目标而对社群其他成员实践施加影响的能力;③在群体层面,教师领导描述的是集体学习实践中教师承担领导责任、实践领导的组织现象,在上述框架中体现为以教师群体为主体的集体学习活动系统中的规则和分工(例如,如果某教师团队中大家都不愿意分享个人观点去影响他人实践,即这个组织中少见教师领导现象,那么这一教师学习活动系统中的规则即描画了这个团队中作为集体属性的教师领导的特点;又如,如果某教师团队中始终遵循具有正式领导职位的教师扮演施加影响的领导者,其他教师扮演听从意见的被领导者,那么这个教师团队中固守组织角色的分工则描画了作为集体属性的教师领导特点)。

在上述概念框架中,教师领导和教师学习的相互关系表现为:在不同层面的教师学习活动实践中,活动主体的能动行动与活动结构之间的相互作用。例如,在教师学习的过程中,教师领导在学习的各个环节(生产、分配、交换、消耗)均发挥着作用,教师领导者可以在个体的社会性学习中扮演着脚手架的作用,推进教师在临近发展区中能动性地伸展;教师领导作为群体能量可能营造教师之间合作的氛围,影响了教师群体的学习活动在交换和消耗环节的表现,从而影响了教师学习活动系统的发展。而无论是教师领导者还是教师领导能量,均是在教师学习活动系统的发展过程中,由系统持续再生产的学习活动产品。在理想状态下,教师领导是教师学习的产品;教师学习受到教师领导的推动,是教师领导的愿景。

需要指出的是,本书采取质化研究取向,前文根据已有研究和理论所整理的概念框架并非为了验证现实,而是作为研究的"向导",帮助聚焦问题、提出新的看问题的角度、提供新的分析资料的思路,使自己的触角更加敏锐,更加容易捕捉问题和自己的灵感(陈向明,2000)。本书将以此概念框架导引后继研究,分析新课程改革背景下学校教师领导和教师学习互动的过程。

(三) 主要概念的操作定义

根据本书第二至第四节对相关领域文献的整理,本研究中主要涉及"教师领导""教师学习""新课程改革"等核心概念,它们在本研究中的操作定义如下。

1. 教师领导

本书第二节已经对教师领导这一概念的丰富内涵作出了层次区分。教师领导指无论职位或指派,一切教师担当领导的现象(Harris & Muijs,2003),其中也包括那些对学生发展、教师发展、学校改进,乃至教育改革具有促进作用的教师领导现象,即作为规范性概念的教师领导。后者往往以教育社群为背景,具有广泛分布的特征;教师领导作为一种群体实践和群体能量,强调功能与影响;实现这种规范性意义的教师领导往往要求重新分配权力,提升教师专业性,增强同侪互动(陈峥,2007)。

但在实地研究中,很难仅以规范性教师领导作为考察对象,因为它往往作为一种理想范型,体现发展的目标。因而本书中采取中性的教师领导定义,即无论职位与指派,教师行使领导的现象。其中既包含领导者维度,也包含领导实践、领导能量的维度;既指教师的自我领导,也包括教师对他人的影响。

2. 教师学习

本书第三节基于 CHAT 对教师学习作出了理论再阐释,并将教师学习定义为教师作为个体和群体在其实践中通过各种学习机会发生改变的过程,这一过程是具有自主性、社会性、复杂性、转化性、长期性的系统过程。

依据这一定义,本书中的教师学习强调教师通过实践发生改变。这一改变在个体层面表现为知识、技能(行为表现)、情感态度方面的变化,在群体层面表现为教师关系、教师社群文化（即环境）的变化。

3. 新课程改革

新课程改革是指中国大陆自 2001 年开始正式施行的第八次课程改革。标志性文件是 2001 年《基础教育课程改革纲要（试行）》。在本书中，凡是在此时间之后，根据新课程改革理念进行的教育教学改革，无论是国家、地方教育部门、学校，还是个人层面发起，均视为新课程改革。

二、研究方法

本书采取质化取向的案例研究设计。质化取向的案例研究通过对一个场域、单一个体、文件资料储存库，或某一特定事件作巨细无遗的检视（Bogdan & Biklen，1998，高淑清译，2001），捕捉个案的独特性与复杂性，逐渐理解个案中的活动（Stake，1995）。本书所关注的核心问题——教师学习、教师领导，及其相互关系——既是情境交融的现实问题，究其本质而言，又是探究意义理解与建构的问题，因此，适于采用质化取向的案例研究设计。

首先，本书对教师领导和教师学习的理解均采取建构主义取向：教师学习是教师建构意义、协商意义的活动，而教师领导是促成达成意义共识的过程。因而本书所关注的教师领导、教师学习，以及两者关系，实际是关注其中的意义建构、意义协商的过程。本次新课程改革是一场系统的变革，本质上是一场"价值变革"（靳玉乐，张丽，2004），它对教师产生了深刻的影响。而教师作为新课程的实施者，新课程内在的价值取向与教师自身的价值观的离差程度，决定着教师对新课程的认同程度（谢登斌，2006）。本书从教师领导和教师学习的相互关系角度切入，正是关注教师在改革中如何建构意义的历程。

此外，教师学习是一个复杂的活动系统，宜采用复杂思维、复杂系统的角度来理解教师学习的过程（Hoban，2002；Opfer & Pedder，2011）；而教师领导也存在各类丰富的情境要素与行动者互动建构的复杂现实，两者的关系更是错综复杂。案例研究最重要的用途就是解释现实生活中各种因素之间假定存在的联系，这种联系是如此复杂，以至于用实验或调查都无法解释（Yin，2003）。因此，本书适于采用案例研究的方法进行探究。

就研究设计类型而言，本书是一个嵌入性多案例研究设计；从研究目的来看，属于基本型案例研究和多案例研究（见图 1 - 13）。

第一，本研究存在双重目的。一方面，要对个案进行深入的了解，理解案例（学校教研组）中的教师如何在新课程改革的宏观背景下、学校和教研组自

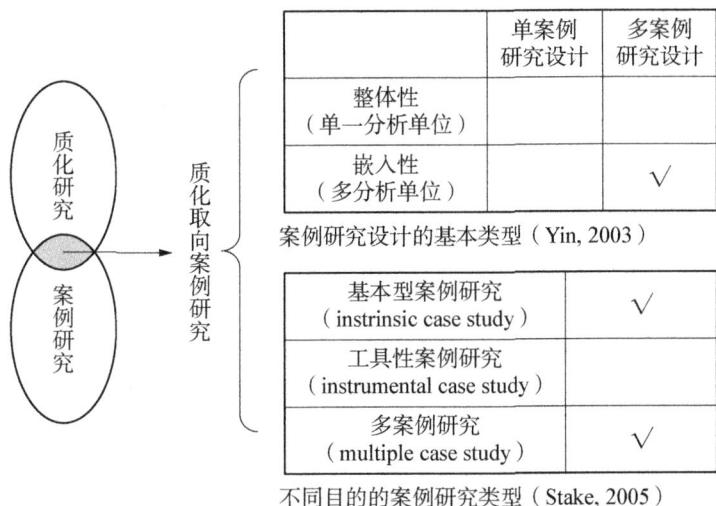

	单案例研究设计	多案例研究设计
整体性 （单一分析单位）		
嵌入性 （多分析单位）		√

案例研究设计的基本类型（Yin, 2003）

基本型案例研究 （instrinsic case study）	√
工具性案例研究 （instrumental case study）	
多案例研究 （multiple case study）	√

不同目的的案例研究类型（Stake, 2005）

图 1-13 本研究所属研究类型

身的历史文化条件下开展学习和领导的过程；另一方面，也试图通过两所案例学校教研组对教师学习和教师领导的理解，建构关于教师领导与教师学习之间关系的理论。因而，本研究既属于基本型案例研究，也属于（工具型）多案例研究（Stake，2005）。

第二，本研究中首先将个案界定为基础教育阶段某学校和学科教研组（理由参见下文），关注其中教师领导与教师学习的互动机制。其中有两个变量：教师领导和教师学习。因而本研究属于嵌入性多案例研究（Yin，2003）。

三、研究设计

（一）界定案例范围（分析单位）

本研究将基础教育阶段的学校作为案例范围，其中学校层面的教师领导与教师学习是主分析单位，学校教研组中的教师领导与教师学习是次分析单位。本研究界定分析单位时兼顾现有文献中的处理方法和中国实践的特征。

首先，现有关于教师领导的文献发现国家教育政策、地方教育政策、学校、中层教师均是影响教师领导的因素，大量研究将主要分析单位界定在学校一级（参见本章第二节），探究学校场域中教师领导的实践状态。其中校长和中层教师被认为具有一定的能动性，能够在当前表现主义教育改革侵蚀教师主体性的背景下，为群体意义的教师领导创造一定空间。

其次,就我国教育情境而言,学校教研组是教师工作学习的基层单位,学校层面的教师学习主要依托学校教研组开展,学校教研组对教师的教学活动具有直接的指导,对教师成长产生了广泛影响(胡惠闵,2005)。同时,学校教研组作为我国教研系统的基层单位,是承受和体现教研系统内在蕴含着"专业与行政"的属性矛盾的最前沿处所。因此,教研组能够最为集中地展现影响教师工作生活的国家、地方、学校乃至教师之间关系等各类因素。

最后,从本研究的预研究(pilot study)结果来看,学校教研组也是一个较为合适的分析单位。预研究发现,即使在同一个学校,不同的学科教研组的组织结构、组织文化也具有较大差异,教师在其中的学习情况与教师发挥领导力的类型也有所不同。例如某所小学,同样作为科任科目,英语教研组中教师研讨的范围较广,从教学内容、学生学习习惯培养到教师自身发展,教师领导的形式多样、分布范围较广,形成了较为信任、和谐、平等的教研组文化。而综合教研组(包括科学、综合实践、道德与法治等学科)的教师学习主要跟随学校规定的教研主题(如培养学生学习习惯)进行,教师之间学习交流的机会不多,深度较浅,教师领导也主要体现为教研组长(同时也是区骨干教师)对其他教师的指导。造成这一差异的原因很多,如学科性质、教研组教师构成(新老师的比例、教师个性等)、教研组文化的历史传承等。

(二) 个案选择

由于质化取向的个案研究主要是对案例的复杂性和独特性进行深入的理解,因而选择案例主要遵从目的性取样(purposive sampling)的原则。陈向明基于Patton(1990)的研究,将目的性取样的策略归纳为9种:极端或偏差型个案抽样、强度抽样、最大差异抽样、同质型抽样、典型个案抽样、分层目的型抽样、关键个案抽样、效标抽样、证实和证伪个案抽样(陈向明,2000)。

本研究关注新课程改革中学校教师领导、教师学习及其相互关系,因而选择案例一方面考虑如何尽量呈现新课程改革中具有异质性的典型案例,实现对整体异质性的把握;另一方面考虑哪些案例能够集中、典型地呈现教师领导与教师学习的现象与信息,使研究者能够运用有限的时间、金钱、精力,尽量获得更丰富的资料。因而,本研究选择案例时综合运用上述策略,同时考虑接触案例和进入现场的便利性。案例选择的每一步都是对所选案例的典型性(呈现信息的丰富性和典型性),案例整体异质性的全面把握,以及研究者所能掌握的客观条件所做出的综合考虑。案例选择的具体考量如下。

1. 地区选择

本研究将北京市作为选择案例的初步范围。北京，作为首都，拥有极其丰富的教育资源，教育质量和教育发展一直处于全国前列。但同时，北京地域广阔，目前下辖 16 个区 2 个县，既包括东城、西城等内城区，也拥有密云、延庆等远郊区县。从整个北京市的情况来看，城乡差异带来的不均衡发展是北京市教育发展中的一个特点，也是当前中国教育发展不均衡的一个缩影。由于城乡差异是新课程改革实施困难的主要原因之一（马云鹏，2005），因而选择北京作为本研究的主要地点，能够为了解新课程改革实施情况提供具有异质性的高强度信息。

此外，质化研究中研究者自身即研究工具，研究者对研究对象的熟悉程度，在很大程度上影响研究者对资料的理解与解读。由于本研究的研究者曾在北京工作生活了 5 年左右，并一直从事与北京市中小学语言教育有关的工作，对北京市基础教育阶段的教育情况有一定了解，因而选择北京市作为案例研究的地点，有利于研究者深入理解处于复杂情境中的研究对象，也有利于研究者进入现场获得一手资料。

2. 学校选择

关于教师领导的研究指出，一方面，虽然国家和地方教育政策对教师领导实践具有重要的影响，但学校也发挥着重要的中介作用，既能够为教师领导创造一定的自由空间，也可能消解外部有利因素，限制教师领导的实现程度（参见本章第二节）。另一方面，学校也是集中培训之外主要的教师学习场所，因而学校成为本研究的重要分析层级。

本书选择学校时，主要考虑学校层级、城乡差异、学校占据资源的特点等情况。

第一，选择小学作为案例对象。关于中国教师领导的已有研究发现，应试是影响教师领导实现的一个重要因素（陈峥，2007）。小学阶段的学校因为相较于初中和高中所受到的应试压力较小，逻辑上推断教师领导相对比较容易实现，因而本研究排除应试压力较大的高中和初中阶段学校，主要以小学作为研究案例。

第二，选择城区和农村生源小学为案例对象。新课程改革所遭遇的主要问题包括：城乡差异明显，农村小学中进行课程改革存在一定难度；课程资源匮乏，经费投入不足。其中又以农村地区表现最为突出（马云鹏，2005）。其中，课程资源匮乏与经费投入不足又与城乡差异相关，城乡差异成为影响新课程改革实施的重要影响因素，因此，本研究将城乡差异作为案例选择的分层标准之一。本研究将选择城区和农村生源小学各一所。

第三,选择重点和非重点小学为案例对象。在预研究中发现,学校占据资源与学校为教师学习和教师领导提供的机会有相当大的关系。重点学校拥有较多骨干教师、优秀教师,能够在学校范围内给其他教师提供更多优质的观摩学习机会;同时,重点学校在争取外部学习资源方面也具有优势,例如获得更多参与外部比赛的名额,有更多资金支持学校教师获得教研员的指导等,这些都能够为教师学习提供更多更优质的资源,从逻辑上来说,也可能为教师发挥领导力提供更好的条件。非重点学校在资金、人力资源等方面不具有优势,对教师学习和领导力的发挥带来一定的影响。因而本研究拟选择重点与非重点小学各一所。

最终本书选择了两所小学——S校和Q校作为案例学校,Q校为非重点小学,位于北京某区城乡交界处,生源以外来务工人员子弟为主。S校位于主城区,主要接收具有该区户口的学生,且是该区最好的小学之一(见表1-6)。

表1-6 个案学校基本情况

	学校层次	生 源 类 别	学校类型
S校	小学	城区生源	重点
Q校	小学	外来务工人员子女为主、农村生源	非重点

3. 教研组选择

新课程改革对小学阶段的课程设置进行了变革。新的小学课程设置如表1-7所示。这些类别中,语文、数学是主科科目,单独设有教研组。其他均为科任科目。在科任科目中,英语具有较为特殊的地位,学校往往将之与主科等而视之,单独设立教研组,给予与语文、数学学科同等的重视。但英语教师同时也要承担其他科任教师所要完成的其他学校工作,如布置板报、参与看班等。英语教师在学校中处于一个比较特殊的位置:与主科得到同等重视为英语教师带来更多参与各类校内外学习项目的机会,客观上提供了更多的学习机会和领导机会;但同时两类工作任务的叠加为英语教师带来较重的工作负担,也在一定程度上削弱了教师之间交流学习、相互影响的程度,因而英语教研组是小学里较为独特的组织。另外,艺术(音乐和美术)、体育、科学、品德与生活/社会[1]等科目教师往往较少,常常被混合编入综合教研组。这些学科本

---

[1] 品德与生活/社会学科现已统改为道德与法治,笔者2012年作此项研究时尚未改名,故本书中统一用旧称。

身就是新课程改革所提倡的新学科,研究这些教研组中的教师学习与教师领导,能够了解新兴学科的教师如何应对新课改。

考虑到三类教研组各具特点,因而本书将把两所小学的四类教研组(语文、数学、英语、综合)均纳入案例研究的范围,以期掌握同一学校中的整体异质性。

表1-7 小学新课程设置安排

课程门类	年级					
	1	2	3	4	5	6
	语文					
	数学					
	/		外语			
	品德与生活		品德与社会			
			科学			
	/		综合实践			
	体育					
	艺术(音乐、美术)					
	地方与学校课程					

4. 访谈对象的选择

每一个教研组中,本书都对教研组长、1～2位骨干教师、1～2位普通教师进行访谈。同时,为了了解整个学校在发展培养教师方面的思路,本书还对主管教学的校长或教学主任进行访谈。最终的访谈对象共43人。访谈对象的详细信息如表1-8所示。

表1-8 访谈对象信息

学校	任教科目＼角色职位	语文	数学	英语	其他学科	总计
S校	校长	—	1	—	—	1
	教学主任	1	—	1	—	2
	教研组长/骨干	3	2	2	1	8
	普通教师/新教师	4	3	2	3	12

（续表）

学校	任教科目 角色职位	语文	数学	英语	其他 学科	总计
Q校	校长	1	—	—	—	1
	教学主任	1	1	1	—	3
	教研组长/骨干	4	2	2	—	8
	普通教师/新教师	5	1	2	—	8
总计		19	10	10	4	**43**

（三）资料收集

本书以访谈作为收集资料的主要手段,辅以观察与文件支持。

第一,研究主要通过半结构访谈搜集资料。首先,研究者保证一对一的访谈在独立僻静的场所中进行。由于本书中涉及对教师之间合作、分享的行为的了解,一些教师可能会担心让其他教师了解到自己的真实评价,为避免影响人际关系,在与学校联系人联系之初研究者就提出安排独立场所进行访谈的要求。其次,访谈过程中的策略。访谈是研究性的交谈,但在与学校一线教师的交流中应该避免直接抛出学术用语,而是将研究者关心的学术问题转化为生活语言,建立起与教学实践者的"交流通道"。研究者努力采取生活化语言进行发问。最后,由于访谈受到情境影响较大,研究者在访谈过程中,在访谈提纲的基础上应灵活处理发问方式、提问顺序,一方面,实现三角验证,另一方面,在有限时间内尽快与受访者建立起互信关系,获得丰富的资料。

第二,观察是本书收集资料的另一个主要方法。由于本书特别关注教师之间的互动,因而,除了通过访谈收集资料外,还通过参与教研组活动、参与教师日常活动(如教研组的日常对话、教师听评课活动等)的方式,观察教师之间的互动。一方面作为对访谈资料进行三角验证的手段,另一方面也以此作为发现典型事件的途径,以便在进一步的访谈中收集更丰富的资料。由于本书需要深入了解教师学习和教师领导的发生过程与相互关系,因而主要以参与型观察为主。但这种参与不是全部的投入,采用 Gold(1958)的观察连续体概念,则本书中研究者是"作为参与者的观察者",对于个案学校中的教师而言,研究者的身份是公开的。

第三,本书将搜集官方文件和个人文件作为搜集资料的辅助手段。官方文件包括案例学校关于教师发展的相关规章制度,个人文件包括教师个人所写的工作报告、骨干教师申请、教研组活动纪要、教师科研成果、案例学校教师网络平台上共享的学习资料等。这些文件一方面可丰富对研究对象所处情境的理解,另一方面也可用于资料的三角验证。

(四) 资料分析

为了对资料进行意义解释,将零散、杂乱的资料整理为一个有一定结构、条理和内在联系的意义系统(陈向明,2000,273),本书在资料分析时综合运用分类策略与情境式策略。因为单独使用分类策略会漏失情境资料,无法理解事件的关联,而单独使用情境策略,又无法了解特殊个体的情况,无法建立一般性理论(Maxwell & Miller,1996;高薰芳,林盈助,王向葵译,2001)。具体操作方法是先通过分类策略进行资料浓缩,再将浓缩之后的类属资料放回情境中加以理解。

编码是质化研究中的主要分类策略。本书综合考虑三种类型的编码来源。本书的概念框架既融合了教师领导和教师学习相关研究理论中的一些关键概念及其关系,同时也包含了活动理论的基本要素,因而这个概念框架成为本书对资料进行编码的重要来源。此外,研究者还将基于对原始资料的解读,从中归纳呈现的要点,这是本书另一大编码来源。

四、可靠性和研究伦理

质化研究认为社会现实是主体间相互建构的产物,质化研究中的效度主要指的是一种关系(陈向明,2000),指研究的描述、结论、解释、诠释,以及任何其他说法的正确性或可信度(Maxwell & Miller,1996;高薰芳,林盈助,王向葵译,2001)。

要保证质化研究的可靠性,需要努力消除效度威胁。排除效度威胁的常用策略包括:侦探法、证伪法、相关检验法、反馈法、参与者检验法、收集丰富的原始资料、比较法、阐释学的循环(陈向明,2000)。除了运用这些具体策略,最为重要的是针对研究情境中特定的效度威胁,提出清晰的说明(Maxwell & Miller,1996;高薰芳,林盈助,王向葵译,2001)。这需要在整个研究进行过程(包括文献理解、搜集信息、资料记录、分析、诠释等)中,研究者始终保持消除效度威胁的努力。为此,研究者个人需要时刻保持反思和警醒,消除个人的偏见带来的影响,尽最大可能保证研究的真实性和可靠性,而这也是研究伦理的体现。简言之,质化研究的可靠性实则依赖研究者的伦理考量。对于质的研究者而言,好的伦理与好的研究方法是同时并进、相辅相成的(Sieber,1992)。

遵守道德规范不仅能够使研究者本人良心安稳,同时也可以提高研究的品质(陈向明,2000)。

本书将在如下方面体现研究者在研究中遵从的伦理道德原则和行为规范。首先,遵循自愿和不隐蔽原则。研究者在进入田野开始搜集资料之前,会向被研究者交代自己的身份、研究目的,并提供机会予被研究者选择是否自愿参与;在研究过程中,尊重教师的时间安排,以研究对象为先。其次,尊重个人隐私与遵守保密原则。研究者将对受访者提供的资料进行匿名化处理,保护受访者的个人隐私。再次,秉持公正合理原则。在研究过程中,合理地处理与被研究者之间的关系,例如不对案例学校进行研究之外的不必要的评价,营造平等、互信的友好合作氛围。最后,秉持公平回报原则。对被研究者的参与心怀感激,并给予一定的物质和精神回报(如分享研究成果)。

第二章

学校层面的教师学习与教师领导

在分布式领导的视域中,情境是内在于领导活动的重要要素。由于教师领导主要在与教师发展有关的学校结构中发生作用(张佳伟,2009),这意味着,教师领导主要以教师学习作为其主要的实践情境。那么,作为教师开展领导的重要情境,学校教师学习活动为教师领导的实践提供了怎样的条件? 这是本章着意探讨的主题。

本章第一节将从教师对学校各类教师学习活动的感知入手,揭示学校教师学习活动对教师而言构成的主观现实(Berger & Luckmann, 1967)。第二节将就教师如何应对学校教师学习活动所提出的各类要求,展现教师领导在个案学校中的建构与结果。第三节则借助活动理论,分析个案学校中教师学习为教师领导所提供的条件,并解释为何会存在如此关联。

第一节 教师感知的学校教师学习

分布式领导将情境视为领导实践的内在要素,认为情境将影响领导活动呈现的样貌。由于本研究将教师学习视为教师领导的实践情境,因而此处首先介绍两所个案学校教师学习的概况,作为学校教师领导的实践情境进行铺陈。由于教师对教师学习的所知所感将构成教师在学习中开展领导的重要情境要素,因而本部分主要从教师感知的角度,介绍教师对学校教师学习的主要类型、学习内容、组织方式的感受,从而揭示教师学习作为教师领导的情境对领导活动主体——教师的意义,为进一步分析"教师学习为教师领导提供了怎样的条件"打下基础。

一、形式多样的教师学习活动类型与倾斜的时间分配

（一）形式多样的教师学习活动类型

虽然两所个案学校位于不同的区，归属不同的教育行政部门管辖，但两所学校中，教师参与的学习活动却基本上具有相同的结构，主要包括如下类型。

从级别上分，包括隔周一次的区级或学区级别①的教研活动，以及学校内部的教研。学校内部组织的教研活动又分为大教研和小教研，其中小教研主要指一些日常、随机的教研活动，包括日常问题的交流研讨、集体备课，而大教研则指由学校或教研组组织、参与人数较多、较为正式的教研活动，主要是各种赛课、研讨课等。此外，每次期中期末考试或者全区抽测之后的质量分析会也被视为大教研的一种。

除了教研之外，两所学校都将科研作为提升教师素质的重要手段。作为一线实践者，无论校长还是学校中层行政人员、普通教师，大家都认识到脱离教学实践做科研并非教师所能胜任，因而在两所个案学校中，教研与科研都是合二为一的。但与日常的教研相比，科研部分依然要求教师或独立，或以团队形式完成课题研究，撰写科研报告。

对于新教师而言，与一位有经验的教师结为师徒，是在短期内迅速成长的重要学习方式。两所个案学校中，师徒制作为一种传统的教师学习制度都发挥着重要的作用。

学校也常常不定期地邀请专家来校讲座，或者购买书籍赠送给教师阅读，要求撰写读书笔记等。除了这些学校组织的教师学习，教师自己也在进行着个体学习。例如有些教师有"错题记录本"，将学生出现的错误累积起来用于将来教学参考；许多教师都会在日常课堂教学之后进行教学反思。

总体而言，个案学校中的各种教师学习类型可以按照学习活动的范围层级划分（见表2-1），也可以按照正式/非正式，集体性/个人性来划分（见表2-2）。

---

① 由于两所个案学校所在区的规模大小不同，其中Q校所在的C区所辖地理范围大，因而该区教委将整个C区分为若干学区，分片进行管理。Q校教师参加的学校之外的区级教研活动即为学区组织的教研活动。而S校所处的S区辖区范围小，并没有进行进一步的划分。S校教师参加的区教研即为S区教委组织的教研活动。

表2-1　个案学校教师学习的类型(一)

教师学习类型			主要形式与内容
教研	区级/学区级		◇ 教材分析、研究课等
	校级	大教研	◇ 以"课"为载体的教研 ◇ 考试质量分析会
		小教研	◇ 集体备课 ◇ 日常交流研讨等
	科研		◇ 围绕某一科研课题开展研究,撰写科研报告。
	其他		◇ 师徒制 ◇ 讲座、读书等 ◇ 个人反思

表2-2　个案学校教师学习的类型(二)

	集体性	个人性
正式	◇ 以"课"为载体的教研 ◇ 科研(如以教研组为单位的科研活动) ◇ 师徒制 ◇ 考试质量分析会(学科为单位) ◇ 集体备课	◇ 区级教研活动 ◇ 科研(如用于评选骨干教师的科研活动) ◇ 考试质量分析会(全校性) ◇ 讲座、读书等
非正式	◇ 日常交流研讨	◇ 个人反思

注:"正式"是指学校正式规章制度要求进行的学习活动形式;"非正式"则是由教师自发采取的学习活动形式。

　　"集体性"指学习活动中明确要求教师之间采取分工合作或者要求教师之间进行交流的学习活动;

　　"个人性"则主要指由教师个人独自进行的学习活动。

(二) 倾斜的时间分配

　　尽管学校层面的教师学习活动多种多样,但在时间上并非平均分配,而是向区教研和学校正式组织的集体性学习活动倾斜。

　　两所个案学校都专门划拨了每周一个下午的时间,作为专门的教师教研时间。然而,其中有一半时间其实用于参加区教研活动。有一位老师这样说:

　　　　隔周去外边进修,这个是区里规定好的,你必须要去,记考勤。(S8-E-D)

　　在剩下的一半时间里,两所学校都响应区教研员的号召,狠抓课堂质量,因此都组织了大型的教研活动,如S校的"单元献课"、Q校的"每周一课"。这些活动都要求全组教师共同筹备和参与。这类活动往往在整个学期都开展,有时也与区里的教研活动融为一体,因此教师不仅要用学校专门划拨的时间进行筹备,还可能要动用其他时间做准备。此类活动的级别越高,全组教师越要充分准备,往往"整天都泡在一起"。因此,在学校正式的教师学习时间中,学校发起和安排的正式集体学习是两所个案学校中教师学习的一大特点。

在两所个案学校中,许多教师都抱怨工作量大、教学任务繁重。在学校正式安排之外可用于教师学习时间已经很少。仅就时间分配而言,学校中的教师学习表现出两大特点:以区/学区组织的教师学习活动为主;以学校正式安排的集体教师学习为主。这意味着,在学习时间安排方面,教师的自由度是有限的。

二、教师学习的内容与目标:"理念"与"行为"的单向关系

(一) 不同层级的学习内容:理念、行为

在多种多样的教师学习活动中,学校和教师都明确地知晓,学校层面和区教研层面的教师学习在内容和目标方面有着本质差别:区教研层面的教师学习负责理念更新,而学校层面的则是行为性的、关注具体的操作。学校上下,无论校长、教师,对此都形成了共识。

例如,Q校的教学副校长这样描述区教研活动的内容:

> 区教研活动都是些好的课,都是一些对大家理解教材有帮助(的),一方面是理念更新……(Q11-VH)

教师自己也很清楚两者的区别:

> 教研员(组织)的(学习活动),指引性更强一些。平日我们私底下的一些教研活动呢?都是行为性的,就是行为。(Q16-M3-XB)
> 学校教研组就是备课。(S8-E-D)

教师们理解的"理念"包括教学原则、对教材的理解、对课标的研读和掌握,如教学目标、教学重难点是什么;而"行为"则指具体的教学技巧、教学方法,细致如课堂教学的活动设计、课堂导语设计、教学策略的选择、针对某个知

识点的教学方法等。

(二)"理念"与"行为"的关系

那么,"理念"和"行为"是什么关系呢? 两所个案学校的教师对此持有非常一致的观点:

> 理念都是上面定的。每个区都有一个模式。(S21-C1-O)
>
> 你必须在理念下、大的气候下不断调整自己的课。(S20-C1-XB)
>
> 上面呢,就给你指好了一条路,这条路你要是比较明白的话,你再走就越走越通畅,如果上面这条路你不明了的话,再怎么走也是一片迷茫。(Q16-M3-XB)

"理念"和"行为"的关系本来如一体两面:理念必然可以体现为具体行为,而行为则往往反映某种理念。两者的发生顺序既可能是从行为之万象中归纳生成某种抽象的教学理念,也可能是从某种抽象理念中阐发出形形色色的教学操作方法。"理念"与"行为"理应相互解释、互动发展,类似理论与实践之间的关系。但在个案学校中,教师们所感知的"理念"与"行为"之间的关系,是一个自上而下的单向过程,即理念由"上面"指定和传达给教师。"理念"是必须被教师理解、领会和执行的,即"必须在理念下、大的气候下不断调整自己的课"。如果不理解"理念",那么教师自己的教学"行为"就注定会"一片迷茫"。

为了保证"理念"被正确地理解,并在教学的具体操作中表现出来,教研员会通过区教研活动中的展示课,展现从"理念"到"行为"的具体过程。学校内部的教师学习活动(各类教研)的目标则是让教师"落实"教研员所指示的"理念"。S校和Q校的校长都是这样认识教师参加区教研和学校内部教研活动的关系的:

> 他(教师)得了解理念的东西,才能在实践层面上将理论和实践有机结合。首先理念要更新。学校内部,我们就是做教研。一旦理念接受了,这个转变行为的实际过程呢,还有一个磨合过程。人是有差异的,有些人马上就能转化为行为;有些人需要一个过渡;有些人需要学习,看看他人怎么去做。所以就需要教研。一个是组内的教研,一个是学科组的教研。这种教研就会帮助不同层次的教师去把握理念的情况,产生新方法、新思

路。（S23-H）

你想区公开课，导语设计、课上活动，都非常丰富，你平时常态课做得到吗？根本就做不到。你能把教学目标、教学重点、教学难点落实了就很棒了。还有的落实不了呢。教研员分析到这儿，分析得特别好，但老师们是不落实的。你想他做这节课老师们回来就落实了？这是很理想的，不能说100%不落实，落实的是20%～30%的老师。所以呢，区里的课，我们要求听完之后你必须得仿。我们仿课仿得挺好的，各组都会。平常老师报的课就是，区里讲完这课了，立马就仿课，仿课的质量都是不错的。从这儿看出老师还是挺善于学习的。（Q11-VH）

S校的校长认为，并非所有教师都能够直接将教研员提示的理念转变为行动，那些领悟力较差的教师就需要通过校内教研活动中看其他教师将具体做法展现出来，才能去把握理念。Q校的校长则表达得更加直白：听区公开课，就是为了回来"仿课"——落实教研员的理念，就是靠模仿具体的做法。从两位校长的话语里可以看出，学校层面的教师学习活动以训练教师落实教研员所指示的"理念"为目标。在两所个案学校的管理者眼中，教师在学校层面的教师学习活动中，不似主动学习者，更似被动的技艺操练者。那么教师在学校学习中技艺操练的内容——"行为"究竟是什么呢？

（三）"行为"的本质

这些行为和方法首先具有情境性。例如应对学生的方法。教师长期面对本校所处学区的学生，他们的家庭社会经济背景比较类似，再加上入学时择校所起到的筛选功能，学生的同质化相对更强。教师根据同类型学生所发展和积累的有效行为和方法也就具有了特定性和区域性。虽然难以言明，但有经验的教师往往能够以这些巧妙的做法来启发其他教师：

他（有经验的教师）积淀的经验非常多。当然可能没有提升到理论上来，但他就可以把这些小的，很巧妙的做法跟你传达，哦，原来这个事我可以这么做。（S14-C-D）

但是，有经验的教师这些具有情境性的行为、方法并不能够进行理念层面的自我说明，因此即使许多有经验的教师也会时常感到困惑。Q校的一位骨干教师谈到自己上得很顺利的一节课时，表达了这样的困惑：

在教学方面吧,我会说我的(获得认可的)设计,但为什么这样设计,这样设计对孩子的心理啊、智力的发展啊有什么帮助,我们都想知道,我们也想去读……(Q2-M3-XB)

教师往往通过在学生中试用的效果判断方法是否可行。但教师面对学生的同质性却导致这些行为、方法具有相当的同质性。这是学校层面教师学习内容的第二大特点。

我们就这五个人,说来说去就这五个想法……大家在一起久了思想确实有一些同化。(Q5-E1-XB)

当具有情境性和同质性的行为经验积累到一定程度之后,教师之间的相互研讨就很难带来较大提升。此时,教师往往从外部寻求进一步的发展资源。

我觉得我们组内的研讨,大家基本上都在同一个层次,如果真说对自己提升比较大的吧,应该让高一个层次的人去指导你。(Q3-M3-XB)

在教师们看来,能够让自己提升较大的"高一个层次的人"主要是指区教研员,以及在区级以上级别的示范课中进行示范的骨干教师。教研员往往是带来新理念的人,而那些示范课中的骨干教师则为新理念如何具化为实际操作方法提供了范例。这两类人之所以被教师视为对自己提升比较大的人,还是理念与行为的单向关系在发挥作用,而背后则体现了教师学习中,由外部力量而非教师自身,主导着的学习目标。

三、教师学习的方式(一):经验对经验的技艺操练

受到教师学习中"理念"与"行为"单向关系的影响,学校教师学习的方式也正是以"经验对经验"的技艺操练为特征的。

(一) 技艺化的教学与技艺操练式的教师学习

1. 风格、表演、技艺化的教学

教师将基于学校的教师学习的内容理解为行为、方法等经验,因而教师教学出现一种技艺化的倾向,教师学习也出现了技艺操练的特征。

例如,有的教师认为教学属于风格范畴,他人无法学习。

有些东西他学不来，因为我上课比较活，体态语啊什么的，他们要学我就特难看。有些驾驭课堂的能力，爆发力啊，那种示范张扬的能力，有人学不来。每个人有每个人的特点。可能有些方法可以去学。(S8-E-D)

又如，许多教师将形成个人风格视为自己学习教学的最高目标。例如 S 校一位区优青①教师这样谈到对未来发展的期待：

……对自己有一个比较大的期许吧，(就是)将来形成自己的教学风格。这样感觉更有动力。(S15-E2-QB)

风格本来是对艺术作品整体面貌进行描述所用的语言。教师将教学视为风格，或将发展目标设定为形成个人风格，这说明在教师的感知中，教学含有技艺的成分。事实上，确实有一些教师将课堂教学视为一门技艺，而他们选择的教学隐喻是"表演"——技艺的一种类型。

不好说，我觉得(教学)跟表演也挺像的，就是在无意识之中会加入自己的东西，你可能没有意识到，但别人听你课的时候会觉得你自己也有自己的一些想法。比如呈现在幻灯片之中或者活动之中，但你自己没有意识到。比如我自己可能希望怎么做，我会稍微改动一下，但我大体思路不太会变，我还是按照指导老师的思路去这么做，但我认为我在哪个环节上可以变一下，我可能会变一下……(Q13-E-N)

在上面这位老师的眼中，课堂教学和表演很相似：表演是依据脚本的即兴创作。脚本规定了表演的主要内容，但不同的演员在其中可以表现出不同的风格。这与教师感知的教学活动类似：教学中有规定的教学模式和教材，这是教学必须遵循的原则，大致类似于表演的脚本；而教师具体教学时，完全依靠自己对脚本的理解去表现，难免加入自己的东西，即风格。风格是技艺表演者所具有的特点。在脚本给定的范围之内，风格可以有所不同。事实上，个案学校教师对教师之间的异质性的理解，主要也就集中在教学风格上。例如，许多教师都表达了这样的观点：

① "区优青"即"区级优秀青年教师"的简称，是被作为未来的区级骨干教师进行培养的一类年青教师。

（老师之间）风格挺多的，但方法差不多，都是为了让学生掌握这些重点知识。毕竟还得应试嘛。（Q12-C/M2-N）

除了教师自身对教学的技艺化理解之外，对教师的评价技术也强化了教师学习和教学中的技艺化倾向。例如，许多高级别的示范课都要求教师进行"异地教学"，即不用本班乃至本校的学生，重新安排另一个区，乃至另一省市的学生作为授课对象。这种课往往这样上：

……你提前二十分钟去见学生，不许挑。就二十分钟跟他们布置任务呀，什么什么之后，你还得把这课分析好了，之后学校听，区教研员听。你倒腾得自己清楚了，然后试讲、去外边试讲，因为我们比较重视这个活动。然后你还得设想人家的活动，先猜人家的学生什么样子。你得看这一课的内容是什么，再去看这一单元的。就看你怎么把学生带起来。以前讲知情意行，现在就三维目标。（等到正式上课的时候）你怎么把这些都贯彻在一起，去调动你就见过二十分钟的学生，你还得在那四十分钟里当着那一百多号人，有评委、有专家、有课标的制定人什么的，当着摄像机，把内容完美呈现出来。（S22-O2-QB）

这种对教师的教学评价要求实际上将教学视为技艺化的表演。相应的，学校内部在组织做课、磨课等教研活动时，也将帮助教师磨练"表演能力"作为考虑之一。例如，S校的语文教学主任Z老师这样向研究者谈及学校组织开展"单元献课"活动的目的：

像今年我们为什么要做这个单元献课啊？第一希望所有的老师都有机会，一学期至少有一次我公开地跟我们组的老师上课。因为好多老师一看听课的，他就"嘶嘶"（注：表示胆怯），他不习惯。有人听课，他多少有点紧张，包括孩子。像今天F老师就说因为听课，班里孩子紧张了，那个问题他本来能回答。所以我们要通过听课，让我们的孩子见世面，让我们老师见世面。不是说就一个小小的主任来听课了就紧张得不行，那校长来听课了怎么办？区里的教研员来听课了怎么办？

做课的时候就是要精细化。对于做课的教师，他可以找到自身的不足，比如这种教学策略在其他班可不可以用，自己的应变能力怎么样啊……那我们理想的状态是"示范课常态化"。虽然示范课的状态平时达不到,但是示范课中做课、磨课对某些环节的思考和做法会影响平时的课堂教学。(S14-C-D)

S校组织正式的"单元献课"活动,一方面希望借此为教师提供交流平台,帮助教师反思自己的教学、增进对学生的理解等,另一方面也希望帮助教师获得一些登台表演的经验,例如消除"舞台恐惧",让教师获得登台经验,而不惧怕校长、教研员的听课;又如练"教师的应变能力"、让"示范课常态化",因为"示范课中做课、磨课对某些环节的思考和做法会影响平时的课堂教学"。这些考虑其实也还是寄希望于通过技艺操练来提高教师在日常课堂上的表演水平。

2."经验到经验"的教师学习方式

当教师将教学本身就理解为一种技艺表演的时候,教师学习也以"经验到经验"的交流为主要学习方式。

例如,针对某一具体教学问题,获得其他教师的解决办法。

比如,开学给学生讲平均数,24 个苹果,平均分给 4 个人,每人分 6 个。就这个,小孩不大理解。我教的时候就是画图,有时候就是一个一个地过,让他完全会说,我想着说透了就理解了,可能我在动手操作的时候就忽略了。但我们在一块儿的时候,然后她们(注:同事)就说,不仅要让他说到,还要让他手到眼到,可以让他们带小棒,把那个当成苹果,让他们动手分。后来讲到这里我就全班一起动手,每个人去摆。怎么平均分,怎么摆,一边说一边做,一边做一边说,这样效果确实就好,而不是干巴巴地就那么讲,让学生看着。像我那样,他(学生)可能学会那话,但他不知道真正的内涵。就这样大家一块儿想。(Q12-C/M2-N)

这位 H 老师在给学生讲平均数的时候,学生不大理解。同组其他老师示范了自己的做法,而 H 老师实践之下觉得效果不错,也从中领悟了自己原先教法的问题所在。于是 H 老师就积累下来一个问题解决方法,这被她自己视为累积下来的经验。从经验到经验的学习中,教师虽然不能言明经验的理由,但他们会根据学生的结果反馈来判断经验是否有效,也会从有效的经验中去反思和领悟某些道理。

"经验到经验"的学习方法还表现为教师通过观课体会其他教师的教学风格，或领会某种解决问题的方式。例如，S校一位美术新教师谈到自己的学习成长过程时这样说：

> 我们五个人都不一样。我就属于特别利索的那种，一块儿一块儿就很明确；而J老师，就我们组长，他就细雨绵绵的，像潺潺流水那种，缓缓道来，不急不慌的；像我们六年级一个姓Z的老师，他就是比较讲究美术环境的创设，有意境美，比如他出示的每张图片，还有他说的每句话，都是有美术的那种氛围在里边；还有一个T老师，他和Z老师同岁，这个T老师的风格，就是他的课件做得特别细，然后就想把更多的美术知识教给孩子；然后还有一个K老师，他现在教书法，但他国画画得特别好，他也是非常注重传统文化的渗透。每个老师都有自己的特色。
>
> 在经过很多年的教研以后，我慢慢体会到……你不要告诉学生，学生有他自己的体会、有他自己的经验，更有他自己的视角，你应该引导他用这个视角去观察某个事物，让他从中体会到、观察到，然后再画出来。结果可能不一样——他这儿观察到的苹果可能是圆的，那儿可能是略微有点儿尖的，那儿可能稍微方一点——那是他自己的结果，这样的体会可能对他……"哦，我感受到了，画了这苹果"，并且这样呢，是教给孩子方法了。他以后可能会用这个方法去观察更多的事物，而不仅仅会这一个。还有呢，这样教出来的学生会更喜欢美术，而不是机械的，为了完成这幅画儿而完成这幅画。(S19-O-O)

这位美术老师观察到同组其他教师的教学风格具有不同特点。而在长期的共同教研、观摩学习中，她慢慢地领悟到这些老师在教学中，不是仅仅教知识，而是通过各种美术环境的营造、传统文化的渗透，让孩子去体会、去观察、去产生学的兴趣。她也渐渐学着这样去理解教学。这种学习同样也是一种从经验到经验的交流，是一场无声的经验交流。

总体而言，学校层面的教师学习以行为、方法等经验为主要内容，具有情境性、同质化的特征。基于行为经验形成的教学以技艺化的表演为本质，教师学习因而具有技艺操练的性质，以从经验到经验的学习方式为主。

(二) 有心无力的科研

在学校多种方式的教师学习活动中，"经验到经验"成为最主要的教师学习方式。这一方面因为学校要服膺上级教研部门的安排，通过仿课、具体经验的交流来落实教研员展示的理念；另一方面也与教师在学校中的工作状态有关。

很多老师都认为具体的经验交流对自己最有帮助。

> 具体经验的交流，我觉得这是最直接、也是老师最需要的，因为你每天面对的学生、面对的就是你教的这个课。(S2-E3-O)

但老师最需要具体的经验交流并不仅仅因为每天课堂上随时需要用到各种教学方法和策略。随时随地的经验交流也符合教师的工作状态：

> 特别忙，要不就上课，然后还要看班，中间回来喝口水，又要出去，还有德育那块工作呢。……(但是)随时随地都交流。你看我们那课间，喝口水都在交流，改作业都在交流。比如这题我们班错在哪儿，你们班错在哪儿，我们班错了多少个啊，这个是共性问题，可能教研组活动就围绕这共性问题，教研组长带着组员随时就交流了。刚给一个班上完课，上操时间就马上交流了。然后赶紧去改进。(Q6-C-D)

其实，从经验到经验的学习方法，最大的特点就是直接而有效。学校教师工作负担重，能有效交流的时间少。这些都使教师客观上追求一种短、平、快的学习交流方式。而从经验到经验则最为直截了当。由于同一个学校的教师面对的学生情况也类似，因此，A老师的这个解决办法到了B老师那里，立刻就能解决B老师的问题。因此，从经验到经验的学习方式不仅是学校实现落实上级教研部门推行的理念和教学模式的方法，也迎合了学校教师繁重工作负担下的学习需求。

学校中，那些以具体的教学经验交流为内容的学习活动因为直接有效而受到教师的欢迎，在学校中也易于开展。例如各类以"课"为载体的教研为理念转变为实践提供了很好的示范，因此，各种"课"成为学校和教师极为重视的教师学习活动；师徒制更是直接提供一对一的经验指导，成为学校中每一位新教师极为依赖的学习活动，"没有不要师父的"(S1-C2-XB)；而同一学科同一年级的教研组内部，教师之间关于经验、问题的交流甚至不需要学校特意组织，在大部分教研组内就广泛而活跃地存在着。

相较之下,缺乏类似短平快效果的教师学习方式,则不能那么有效地开展。例如教师科研活动。科研活动之所以不受学校教师欢迎,有多种原因,如教师对科研的理解偏颇、科研活动缺乏指导、现有科研活动开展不好加剧了教师对科研的误解等。暂且不论其他因素,仅就"直接而有效"这一点,科研作为一种教师学习方式远远比不上"经验到经验"的学习方式。一位老师谈到自己不愿意做科研的原因时这样说:

> 我个人的感受它(科研)的那个效果比较慢,对实际操作的作用并不是特别大,我觉得。因为你做研究吧,你会很刻意的,比如,我现在做什么什么研究,这节课,我原想不这样上,但是为了这个研究,我可能考虑这样上。这样上的效果未必好。但我要试验。那你哪个方法成功了,你会写那个成功的策略。但是那些不成功的策略,学生收到的信息就不是特别好。比如我有一个比较成熟的教学设计,我以前参加过什么比赛、获过什么奖,这个方法对于学生来说是最好的。但是你要为了某某研究,要在这个班做试验,这种牺牲我觉得有一些不忍。反正怎么说呢,我觉得有一点浪费时间。(S19-O-O)

有些老师虽然理解真正静下心来做科研对教师教学是非常有帮助的,但"效果比较慢";还有老师担心一旦试验失败对学生造成不利影响。总之,科研对教学实践的帮助不那么直接有效。在教师繁忙的工作中,就显得"有一点浪费时间"。科研作为一种教师学习方式,在学校教师工作负担重、上级教研部门缺乏实际支持的情况下,很难与教师已经接受的"经验到经验"的教师学习方式相抗衡。

四、教师学习的方式(二): 安排合作与学科/年级的分割

(一)"安排合作": 学校正式教师学习的特征

在两所个案学校中,正式的教师学习主要是在学校组织下开展的合作学习。其中,正式的集体性学习活动几乎占据了学校专门为教师学习所划拨的全部时间。例如,S校组织的"单元献课",Q校的"每周一课"活动,都要求各个教研组每周或每单元上报一节示范课、展示课。在筹备和活动过程中,要求全组教师共同参与。这样的大型活动开展之后,学校为教师安排的每周一个下午的教师学习时间基本都用来准备和开展这一活动。而受到课时、场地安

排等因素的影响,其他时间教师能够随机研讨的机会很少。在这一形式的合作学习中,教研组是教师学习最主要和最小的组织单位。基于两所个案学校的情况,本书中所指称的教研组主要指三类组织:第一类指根据年级与学科划分的备课组,如三年级数学组、五年级语文组。在两所个案学校中的语文和数学学科中,这类备课组是教师学习的基本单位。第二类是学科教研组,如英语组,由整个学校的所有英语教师共同组成,作为教师日常学习的单位。第三类是按照几个相邻学科组成的综合教研组,如音乐美术教研组,由学校中所有音乐和美术老师共同组成,作为教师日常学习的单位。综合教研组往往由除语数英之外的其他科目教师共同组成,有一些学校会根据教师规模、按照相近学科进一步将其划分成学科教研组,作为这些科目教师日常学习的组织单位。出于论述的方便,下文将三类教师学习组织单位都称为教研组。

教研组不仅是学校各类正式教师学习活动的基本单位,在非正式的教师学习活动中,教师之间的交往也大多发生在同学科、同年级的几个教师之间,这主要是教师学习内容带来的影响。

总体而言,学校层面的教师学习是依托着学校已有的组织结构——按照学科年级划分的教研组——展开的。在这些学习活动中,由于学校组织的合作学习活动占据了教师教学之外的大部分时间,因此,从学习活动形态和学习时间上看,学校组织的正式合作学习是学校中教师学习的主要特色。这就类似安排合作(contrived collegiality 或 arranged collegiality)(Hargreaves & Fullan,1992;Hargreaves,2011)[①],即学校通过动用正式的组织程序促成的合作。

(二) 合作的范围:学科与年级的分割

一方面,由于学校层面的教师学习通常都以经验性的行为方法为主要内容,其实质是将抽象的理念具体化为操作方法。这一情境化的过程要求结合各个学科、各个班级学生的具体情况,探讨具体采用怎样的教学方法、如何操作,因而教师进行交流研讨的范围很难超越同学科同年级。另一方面,学校安排的正式的教师学习活动往往又依托已有的年级组、学科组等教研组开展,这也强化了教师合作被年级和学科分割的状态。

---

① Hargreaves 和 Fullan(1992)在早年提出 contrived collegiality 的概念,指由组织通过动用正式的程序所构成的合作。这一概念具有强迫合作、被合作的意味。Hargreaves 后于 2011 年重新提出 arranged collegiality 概念与之相区别,意指组织提供促使教师之间相互交流的机会,教师在其中拥有更大的自由选择。这一概念更加中性。

例如,Q校曾经试图将语文和数学学科不同年级教师组织起来,共同开展教研,由相关学科教学主任负责确定教研主题、组织教研活动。Q校采取这种教研形式的初衷是为了让教师对整个小学阶段的教材和教学更加熟悉,以便在安排当下年级教学时,能够有更加开阔的视野和全面的考虑。但这种教研活动推行一段时间之后,无论是教学主任还是普通教师都发现这种学习的实际效果很差。教学主任发现:

> 打通有弊端,一至六年级啊,不同年级的老师不一定适应那种研究方式。现在年级组的形式更有利于老师对教材的钻研,我觉得更好一点。(Q15-M-D)

而校长则发现普通老师对此颇有微词:

> 比如听六年级的课,二年级的可能就觉得对他没有太大帮助。(Q11-VH)

由于这种教研的效果并不好,真心愿意参加的教师越来越少,于是这项活动在研究者进行第二次调研的那个学期最终停止了。

同年级不同学科教师之间跨学科的交流也存在,但主要集中在学生德育管理方面的交流。比如:

> 某个学生今天上课发生什么问题了,科任教师会与班主任交流并共同寻求解决办法。(S19-O-O)

不同年级不同学科的老师之间进行合作的可能性是非常小的。首先是时间有限,本年级本学科的教学工作就已经占用了教师几乎全部的工作时间,此外学科之间的差异也被一些教师形容为"隔行如隔山",很难有相互启发与合作的契机。

总体而言,在学校层面的教师学习中安排合作(arranged collegiality)的特点极为明显。教研组是这类构造合作学习的最小组织单位,但其中能够产生真正合作的往往是同学科同年级的几位教师之间。跨学科、跨年级的教师合作学习比较少见。这一特点与学校教师学习的内容有关,但学校依托已有的教研组组织结构开展正式的教师学习也强化了教师合作的有限范围。

五、受规限的学校教师学习

在前述个案中,教师在学校教师学习活动中的感知总体而言是受到规限的。

第一,教师学习的时间受到上级和学校组织的规定。时间是保证教师进行真正学习的重要条件。但在个案学校中,教师有限的学习时间被分配给区级教研活动和学校组织的正式教师合作性学习活动。因此,就时间安排而言,学校更重正式教师学习、轻非正式教师学习。就学习时间是否能自由安排而言,教师学习是受规限的。

第二,教师学习的内容目标受到限定。区教研和学校对教师学习内容的分工达成了共识——区教研负责理念更新,而学校教师学习则负责落实符合理念的具体行为。在实现"理念"和"行为"的单向关系中,教研员扮演着重要角色。教研员代表上级主管部门提供理念,而他钦点的骨干教师则在区教研的示范课上展示从理念到行为的具体操作方式。教研员也因此被教师奉为权威,被教师视为"对自己提升帮助更大"的人。这一现象的背后体现了由外部力量而非教师自身主导着教师学习目标。

第三,学校内部的教师学习活动是因应上级教研部门对教师学习的设计而开展的。在学校层面的教师学习中,从经验到经验的学习方式,以及由学校正式安排的教师合作方式、年级和学科分割的教师合作范围等教师学习活动特点,都是从"理念"和"行为"单向关系中衍生出的活动结构。从目标层面而言,学校内部的教师学习始终是为落实上级教研提出的目标而服务的。由此可见,学校层面的教师学习从属于上级教研部门所设计的教师学习活动,在学习时间、学习目标等重要的方面受到规限。

第二节　学校教师学习中的教师领导建构

在"学习的领导"中,"领导"的本质为能动性的发挥(Swaffield & MacBeath, 2009)。教师感知到的教师学习特点构成了教师开展各类实践的主观现实。这些教师学习的特点在教师实践中扮演着结构的角色,为教师能动性的发挥提供了中介条件。因此,本节对教师如何参与学校教师学习活动的描述,实际上呈现出的不仅是学校层面教师领导的状态,更是教师在学习所提供的条件下所发挥的教师领导。本节展现教师学习的不同方面对教师领导的不同侧面的影响。

一、教研员阴影中的教师领导

(一) 初萌的自我领导：新课改的推动与半封闭课堂的保护

个案学校的教师在学习中具有一定的自我领导的能力,表现为对经验的反思。几乎所有受访教师(无论从教年限与科目)都明确表示,遇到好的经验、成功的案例"首先你要思考"。思考主要集中在两个方面：是否适合学生？是否适合自己？

> 首先你要思考,这个方法适合不适合自己班的学生。(S18-M3-O)
>
> 这个东西她用得确实是好,但不见得适合每个老师,适合每个老师的风格。(S6-M3-O)

个案中学校教师之所以会形成上述共识,一方面源自新课改对教师理念的改变,另一方面也与学校课堂教学的自身特点有关。

首先,新课程改革以"一切为了学生"为理念,在教育教学中强调学生作为学习的主体,要求尊重学生在学习中的主体性。这些理念通过各级教研、以"元认知""学情"等新概念方式进入教师日常话语体系中,极大改变了学校教师对学生学习和自身学习的理解。这是 Evans 所言教师学习带来的态度上的发展(attitudinal development)(Evans,2002)。通过"元认知"概念,教师普遍意识到"学生的前概念对学习具有极大的影响"(S14-Ob)"每一届学生的风格也不太相同"(S6-M3-O),因此,"教师需要关注学生学习知识的生成过程"(S14-Ob),在教学中过分追求统一不利于学生学习。同样的情况也适用于教师学习：教师自身作为学习者存在差异,因此教师"要结合自己的能力和风格去选择合适的方法"(S6-M3-O)。

另外,课堂教学依然是一个相对较为独立和封闭的空间,它给了教师不受干扰地进行尝试、反思的空间。例如,Q 校的教学副校长谈到教学监控的困难,而这正说明教师教学中独立空间的存在。

> (教学副校长)去听推门课,也不可能(监控到位)……所以校长就常说,老师关起门来上这节课,你根本什么都不知道。(Q11-VH)

新课改的推动与学校教师教学实践中自主空间的存在,共同催生了学校教师较为普遍的自我领导的意识:大部分教师认为自己是"有头脑的"教师(S16-E1-N)。但这种自我领导是脆弱的,它主要在教师日常教研活动中展现。一旦遭遇权力的挑战,这种初萌的自我领导便极易丧失自我辩护的能力。在学校,教师的自我领导首先遭遇的权力挑战便是教研员及其代表的评价权力。

(二) 对评价权力的顺服

教师面对教研员时,往往采取顺服的态度。这种顺服首先是对评价权力的顺服。由于教研员代表了国家对学校教育教学工作的指引和规约,而这种指引与规约主要以评价的方式体现,因此,无论学校还是教师,都需要"琢磨"教研员的意图。

> 区教研员……他是咱们教学的指挥棒,引路的灯,是指引你的。而且他的东西是哪儿的?市里的、国家教育部的。他(指教研员)是考试出题者,所以我们必须得领会教研员的意图。谁考你啊?他考你。你要琢磨人家教研员。(Q11-VH)

"琢磨"的结果,便是在教学中紧扣教研员的思路,模仿他推崇的教学模式。此时,教师汲汲以求的是教研员的认可,而初萌的自我领导在评价权力面前几乎不见。这种现象在筹办督导课的时候极为明显。

由教研员掌握评价权的督导课不可避免地以教研员的思路为主,但教研员此时并不直接参与教师指导。这并不意味着被督导的教师就能够自由发挥。实际上,教研员在平常组织的研讨课中,已经将他所主张的想法表达出来了,教师如若未能将这些想法在督导课中较好地呈现出来,学校也就必将不会在督导中得到较好成绩,而这将进一步影响学校获得的资源,例如教师的年终奖金(Q11-VH)。因此,教师和学校领导首先要在督导课中琢磨教研员的想法。

> 像这种大课(注:指督导课),一般领导要参与的。从流程来说,领导已经设置了一个大框框,给你指上,点出来方向了,你方向不能错。领导就先跟你说,大概是什么样子的,但是不会出来什么细案什么的。领导就给你块儿,大概几块儿。可以怎样去想、去琢磨,然后组内再进行教研、研讨,我这个怎么能体现出来。(S20-C1-XB)

　　我们(注：指教学主任或教学校长)一般指导老师上课也是要尊重教研员传递给老师的信息的。我们一般也很尊重这个东西，说得不好听，比如你要出去打比赛，他坐底下的就是教研员。你设计的思路完全跟他讲的是背道而驰的，那肯定是不可以的，你要想拿奖啊，那肯定是拿不到的。为什么我们都让老师先来设计这节课，而不是我设计好了你直接上就行？就是因为有的时候，教材分析我们不可能每次都跟着老师去做、去学，然后就说让他们呢(先做)。我们一般设计起来，也不会跟教研员设计的有特别大的出入。就说大的理念上完全不一样，那是不可能的。就说一般尊重他，他想推崇的这个东西是什么，我们就帮老师们主要来设计每一个层次、每一个小的问题，小的预设。老师们可能想不好这个问题怎么说，或者说学生如果出现某种情况我怎么来处理。就一般设计上不会和教研员有很大的冲突。(Q15-M-D)

　　如果将督导课①也视为教师学习的一种形式，那么可以说，教师在这种学习活动中，并非通过评价而诊断学习，即此种学习活动并非形成性评价，而更类似终结性评价，是监察教师日常参与区级学习活动的结果。教师只能在领导和教研员画好的蓝图中进行一点点零敲碎打的创新表达，这种学习中自我领导的空间极为有限，而教师也大多放弃了坚持探究的尝试。

(三) 自我规训

　　很多教师自己认为对于教研员的顺服是出于对其权威的认可："教研员毕竟是专门搞这一科的"(S22-O2-QB)，"还是一权威"(S12-C2-O)。但尊重教研员的权威就必然意味着放弃自我领导吗？

　　"学习的领导"的两大核心原则是以学习为焦点和保持公开对话(Swaffield & MacBeath，2009)。这便意味着，即使教师认可教研员的权威，但知识的创生过程本就强调在平等对话中批判、质疑、澄清、反思，最终达成意义共识，并对每一位教师作为学习者的身份进行探究。然而在研究者所参加的教研员参与的教师学习中，并未观察到公开对话的存在。教师往往将教研员视为评价的标准，请教研员到学校的目的是对教师进行"指导"而非"探讨"；当教师之间出现不同看法时，最终求诸解决的对象不是实践，而是教研员的

---

① "督导课"指的是通过听课的方式，区级及以上的教育主管部门对学校教学质量进行评核的一种手段。

定夺。

有研究者指出,对教师的赋权与规训只有一线之隔,如何区分赋权与规训,细看教师的自我感受如何(操太圣,2003)。那么个案学校中,教师的自我感受如何呢?

当教师面对实践中的问题时,并非充满自信地去探究,反而感到"迷茫"(Q16-M3-XB)、无法进行自我辩护,转而求助于教研员的判断。例如一位老师这样说:

> (教了这么多年)有时候也越来越不自信。说胡上吧也不是胡上,就是不知道怎么讲。就特别想去听课(注:指区教研的示范课),看看现在大家都怎么讲课,大家都在上什么呢,一看别人怎么上的,哦,这么上的,就又明白了。(S1-C2-XB)

其实正是教师在专业上不自信才会求诸来自外部(教研员)的认同,而非从实践本身寻求改进的方向。因此,当他们自我催眠地认为"教研员毕竟是专家",自己服从的是教研员的专业权威时,实际上已经踏上了自我规训的迷途。这种自我规训使他们在各种教研员出现的教师学习场合中,自动放弃了公开对话的尝试。例如,许多有过做"大课"(指区级以上的公开课、示范课)经历的老师认为,在"大课"中出现教研员和授课教师之间有不同意见的情况基本是不可能的。

> 我这课也出现(注:指教研员、校长和授课教师之间出现意见不同)……但没有矛盾激化的感觉,就说他们都会提出各自的意见,但是一般,领导不会特别坚持,因为我们这课虽说不是特别专业的课,但还是以教研员为主的。因为他毕竟是专门搞这一科的……一般来说,行政领导会让位于专业的教研员,您说我们属于一线教师,我听谁的?(S22-O2-QB)
>
> ……但一般来讲,不可能出现这种情况。肯定(要听从)教研员啊、主任啊(的意见),还是一权威,啊,权威。就是基本上得按照那个意思去走,可以个别的有自己的想法,有自己的特点。(S12-C2-O)

不仅在这些做大课的过程中,教师选择听从教研员的意见,在日常教学实

践中,教师也倾向于将教研员视为判断是非正误的标准。例如,Q校一位语文老师谈到组内教研中遇到的问题是如何解决的:

> 我们仨就不知道到底是画完整句还是半句,然后就去问语文组主任,主任不确定的时候,我们就会去找教研员。(Q12-C/M2-N)

当三位教师对某一个问题产生分歧的时候,她们自己的经验都无法说服对方,但她们没有尝试从自身实践中继续探究原因和解决方案,而是转而求助教学主任和教研员。在教师心中,教研员的权威受到尊崇,教师是缺乏专业自信的。

二、技艺操练式学习中的教师领导

教师学习的主要内容——"经验"具有情境性、同质化的特征,它的本质是行为、方法。基于经验形成的教学是一种技艺化的表演,教师学习因而具有技艺操练的性质。而这对学校中教师关系的塑造(即教师领导的结构)、教师领导的形态都带来的深远影响。首先,"以经验为主要学习内容"型塑了学校教师关系的基本结构,使新教师成为接受"领导"的主要对象、唯一群体。此外,"经验对经验"的学习方式也限制了教师领导的水平,使学校中教师之间的"影响"多于"引领"。

(一)领导的方向:单向领导梯级

经验是教师之间进行研讨时最主要的内容之一。资深教师在多年教学中累积了丰富的经验,理应成为日常交流研讨中的活跃分子。然而事实上,两所个案学校中,有经验的教师之间交往并不如预期活跃。教研组中形成的教研模式往往是两种:①有新教师的教研组中,往往是"新教师提问、老教师解答"的教研模式,形成了老教师"围着新教师说"(Q13-E-N)的局面;②全部由老教师组成的教研组中,则往往缺乏自然生发的交流,教师仅仅围绕学校安排的任务进行分工。

例如,在一个新老搭配的教研组中,老师们这样描述组内互动模式:

> 我们组其他三位老师年头比较短,经验上吧,(我)比他们要稍稍丰富一点。所以课内有什么问题,一般都是他们提,然后相互商量,教学时间长、比较年长的老师解答,进行讨论,然后大家再说说。(Q2-M3-XB)

　　对于刚来的老师,可能刚刚接触,但是我们(注:指资深老师)带他两年、带他三年,基本就同一层次了。所以长期积累下来,上下差别不是很大。(Q3-M3-XB)

　　就集体备课的,基本上就能保底,保证新老师和比较弱一点的老师,保证这节课的知识点,我不丢。……而且我觉得教师这个工作吧,就真的靠自己。真正是别人给你的一些东西,可能还需要一段时间去消化。而且,真的不是很多。(Q2-M3-XB)

　　骨干老师的作用就是引领新老师嘛。(Q5-E1-XB)

有的教师坦言,教研组中的日常教研活动本来就主要是"针对新教师的",也仅仅能起到"保底"的作用,教师的经验积累主要还是要靠个人。于是,学校教师领导的行动结构就形成了"经验教师→新教师"的单向领导梯级。

(二) 领导的质量:"影响"多于"引领"

个案学校中,教师在相互之间的学习交往中"影响"多于"引领"(Q6-C-D),这成为个案学校教师领导的特点之一。

1. 表现为"影响"的教师领导

"影响"主要指因为自身教学水平高或责任感强而对其他教师产生的影响,但其中并不一定存在主动领导他人的意愿或行动。此时,"(很多老师)只是会做,自己能做好,但不见得能把这些方法总结出来"(Q6-C-D)。

这种类型的教师领导在个案学校中往往表现为如下两种形式。第一种形式,能够影响他人的教师会在其他教师提出具体问题的时候,基于经验提供自己的有效做法,但他们并不关注问题实际解决的过程,也不关注新情境中产生的同类知识对自己已持有的知识是否具有修正或肯定作用。对于他们来说,为他人提供参考意见与自己的进一步学习并无多大关联。例如,一位资深教师这样描述自己和其他教师之间的研讨:

　　你要说你在这儿给我提出一个问题来,大家一讨论,可能(我)有很多很多的想法(给你),你自己去参考、你自己去准备,可以是这样。我随便说啊,你自己去"择"(zhái,即选择)去。(S1-C2-XB)

第二种形式,产生问题需求的老师会主动去观察其他教师的教学,从中寻求答案。例如,很多时候教师会在观看公开课的过程中,去发现授课教师的教学风格、教学中的优点,并从中学习。

> 我们学校有一个男老师,刚教三年,他的语文素养特别高,出口成章,然后就是好多东西之乎者也……他那课,可能教的也是高年级,感觉特别有激情,特别饱满,就一直能抓得住孩子,能一直抓住人。不光孩子喜欢听,大人也喜欢听。比如作文指导的时候,"我抓耳挠腮",他马上就让学生做出那个动作,说你体会下。所以说……要是我教的年头多一些,可能没那么大激情,就是怎么一步一步总写啦、分写啦,就是教方法。(Q12-C/M2-N)

在第二种形式的教师领导中,施加"影响"的教师自身可能并没有意识到自己对其他教师的学习发展产生了影响。从"发现问题"到"解决问题","影响"更多是从接受帮助的教师的角度来感知和定义的,并非施加"影响"的教师有意为之。

无论哪一种形式,在表现为"影响"的教师领导中,影响力的施加往往表现为个体教师对其他教师经验的单方面消耗,以经验形式存在的教师知识并没有在两个或多个个体教师之间进行循环交流。在个案学校中,表现为"影响"的教师领导比较常见。由于这两所学校都比较重视教学,教师也都比较关注教学和自身成长,因此,教师总是能够在与他人交往的过程中,注意并借鉴其他教师的长处,即主动寻求"影响"。这是表现为"影响"的教师领导在个案学校中比较常见的原因。

2. 表现为"引领"的教师领导

相较于"影响","引领"指具备一定领导技能、有意识地带领他人共同探究。能够"引领"他人的教师"不仅自己能做好,也能带领组员做好"(Q6-C-D)。

个案学校中能够做到"引领"的教师,会带领他人共同探究问题,或者总结经验与其他教师分享。例如,Q校的一位语文教研组长就做到了这两点:

> 像五年级组,这个组的组长是我们(学)区的骨干教师,她不仅自己教学好,在带徒弟、指导老师这方面也很强,管理能力也特别强。在我们语文组也算骨干老师。她起什么作用呢? 就是引领指导作用。比如她在教知识点之前,会把方法给年轻老师捋出来,第一点怎么做,第二点、第三点……会落实到活动笔记上。用这个方法,我们班达到了多少正确率,经

过什么方法,采取什么措施,把那部分正确率怎么提高上去。她会给组员说。那组员老师再经过实施,实施以后,下次活动跟组长汇报,就说我们经过怎样的实施,达到什么样的正确率,然后……她的指导和引领作用特别强。(Q6-C-D)

在学校的教师学习中,能够"引领"的教师并不多。一方面,学校教师往往习惯于跟着学校或上面确定的研究主题走,能够汇聚起来自己探究问题的老师比较少。另一方面,出于实用性的考虑,在学校教师学习中,教师总是对具体的操作方法进行讨论。

……我们跟老师谈课,绝不会谈到很多的理论。第一,我们水平有限,第二,我们要谈这种实际的课堂,谁也不会坐着吧啦吧啦说一堆理念,然后这节课就过去了,肯定不是这样。(Q15-M-D)

当教师进行着经验对经验的交流时,往往又回归到了前一类的"影响"式的教师领导方式中去,仅仅关心眼下问题的解决,而并不尝试持续的追踪和探究。

"影响多于引领"的教师领导状态,意味着教师虽然保持着对个人学习的关注,却缺乏充分的合作、有意识的集体探究。"影响多于引领"的教师领导状态是技艺操练式教师学习的产物,而技艺操练式的教师学习本就是从"理念"到"行为"单向关系的衍生物。因此,可以说,上级教研对教师学习内容的规定是导致学校教师领导中"影响多于引领"的根本原因。从这一因果链条来看,外部力量对学校教师学习内容目标的规限能够留给教师领导的空间是极为有限的。

三、考评制度中的教师领导

学校对教师学习的结果进行评核所设立的考评制度,在教师学习的发展中逐渐成为教师学习文化的一部分。因而本部分将考评制度也视为学校教师学习的一部分,考察其对教师领导产生的影响。

S校和Q校均设立了针对教师的考评制度,区别在于:S校的考评制度更多地基于表现管理、对个人绩效进行评核,而Q校的考评文化较弱,往往采取团队考核的方式。两种风格的考评制度对该校教师领导也产生了不同的影响。

(一) 基于表现管理的个人绩效考核与教师关系：S校的例子

S校为了响应上级主管部门的要求，将教师管理与公务员管理挂钩，学校设计并实行基于教师个人业绩的考核体系。对教师的最终评价来自教师日常积累的业绩，比如教师日常课堂教学、学生考试成绩、学生日常活动的表现、教师个人教科研成果等。用S校老师的话来说就是"一切都要换算成分"(S5-C3-XB)。这种针对教师个体的考评系统，以及市区级别的骨干教师评比，导致教师之间的竞争氛围比较浓厚，对教师关系的形成也产生了消极影响。

例如，在S校某语文组中，一些教师指责一名骨干教师比较"自私"，怕人家超过因此不愿分享试卷、不愿提供意见；这位被指责的教师却认为自己还是很愿意帮助其他教师，也愿意分享资料的，只是限于时间有限，这类交往不多。

> 我们组里也有的老师，反正一谈到教学上，人家就不发声，就不说话。一到期末就自己出(试卷)，然后就在教室里(给自己班学生练)，不拿到办公室去，自己给自己翻。去年就闹得……就有人跟我说，闹得都掉眼泪了，说"你看有没有这样的，咱们练什么咱们都给他们，他们练就不给咱们，你看，我特生气"。人家作为区级骨干，市级骨干，觉得落在你后头了，脸上过不去，这是虚荣心在作怪。就是她那人，她就想着我一定要超过你，要是超不过你，我怎么能当骨干呢？(S5-C3-XB)

研究者无从得知所谓真相，但至少看到，针对个体的考评制度损伤了教师之间的相互信任。教师之间互信平等的交往，是教师相互影响、发挥领导的前提。S校的考评制度损害了教师之间平等互信关系的形成，阻碍了教师之间坦诚的专业交流，进而也削弱了教师发挥领导的机会和动力。

(二) 基于团队考核的弱考评文化与教师关系：Q校的例子

Q校没有实行非常严苛的基于教师个体的业绩考核，对表现较差的教师没有实质性的惩罚，但对表现较好的教师有具体的经济奖励，而且往往采取团队式奖励。Q校教师之间关系比较融洽，许多教师能够站在学校的角度来看待教学工作。例如一位老师这样谈个人与学校工作的关系：

> 大家始终就是一种想法，说大了，咱是为教育事业工作呢，说小了，我就是给学校干的，就大家氛围都是这样，每一项活动都是为学校争取利

益。就是我为学校的发展在做贡献呢。比如参加区里的基本功考核,我们每个人都有可能做一个分母,做一个底下的数,可能根本就到不了上面,但是每个人都是非常努力的。比如我们最后选出一个人,可能选出 W 老师了,另外四个人都会帮着她去做这一节课,出来的不是 W 一个老师,而是我们 Q 小学怎么怎么样。所以我觉得大家思路上挺好的,都是为了学校的利益发展。没有太多过多考虑个人的利益,说我怎么怎么样。(Q5-E1-XB)

但学校不过分区分教师的做法,也导致某些教师某种程度上的不思进取,就如其副校长所说,"我们学校里优秀的老师能生存,不那么好的老师也能生存"(Q11-VH)。Q 校在教师评核方面的作为,有利于教师之间产生较为信任、关爱的氛围,为教师之间进行坦诚的交流提供了条件,也就为教师彼此影响、发挥领导提供了更多的机会。

四、教师学习组织结构与教师领导:被年级与学科分割的教师领导力

正如前文所述,学校中教师学习在各个学科教研组或学科年级组中进行。这一组织结构的安排与学校教师学习内容偏重学科教学法研究有关,但也因此对教师领导力产生了影响。

基于社群理解的教师领导中,"领导"被视为内在于教师作为教育专业者的角色维度之一。教师领导因而是面向全体教师的。Lambert(2003)从组织的角度,将这一形态的教师领导概念化为领导力(leadership capacity)。领导力被定义为广泛、有技能的参与领导实践。这是组织在关键人物离开之后依然能够自我领导并发展的能力。对学习而言,作为领导力的教师领导与共同学习、共同合作建构意义和知识有关,它能够导引群体内部成员之间的意义交流。它涉及这样一些机会:通过持续的交谈(交谈为中介)将感知、价值、信念、信息和假设等显现出来;共同探究和产生新想法;基于共同的信念和新信息反思工作、为工作赋予意义;基于这些新的理解采取行动。这些是领导的内核(Lambert,2003)。

Lambert(2003)从校长、信息与探究、项目连贯性、合作与责任感、反思、学生成绩六个方面衡量学校成员参与领导的范围与技能水平,并以此来描述学校中领导力的水平。但本书发现,信息与探究、项目连贯性、合作与责任感、反

思四个指标更加核心。运用信息是探究的基础,项目的连贯性影响着探究的深度,而在这一过程中教师合作状态与责任感是不同的。这三者共同反映了领导力中参与的水平。个人反思为集体知识的创新提供了源泉,因而个人反思是学习者开展领导的基础,体现了领导力的状态。四个维度共同表现了领导力的结构。

(一)被学科分割的教师领导力

以上述架构观察两所个案学校,学校教师领导力明显被学科和年级分割在不同的教研组中。即使在同一学校,不同教研组中的教师领导力也有极大不同。以S校为例,S校的三年级数学组和英语组就是两个极端代表。

1. S校三年级数学组

S校三年级数学组由三位教师构成,每一位教师教两个教学班。这三位教师教龄相仿,都在二十年上下。这个组总体特征就是自发交流少,任务驱动合作。

> 我们组特别的地方其实不是优点,是缺点。我们之间的交流沟通啊,不如其他组那么多,不如其他组那么自然。我所说的任务式的交流占多数,自发式的比较少。(S6-M3-O)

就信息运用而言,三位教师平常"谈不上谁帮助谁,但是大家有想法就说一下"(S6-M3-OS6),信息在全组范围内还是比较公开的。但总体而言,因为教学时间紧张、各类任务占了大量的课余时间,其实"老师交流的机会不是很多"(S7-M3-XB)。同时,对于共享的资料,"大家不会用在自己这儿"(S6-M3-OS6)。此外,由于"这三位老师彼此的教学风格比较类似"(S18-M3-O),三位教师之间能够相互脑力激发的时刻并不多,大量的合作是围绕上级布置的任务开展的。

> 我觉得所有的老师都是任务驱动,有任务来,大家就围拢来完成这个任务,任务完成之后,就又散开了。如果这一年都没有任务的话,那大家都是在完成各自的工作。无非就是期中、期末的时候,数据的分析啊、学生成绩的汇总啊,常规工作必须要合在一起的时候,才会合在一起。(S6-M3-O)

在探究的连续性方面,由于大量的合作探究是由学校安排的,而非组内教师自己生成探究主题,因此探究的连续性并不乐观,往往是"上面有什么任务布置下来,我们一起探讨一下,问题解决了就没了"(S7-M3-XB)。更多的时候,组内的三位教师都是各自为阵,照顾着自己的"一亩三分地"——"反正自己琢磨的肯定是多一些"(S7-M3-XB)。但实际上,作为区里的窗口校,这三位教学年资都在二十年上下的老师都有自己的专长。她们是比较善于进行个人反思和探究的。如若她们能够在学习中交流彼此的经验、方法,那么她们是极有可能去影响彼此的。但遗憾的是,这个组的三位教师很少进行自发的专业交流,这也就削弱了她们对彼此发挥教师领导的机会。

在这样一种任务驱动的构造合作中,教师的责任感更多表现为"不在集体考评时拉后腿",并没有感到自己为群体中每个教师的发展负有责任。

> 我觉得我在三年级数学组中的任务就是完成自己班的教学,不给大家带来麻烦,不给集体拖了后腿;需要我交什么能够及时上交。这样的话,在考核中不会因为我的失误给大家带来不好的影响。这些是我的工作我的任务。(S6-M3-O)

作为结果,这个组的学生数学成绩"偏弱",教师自己将之归因于"可能还是沟通得不够"(S6-M3-O)。

从上述四个维度衡量,在这个组里,除了学校安排的任务外,三位教师之间很少进行自发的研讨交流,因此缺乏集体探究。信息虽然在整个组内公开,但教师并未充分利用公开的信息。在这样的交往中,教师之间其实很少相互影响,即教师较少参与领导实践。尽管每位教师个人都在各自的学习中进行反思、探究,但总体而言,教师之间的相互影响、引领却并不明显。作为一个群体,这个组的教师领导力没有为个体发展提供充分的支持。

2. S校英语组

同在一个学校,S校的英语组却表现出另一番景象。在其他教师的眼里,S校英语组是一个实力超强的"团队"(S6-M3-O)。

> 英语组是一个团队,它经常会有各种活动,多样的比赛。而且在我们区,我们学校的英语是一个强势学科,像B老师是市骨干,Y校长也是英语专业出身,每一个英语组的老师都很出色。一发奖状十有八九都是英

语组的。它是很强的一个集体。(S6-M3-O)

在英语组，首先信息是公开共享的。比较好的教学设计、每个单元的学习要求，都被教师总结起来，放在小组公共邮箱里，供全组教师使用，以便节省时间、提供参考。

一般到期末的时候，大家会把自己觉得比较好的教学设计放到一个公共文件夹里面，供大家观看，互相学习。我们英语组会把一到六年级的很多材料放到我们组的公共邮箱里。我们组有自己的公共邮箱，基本上都是传着用，这样比较节省时间。不是教学设计的，是每个单元的学习要求。我们会把每个单元的重、难点总结出来，这样下一个老师看就会比较方便。比如每个单元重点的单词、句型、语法现象，总结到一张纸上，一个单元有这一页纸，然后每个老师总结自己单元的，把全部六个年级的都整理出来放到一个公共邮件夹里，然后你需要的时候自己去找就可以了。(S15-E2-QB)

这个组的教师不仅将每个人搜集和制作的教学材料汇集在一起，在使用的过程中，还会对这些材料进行轮番加工，不断提升这些资料的质量，之后再次使用这些资料的老师总是在一个更高的起点上去寻找发展。例如，这个组在课件的循环使用中就是这样做的：

比如六年级用完的……那会儿我教四年级，每单元做完的要求、测试啊，就传给下一拨，我教下一年级，他们上边完了传给我。就是逐渐提升，他们做完的课件我去改，然后再传给下边。(S15-E2-QB)

在这个组的信息共享运用中，教师将个人反思与集体知识的创新联系在一起：个人在使用集体汇集的教学设计和材料的同时，将个人对此进行的反思与改进保存并传下去，这就使集体知识不断得到积累和提升，为个体进一步的探究提供更好的基础。

在英语组中，探究的连续性不仅体现在课的研讨和课件积累中，还体现在研究课题上。除了承担学校和更高级别的科研课题之外，这个小组会根据学生的情况确定自己交流的课题。不同学期的研究课题之间也保持了一定连续性。例如在最近两个学期中她们是这样确定研究专题的：

> 我们每个组的交流都是有课题，有自己专题的。不限于听课。比如现在的专题是如何帮助、转化后进生，就是学习有困难的学生。上学期我们组呢，是帮助学生朗读，比如给找学习上的好朋友，课间帮助他，再有就是课间进行朗读录音，帮他比较，看到自己的进步……这个（主题）是我们组根据学生的情况确定的。（S2-E3-O）

根据学生的情况，上个学期英语组确定的主题是帮助后进生提高朗读水平。积累了一些帮助后进生的经验之后，到了这个学期，英语组决定全面铺开，将研究专题定为如何帮助、转化后进生。

英语组的教师很会把握合作的时机，不仅会利用学校规定的集体备课活动共同探讨，教师出去参与区教研活动之后也会就学习内容进行讨论，平时有时间见面坐在一起也会交流教学中的问题和看法等。这些正式、非正式的交流对话也是教师交流议论、相互贡献想法、影响他人的契机。在这些合作中，教师发现"可以碰撞出新的想法"（S15-E2-QB），"在交流过程中又有新的收获"（S2-E3-O），即合作交流产生了创新，使教师发生了理解上的变化。

在这个组里，大部分教师之间"脾气比较相投"（S9-E4-QB），责任感不仅体现在个体自身的发展上，也体现在对彼此、对整个英语组的发展负有责任上。

> 帮是肯定得帮的，因为什么时候一说起来那就是英语组。也不是我一个人去帮。（S9-E4-QB）
>
> 大家目标都比较明确，就是为了提升课堂教学的质量。一个是目标明确，再一个可能跟同事之间相处的关系有关。就平时交流很自然，关系都挺好，大家也知道就为了教学的进步。不担心竞争。（S2-E3-O）

总体而言，S校英语组内教师将共享信息用于个人的实践与学习，集体的知识成为个人发展的基础。同时，通过个人反思将集体知识向前推进，成为个体进一步探究的知识源泉。这个组内教师的共同探究具有连续性，将个体和集体的发展融于一体。因此，个体探究也推动整个群体发展。教师在这个过程中表现出对彼此的责任与信任，通过相互影响，在较大范围内发挥着领导功能。

(二) 被年级分割的教师领导力

如果说 S 校英语组和三年级数学组之间教师领导力的差异和分割是因为学科造成的,那么 S 校语文组所遭遇的教师领导力分割则是年级造成的。

S 校曾经有七位语文教师共同构成了一个极具创新力的语文教研组。这个组的几位教师互相欣赏、志趣相投,用老师自己的话说,就是她们几个人非常"谋"。

> 这几个人是拍档,非常"谋",就她的水平啊、她的追求啊,几个人能互相理解、接受,是这样一种状态。我根本就看不起你,或者你总是高高在上,对我们没有平视这种感觉,可能几个人就不"谋"。就是那个什么"道不同不相为谋",就那个意思。就说我做人的目标、思路不一样,那我们在一起做东西就做不好。(S14-C-D)

这七位语文老师都乐于分享经验、共同探究新问题,"我们有特别共同的东西,就是要做一件什么什么事儿,我们都愿意把手伸出来去做,就能做成这个事情"(S14-C-D)。最终这个集体成了一个"共进共退"(S14-C-D)的团队。但随着学校重新分配年级组教师,这个团队被打散。

> "哗"就给我们拆开了,我们是低中高三个段,分别都有人。就 W 老师和 C 老师她们俩跟我说,我们现在真的什么都搞不起来了。像我们原来还有两个老师撤出去,分别在一个组里,H 老师在一个组,另外一个老师在一个组,就不行了。虽然她们也挺愿意做这些事情(指探究新的问题)的,那时候还没有思维导图呢,是别的方法在用,但意义就不大了,就很弱,慢慢就被同化了。别人的那些东西,不是说你影响不大,是你就被淹没了,然后你就没有自信了。(S14-C-D)

这个曾经具有很强教师领导能量的团队按照新的年级组安排被打散开来。一些被单独安排在某一年级组的教师,失去了乐于共同研讨的伙伴,在独自探究的过程中,逐渐失去了创新的能力,进而丧失了专业自信,从一个具有合作创新能力的学习者,慢慢变得和大多数教师一样,倾向于封闭的个体学习。

五、新教师的教师领导

(一) 经验学习中的新教师：缺乏领导机会

在个案学校中，教师之间的学习交流以经验为主要内容，这使新教师成为教师学习中接受影响的主要群体。新教师也因缺乏经验，而在学校教师学习中缺乏充分的领导机会。

新教师虽然学历较高，知识扎实，思路比较新，计算机运用能力和搜索信息的能力强，但这些都不是学校教师学习中最为重要的学习内容。作为一名小学教师，最重要的是方法——应对学生的方法、如何将教学目标落实的方法、突破教学重难点的方法……而这些都是需要经过长期教学实践的打磨，以及经验逐渐累积之后才能获得的变化。新教师"理论的东西比较多，但应用比较难"(Q7-O-QB)，因此，理所当然地成为需要帮助的对象。

> 刚参加工作的，他可能问题就会产生得更多一些，大家互相就不是研讨了，是教给他的东西更多一些。(S1-C2-XB)

在学校各种教师学习活动中，新教师只能边缘性地参与集体性的教师学习活动，例如在整个教研组筹备的研究课中帮助其他老师做课件、找资料等，但若大家坐下来对教学开展研讨，新教师就主动或被动地丧失了发言权。例如 S 校的一位新教师这样描述自己在教研组中的状态：

> 比如一个三十多岁、四十多岁的人做课吧，我就不会说话，或很少说话。轮不到我说话……基本上都是老教师跟我们说。我们仨儿(三个新老师)很少互相(研讨)，基本上都是四五个老师围着我们，一个或者两人坐着。(S16-E1-N)

在资深教师面前，这位新老师直接选择了"不说话"，而这并非因为新老师没有见解，而是在论资排辈的氛围中，年轻、辈份低的新教师"轮不到"发表意见的机会。另外，在同一个教研组里，几位新教师之间可能遇到的问题相似、感受相似，本可以通过相互交流，自己寻找解决问题的方法和途径。但在这个拥有市骨干、区骨干的教研组中，几位资深教师对话语权的占据，基本隔断了三位新教师本可以进行的交流和相互影响。在这个新教师的例子中，她不仅在面对资深教师时缺乏领导机会，在面对其他新教师时，也同样缺乏领导机会。

（二）学校制度中的新教师：以顺从为基本立场，缺乏专业自信

除了从经验到经验的学习方式影响了新教师发挥教师领导之外，学校相关制度安排同样也未给新教师提供领导机会。学校招聘时筛选教师的隐性规则、指向初任教师的师徒带教制度，都通过不同形式要求新教师的"顺服"。在这些要求面前，新教师普遍采取顺从的行动立场，这使本就因缺少经验而缺乏领导机会的新教师更加缺乏专业自信。

首先，教师能够进入某所学校，已经经过了学校对教师的筛选。而学校筛选教师的重要标准之一则是顺从。Q校校长是这样挑选和要求新教师的：

> 现在我开始招（新老师）了，我先得讲纪律。领导、组长说的话，有怨言底下说，先得无条件地执行。你必须得强调这纪律，包括请假的纪律，学校的制度、文化得知道。不能出现你这儿说什么，她那儿先反对，你说你这儿干嘛呢。反对可以，底下说。学校布置工作的时候，表面上你不许反驳。这一点一定要跟新老师讲清楚。要不你到时候不好管。有这样的。（Q11-VH）

Q校校长在招新教师时提出的"表面上你不许反驳"的要求主要是针对行政纪律而言，即要求新教师要无条件遵守和服从学校的各项规章制度。在教学和专业交往方面，则由师徒带教制度发挥"驯服"新教师的功能。

师徒制是对新教师进行社会化训练的重要手段。两所个案学校都明文规定，所有教师在入职初期与一位有经验的教师结成正式的师徒关系，接受师父的指导，以便尽快提高教学水平。师父对徒弟的教学负有责任，需要定期听课、帮助备课、教学设计、监督教学等。例如，S校的师徒带教制度是这样操作的：

> 一般比较年轻的，没有评高级的，可以去找区骨干、市骨干做师父。一般自愿结合，自己找，在学校内部。然后有师徒档案啊、合同啊什么的。每个人每一年有一个表，然后评价一下，师父给徒弟评价一下表现。还有一个档案夹，里面搁一些搜的文章，就积累一些素材，用于研究什么的。一般三年吧，记不清了。（师父的职责是）听课，帮着备课、设计，然后监督

他的教学什么的。还是教学为主。(S1-C2-XB)

虽然正式的制度中要求师父对徒弟进行评价,但这种正式的评价本身并不构成对新教师的实质影响。师徒制的功效是在新教师和老教师共处、共事过程中潜移默化实现的:老教师通过示范教学模式、教学方法、为人处事等,影响新教师;新教师对此则一般采取顺从的态度,以求能够尽快适应学校生存。例如,S校一位教师这样描述自己在师徒带教过程中的转变:

> 最开始那几年,我比较耿直,她(师傅)会给我提意见,我就一想,这样没有我那方法好啊,最开始的时候,可能接受不了。试那么几回,后来等时间长了,我就发现她那种方法确实比我好。多试几遍,就会体会到,她那站的角度挺高的。她是在那样用心地帮助我,不是那种表面上给你提个意见就完了。她确实是想让你提高。我以后再也不用自己的想法、自以为是了,还是听他们那些老教师的。后来(老教师)只要提说怎么好就怎么做了,不像开始那样。现在人也成熟了,也圆滑点了,就接受了。我现在一般不拒绝他们。我以前还说不,现在不了。(问:那以前你拒绝他们的时候,他们会不高兴吗?)会呀,就说"这孩子怎么回事儿啊,以后我不给你提了",后来我就不这样了。(S16-E1-N)

这位新老师最初"耿直"地坚持自己的意见,在老教师表达不满之后,也发现老教师的经验确实有用,于是逐渐领悟到应该对老教师采取顺从的态度,而这被这位新老师视为自己"成熟"的表现。

但有时,这种顺从并非新教师真正发自内心的认同,而是为了避免正面冲突而采取的策略。有些新教师会采取一些策略保护自己的自主空间。例如,下面这位新教师面对学校教学主任的不同意见时的做法:

> 有些时候会和主任她们讨论,比如说我有这个想法的时候,主任她们也会跟我说你这个不行,怎么不行。但是有些地方啊,我会按照她的意见去改,有些地方啊,我通过我在分院的老师,她那是外边带回的新的方法啊,我觉得还是、有那什么的啊……(言下之意是主任说得不对),所以有时候讲课我就不说我要怎么样,我还是要坚持一些。(Q12-C/M2-N)

这位新老师并不认同教学主任的意见,但为了避免和教学主任发生正面冲突,她决定不明确表达自己的观点,即"讲课我就不说我要怎么样",但是行动上却按照自己认可的想法去尝试。值得注意的是,尽管这位新老师坚持了自己的意见,但支持她去坚持自己观点的自信其实来源于分院老师讲过这种方法。大多数情况下,新教师还是类似上面 S16 这位老师那样做。因为缺乏实际教学经验,面对老教师提出的意见时,新教师往往还是缺乏专业自信的。

六、内外条件限制中的教师领导

本部分的研究发现,教师在教师学习中发挥的领导受到来自学校内外的种种学习条件的限制。

就外部限制而言,教师的自我领导受到教研员代表的上级主管部门的限制。教研员代表着国家对学校教育教学工作的指引和规约,而这种指引与规约主要以评价的方式体现。教研员通过把持评价权力,强力影响学校教师学习的内容和方向。通过日常区级教研活动,教研员展示其赞同的教学理念、教学模式;通过督导和考试,教研员实现对学校的教学模式、教师学习内容的监控。当教师之间发生不同意见时,教研员也扮演着裁决的角色。教师对自身学习的自我领导在面对教研员的时候往往是脆弱的。

此外,教师对彼此学习发挥影响的领导力也受到技艺操练式学习方式的影响,具有单向领导、影响多于引领等特点。但学校内部教师学习的技艺操练方式则是由于学习目标被上级教研所规定,理念与行为呈单向关系所衍生的产物。因此,可以说不论是教师的自我领导,还是指向他人的教师领导都受到上级教研部门对教师学习目标和内容规限的影响。

就内部条件而言,学校制定的教师考评制度和学校开展教师学习的组织方式也参与塑造教师领导的状态。前者影响教师发挥领导的机会,后者则影响教师合作的范围和教师发挥影响力的范围。

虽然本研究中的两所个案学校在教师考评制度方面具有不同特点,对学校中的教师领导也产生了一些影响,但总体而言,两所学校中教师领导表现出大体类似的状态。来自学校内外的种种限制使两所学校的教师在追求自身学习和发展中受到种种束缚。

第三节 ◎ 教师学习如何影响教师领导：
活动结构的规约

本章第一节描述了教师感知的学校教师学习时间、学习内容、学习方式等方面的特点。第二节呈现了教师学习中不同层面教师领导的特点，如教师的自我领导、教师对他人的领导、群体的教师领导力、新教师的领导等。在第二节所展示的教师领导建构过程中，前述教师学习各方面的特点在其中共同发挥影响。这是一个非常复杂的影响过程。本节将借助活动理论来整理和说明，分析教师学习对教师领导之影响的实质。

活动理论将中介视为人经验世界的方式（Roth & Lee，2007）。中介可以理解为能动性发挥过程（Kozulin，2003），中介行动就是"人运用中介手段的行动"（individuals-acting-with-mediational-means）（Wertsch，1991；Tappan，2006）。这意味着活动主体的能动行动需要借助活动结构所提供的条件开展。"学习的领导"将学习视为以意义交往和意义建构为核心的活动，学习的领导则被视为促进学习的能动性。借用这一概念化方式，教师学习可被视为教师之间进行意义交往的活动，而教师领导则是这一活动过程中促进意义交往的能动行动。

基于以上观点，本节首先结合第一节中对个案学校教师学习的观察，总结学校教师学习活动的结构特征。然后将教师领导置于这一活动结构中，结合第二节中对教师领导的观察，分析教师能动性的发挥受到哪些活动结构要素的影响。最后将两者结合起来，探讨个案学校的教师学习结构特征与教师领导的关系。

一、作为结构的教师学习：外部目标规约下的自我适应

（一）学校教师学习活动的结构要素及其特征

学校中教师感知的教师学习特点，是教师在长期互动中形成的一套较为稳定的行为模式，它成为教师学习的活动结构。如果按照活动理论对活动结构要素的分类，那么个案学校中教师学习的各结构要素具有如下特征。

1. **主体：缺乏专业自信**

本章第二节曾描述了个案学校中的新教师缺乏专业自信。实际上，总体而言两所个案学校中的教师，无论资深教师还是新教师，都不具有充分的专业

自信。具体表现为面对教研员的时候缺乏自我领导,如需要依靠学校教学领导或教研员来裁定教学分歧,不能从教师内部通过对话和实践寻求解决;过分尊崇教研员的权威、放弃专业对话;面对自己实践中的问题感到迷茫等。

2. **目标:符合于教研员示范理念的具体学科教学方法**

学校教师学习活动和区/学区教研活动形成了明确的分工。区教研活动主要展示以教研员为代表的上级教研部门规定的理念和统一教学模式,而学校中教师学习的目标则是将这些理念和模式转化为具体教学技巧和方法。正如两所个案学校校长所言,学校开展各类教研的目的就是帮助教师落实区教研中教研员展示或要求的理念。

3. **社群:学科与年级的区隔**

学校教师学习活动原本涉及学校所有教师。然而,由于学校中集体性教师学习活动受到学科和年级的分割,主要在同一学科、同一年级的各个教研组内部发生。因此,从全校范围来看,教师学习涉及的社群是按照学科和年级划分、具有边界的社群。这一活动结构特点使教研组成为个体教师学习的重要情境。

4. **工具:情境性的经验为主**

两所个案学校都为教师配备了电脑和网络,学校和各教研组也开通了各自的网络平台,筹建内部资料库,方便教师进行教学准备,这也成为教师学习的重要物质工具。

就符号工具而言,从整体来看,学校教师的集体性学习中,教师之间交流的信息偏重于具有情境性的经验知识。这些经验知识在学校内部往往还具有同质化的特点。

5. **分工:正式活动中的分工和非正式活动中的分工**

不同群体的教师在不同类型的学习活动中的分工常常呈现不同的状态。但总体而言,在非正式的日常研讨中,骨干教师、经验教师常常因掌握丰富经验而扮演指导者、释疑者的角色。而在学校正式安排的学习活动中,除了上述提及的"指导者""释疑者"与"提问者"的角色分工之外,教师也会按照学校中的职位角色进行分工。如教研组长(多为骨干教师)扮演学校命令传达者和任务分配者的角色,制订教研主题,或传达上级规定的教研主题,而其他教师则扮演任务的具体执行者。

6. **规则:规章制度与文化规范**

个案学校中,教师在不同的学习活动中形成了各种互动模式,但总体而言,在各类教师学习活动中均发挥作用的主要包括如下两类规则:刚性的规章制度和柔性的文化规范。

规章制度主要指安排合作的教研制度、教师考评制度。安排合作是学校教师学习的主要形式。个案学校专门用于教师学习的时间有限,而在这些时间里,学校都以正式组织的各类教师合作活动来推动教师发展。另外,学校针对教师学习的考评制度,包括骨干教师评选、优秀教师评比等,也是教师学习中影响较大的规章制度。

文化规范主要包括经验到经验的学习方式、对教研员权威的服从。学校内部教师学习活动中最为惯常的交流模式是从经验到经验的知识交流模式。但经验具有情境性,有时仅凭经验无法解决教师之间的分歧。此时教研员的权威受到推崇。当教师之间出现不同意见而无法解决时,他们常常会转向教研员寻求裁决。

(二) 学校教师学习活动的运行逻辑与核心要素

上述教师学习活动的结构要素在个案学校中是这样运作的。首先学校接受了上级教研部门的安排:在时间安排上,按照上级规定,隔周安排教师去参加区教研活动;在学习方向上,学校也接受了区教研活动对教师学习方向的规定,即认可教研员展示的教学理念和教学模式,并在学校内部开展各类校内教研活动,落实教研员的要求。学校内的教师学习主要围绕上述核心目标展开,并进而形成了一套自我适应的运行机制,保证这一核心目标的实现。

第一,学习目标直接影响了教师选择学习工具和学习活动类型。由于学校教师学习已经接受了区教研的安排,以落实规定的理念和模式为关注点,因此,学校教研活动中,就以教师的经验交流为主,帮助所有教师能够在行为层面尽快达到区教研中示范的理念和模式。"经验对经验"的学习方式还因为直接而有效,符合学校教师工作负担重、学习时间有限的学习条件,而得到学校教师的广泛接受。采取"经验对经验"方式的学习活动,如以"课"为载体的教研、师徒制、教师小教研等,在学校中易于开展。相应地说,科研活动作为一种教师学习活动方式,因为不够"直接有效"而未受大部分教师的青睐。

第二,学习目标间接影响了参与学习的教师范围。围绕区教研的学习安排,学校教师学习以经验交流为主。经验具有情境化的特点,要求结合各个学科、班级学生的具体情况探讨具体采用怎样的教学方法,因而教师交流研讨的范围很难超越同学科、同年级的教师。如 Q 校曾组织的语文和数学学科跨年级的教研活动,因效果不佳而最终取消了。

第三,学习目标影响了学习的规则和分工。两所个案学校要在全校教师范围内尽快落实教研员的教学理念和模式,但考虑到学校教师领会水平不一,因此,学校借助了教研组这一传统的组织形式,在学校内组织开展了许多大型的、以"课"为载体的集体性教研,希望教师之间通过经验交流,而使所有教师都能够在行为上发生改变,落实区教研中提出的理念和模式。两所学校中所形成的这些集体性的教研活动因为占据了大部分教师课堂之外的时间,成为教师学习的主要活动之一。这种"安排的合作"依托学校已有的学科、年级教研组开展,又强化了教师按照同学科、同年级教研组交流的方式。

此外,经验到经验的学习方式,使缺乏经验的新教师往往扮演被指导的角色,而资深教师则因为具有丰富的经验而扮演指导者、解疑者的角色。

(三) 个案学校教师学习活动的深层逻辑:外部目标规约下的活动结构生成

活动理论中将"目标"视为决定活动边界的活动要素。因为活动主体会根据自身对目标的理解去动用资源,进而形成活动结构。在本研究的两所个案学校里,学校都接受了区教研部门安排的教师学习目标,即区教研提供理念,而学校负责落实符合理念的具体行为操作。因为学校接受了这一学习目标安排,也就为完成这一目标进行了一系列自我适应的行动,最终形成了一整套学校层面教师学习的活动结构。在上述分析中能够看到,个案学校的教师学习,首先是接受了区教研活动的安排,围绕着落实教研员推崇的教学理念和教学模式这一核心目标而展开。这一活动目标对学校内部的教师学习结构起到了塑型的作用。学校教师学习活动围绕这一目标生成了许多相互牵扯、相互强化的规则、分工等结构特点,并推动自身不断运作。整个学校教师学习就像一辆跟随外部目标的车辆,在跟随外部目标的过程中,形成了一套自我适应的运行机制。而教师学习中的教师领导则在这套运行机制所规定的框架内开展。

二、作为能动性的教师领导:受限结构中的有限能动性

在"学习的领导"中,领导的本质是发挥能动性,促成以意义协商和建构为内涵的学习发生、发展。在本研究中,教师领导的三个层面——自我领导、对他人的领导、群体的领导力,分别可以视为个体层面、人际层面、群体层面的教师能动性。能动性的发挥,以整个教师学习活动结构为中介条件而展开。

(一) 个体层面的能动性:自我领导的边界

教师的自我领导主要与教师在学习活动中进行决策的自主性有关。而教

师学习活动中,主体—目标之间的关系是整个活动系统最核心、最基础的关系,主体的动机表现为主体对活动目标的理解,进而影响了整个活动结构的建构。因此,教师自我领导通过教师学习活动系统主体而集中体现。

活动主体的能动性与自我的运作有关。主要采取 Leont'ev 的研究解释自我的运作。Leont'ev 认为,个体在面对外界时,将产生的各种动机进行排序。最后出现一个具有先后秩序的"动机结构"(hierarchy of motives)。个体活动动机与群体中其他个体活动动机进行协商最终确定群体的活动动机。这一过程中,个体的活动动机可能会发生重构,以适应整个群体活动;对于群体活动而言,则适应整个群体面对外界的生存发展要求(转引自 Stetsenko & Arievitch,2004)。个体的活动动机与群体活动动机协商过程中,自我领导表现为能够按照自己的意愿选择个体动机并采取行动。

在个案学校中,教研员是否在场是教师学习活动情境的分野所在。教师在两种不同的活动情境中,对活动目标具有不同的诠释,并采取了不同的行动。表 2-3 描述了两种不同活动情境中的教师学习活动。

表 2-3 教研员参与或不参与的学校教师学习活动案例

教研员参与的活动:以研究课为例	教研员不参与的活动:以日常教研为例
◇ 主体:主讲教师及其同组教师 ◇ 目标:落实教研员倡导的理念和教学模式;通过赢得教研员的赞赏获得学校考核的较好成绩 ◇ 社群:教研员、学校相关领导、主讲教师、其他教师 ◇ 分工:教研员是理念提供者,教师是执行者,学校相关领导扮演理念诠释者;教研员是考核者,教师和学校是被考核的对象 ◇ 规则:教研员考核学校和教师	◇ 主体:主讲教师 ◇ 目标:磨练教学技艺,发现教学问题,并寻求解决方法,提升个人能量 ◇ 社群:主讲教师及同组教师 ◇ 分工:主讲教师提供研讨对象,所有教师共同作为学习者 ◇ 规则:各取所需,平等研讨;尊重不同教师、不同课堂情境的差异

教研员参与的研究课往往对学校、教师意义重大,即具有极大的利害性。这样的活动不是主讲教师的个体活动。教研员、校长、教学主任和主讲教师,有时还包括涉及年级学科的其他所有教师,他们共同构成了开展这一活动的社群。这一群体中,不同主体对活动目标的理解可能有所不同。例如,Q 校一次研究课中就出现这样的情况:

她(学校教师)要讲一节课,我们(学校领导)说这么备,按照这个思路

备,说了说。人家教研员不肯定,说这么备不合适,那教研员再指导,由教研员再提出来怎么备。(Q11-VH)

一方面,教研员在其中掌握着对学校、骨干教师进行考评的权力,另一方面,个案学校中教师普遍对教研员的专业能力表示认可,因而教研员对完成这一课的理解和意见常常获得普遍接受,成为完成这一活动的主要动机和目标。主讲教师会相应调整自己完成活动的动机顺序,将完成这一课的目标调整为与教研员相符的方式,并进而努力琢磨和细化出表现教研员想法的课堂教学。在这一过程中,主讲教师个人往往放弃提出自己的观点,也不尝试将个人的想法与教研员的想法进行比较、探讨,而是在实践中形成"以教研员为主、教研员作为考核者提供理念、教师作为被考核者去琢磨和执行教研员想法"的互动模式。

在教研员缺席的日常研讨中,教师学习活动的目标则主要是基于教学实践中的问题,解决问题并磨练教学技艺。由于不存在特别的利害关系,教师之间往往能够在平等的关系中进行研讨。而新课改倡导尊重学生在学习中的主体地位,元认知等概念受到教师的普遍接受,因此教师并不追求执行教学方法时的一致,而是大多选择根据本班学生和自己教学风格进行改造。这时教师在学习活动中将自己的动机放在第一位,教师的自我领导就得以体现。

如上所述,教师的自我领导随着不同学习活动提供的情境而发生变化,它体现了教师作为活动主体因应环境条件的变化而进行自我调节。在这个意义上,教师的自我领导受限于教师学习活动所提供的条件。但细究其影响因素,则不难发现,教研员把持评价教师学习表现的权力,学校教师学习以具体的学科教学方法技巧为内容、以经验到经验的学习方式为主,这些是影响学校教师自我领导的主要因素。前者以刚性权力强制学校和教师顺从教研员的权威,而后者则往往使教师忽略从自身的实践和经验中生成个人理论,进而在面对不同意见和问题时,缺乏专业自信。两者共同作用之下,教师的自我领导脆弱易碎。

(二) 人际层面的能动性: 交往的意愿、能力与性质

教师对他人的领导主要指:在个体教师和个体教师之间相互的影响或引领。这一过程本质上是教师通过交换价值信息(即知识),从而发挥影响。在教师学习活动中,交换环节是活动主体在共享活动目标的社群中进行产品配置的主要环节之一。这一环节中,教师之间会依照社群中各种明文规定或不

言自明的规范交换各自所拥有的知识。因此,教师对他人的领导就在教师之间进行各类交换的过程里集中表现。

按照活动理论的解释,在交换环节中,活动主体将对生产和分配之后的产品进行进一步的交换,每一个参与活动的社群成员从中获得自己欲求的产品,以便通过消耗产品而获得发展的新能量。在交换过程中,活动主体依照社群中业已形成的刚性规则和柔性规范调节交换活动。

就**交换的意愿**而言,学校对教师学习采取的考评制度,参与塑造了学校教师学习的文化氛围,并对教师进行交换的意愿产生影响。例如,S 校采取了严格的基于个人的教师业绩考核,营造了教师之间竞争氛围,有碍于教师之间进行充分的交流,也就削弱了教师相互发生影响的可能性。而 Q 校弱考评的氛围则为教师之间相互交往提供了便利,也就为教师提供了更多领导机会。

就**交换的能力**而言,学校教师学习以具体的教学方法与技能为主要内容,并基于此学习内容形成了从经验到经验的技艺操练式学习模式,都导致经验成为学校教师学习中最为重要的工具。在经验的积累方面,有经验的教师之间并不具有特别大的差异,而新教师与之相比则差异巨大。这一局面导致在个人层面的教师领导中,新教师成为教师之间领导实践的主要对象,即追随者。无论在 S 校还是 Q 校,新教师都是全组教师"围着说"的对象,而缺乏新教师的教研组中(如 S 校三年级数学组),这一层面的教师领导则有可能消失。

就**交换性质**而言,前文已述,个案学校中个体层面上教师对他人的领导主要限于"影响",能够有意识、有技能地引领他人的教师领袖并不多。这一教师领导的状态也与教师学习的目标与规则有关。因为学校的教师学习活动,目标旨在落实区教研中提供的理念之具化操作,因此,学校教师学习中其实并非要鼓励教师基于自身的发展意愿进行自由地探究,而是希望教师在相互的技能示范中实现全体教师教学行为达标。因此,教师之间进行经验交流时,不论经验的提供方还是接收方,往往都只关注眼下问题的解决,而不关心经验知识在不同情境中是否获得修正或肯定。这种交流中缺乏多元的视角和持续探究的意识,简言之,教师对学习的关注始终具有个人化倾向,缺乏共同的探究。因此,教师交流带来的教师领导就仅仅只停留在"影响"而少有"引领"。

总体而言,教师之间知识交换的意愿受到学校针对教师学习的考评制度的影响;交换的方向受到经验为主的学习内容的影响,形成了有经验的教师对新教师的单向领导梯级;同样受到经验为主的学习内容的影响,有经验的教师之间的经验具有同质化倾向,因此学校之中经验教师之间的交往较为少见;新教师则因为学校繁重的教学任务和致密的时间安排,以及构造合作中经验教师对经验的占据,因而缺乏开展领导的资本和机会。就教师之间交流的整体性质而言,在以经验为主要内容的学习交流中,大部分教师满足于解决眼前的问题,缺乏共同探究的意识,教师之间的相互交往以影响为主,少有引领的存在。

综上,影响人际层面教师领导的因素主要是学校针对教师学习开展的考评制度,以及学校层面为落实外部理念所采取的"经验到经验"的教师学习目标和方式。

(三) 群体层面的能动性:教师领导力的再生产能力

群体层面的教师领导力是指教师广泛、有技能地参与领导实践。从活动理论的角度来看学习活动,生产环节产生的个人知识通过分配和交换在个体间进行了重新配置,即学习社群成员通过知识交流行为,使个人知识进入公共领域,部分个人知识进而上升为公共知识,服务于个体新的实践。当个体在各自的新实践中应用公共知识的时候,就实现了该轮知识生产或学习活动产品的消耗。同时,在消耗知识的同时,个体也积蓄了新的能量,用于下一轮的生产活动。对于整个群体而言,每个个体都是其他成员知识创新的源泉,因此,每个个体共同通过学习活动提高了自身的发展能力,这是整个群体发展能力提升的基础和前提;如若整个学习活动运行良好,个体能够进行深刻的反思,并与他人进行充分的信息交换,整个群体自我更新的能力便得到提升。

在这一个过程中,个体面对各种学习情境,需要根据自身的情况,做出符合自己学习发展的最佳决策,即要求个体具备较强的自我领导能力,它能保证个体提供有价值的知识(生产高质量的产品);同时,个体还需要与他人进行充分的信息交换,对彼此提供的个人知识进行富于建设性的批判,以便使个人知识上升为公共知识,服务于更多个体实践。知识交换过程便提供了个体发挥领导的机会。此时,领导行为的本质通过提供批判性意见共同反思和创新。这类领导行为在群体中越丰富,那么对于整个群体而言,越能够提升集体知识的水平,也就为整个群体积蓄了更多的发展能量。因而,群体层面的教师领导力,就不仅与个体的探究技能有关,还与个体参与领导的广度有关;它同时包含了个体的自我领导与对他人的领导;群体层面的教师领导力体现在整个教师学习活动的再生产循环中。

一方面学校教师学习总是以具体的学科教学方法为内容,使教师的学习交流很难超越学科和年级的范围,另一方面,学校往往依托已有的组织结构——按照学科和年级组划分的教研组来组织推动教师学习,两者共同强化了教研组这一教师学习情境。因此,从教师学习再生产的角度探讨群体层面教师领导力时,就需要将目光更多地投向教研组这一层级,关注在教研组中的几位教师究竟形成了怎样的活动结构,怎样进行再生产。而本章对 S 校三个教研组的简略分析,已经发现不同教研组中形成的各异的教师学习情境。这提示要对教研组中的教师学习与教师领导进行深入的探讨。研究发现由于学校教师学习以具体的学科教学方法为内容,这导致了学校层面中,并没有形成具有广泛参与的教师领导力。

三、受限结构中的有限能动性:学校层面的教师学习与教师领导

个案学校中教师领导在建构过程中受到教师学习活动结构中多种因素的影响,如目标、工具、规则和社群。同时,这些因素自身也存在复杂的关联,如以具体学科教学方法为学习目标,与以经验为主的学习工具、以年级学科分割而成的教研组学习社群结构具有千丝万缕的联系。作为能动性的教师领导就是在这样复杂的教师学习活动情境的中介下进行建构的。

对上述过程进行因果分析后发现,在影响教师领导的各类结构因素中,最主要的两大因素来自学校教师学习活动的目标(以具体学科教学方法为学习内容)和规则(教研员的影响与学校的考评制度)。如果进一步追究这两大活动结构因素的来源,就指向了更上一层级的活动系统——区一级的教师学习系统。

学校教研组是中国教研组织结构中最为草根一级的组织单位。从教师学习的时间安排、学习内容、学习评价等方面来看,学校教师学习活动往往受到来自上级主管部门的重重规限。学校教师学习是处于整个国家所设计的教师学习系统中最底层的一级单位。

国家对学校教师学习实施规限,主要是通过两种手段达成:规定学习内容、辅之以评价和奖惩。就两所个案学校而言,学校和区一级的教师学习活动已经达成了内容分工的默契。区教研传递上级理念,并提供理念具化的实例。学校的教师学习则以模仿内化这些具体教学行为为目标。为了保证行为模仿的效果,教研员首先通过日常的区教研活动示范教学行为,然后通过督导课、出试题的方式,使学校教师的教学行为得到规范(实为规限)。

学校中教师学习活动的其他方面,如采用经验为学习工具、形成学科和年级分割的教研组社群结构、经验到经验的学习模式等,均是在这两大因素的基

础上逐渐生成的。而学校服膺这一学习目标,利用学校中教研组组织积极构造教师之间的合作学习,又进一步强化了这一受限的教师学习结构。

活动主体作为能动者,其能动行动总是基于活动结构所提供的条件开展的。教师领导作为促进学习的能动行动,在这样受限的教师学习活动结构中,其发挥的余地也就极为有限。

第三章

教研组层面的教师学习与教师领导

本章回应研究问题二,即教师领导如何影响教师学习。本章所探讨的主题主要体现在教研组的教师学习中。在本章,用以理解教师领导和教师学习的概念架构是这样的:首先,教师领导既指向发挥领导作用的个体教师,同时也指向弥散于教师群体之中、导引教师之间进行意义交往的群体领导力;其次,本章以活动理论中"活动的再生产循环"作为教师学习活动过程的概念架构,即教师学习是由生产、交换、分配和消耗等环节构成的学习再生产。基于上述概念架构,本章将呈现:①不同教研组中教师学习的再生产过程;②分析不同的个体教师作为领导者在教师学习中的作用;③探讨这些具有不同能动性、对教师学习发挥不同影响的教师个体互动形成的群体教师领导力对教师学习发生的影响。

按照群体知识生产的特点,本书在两所个案学校中选择了四个教研组作为个案对象。这四个教研组中的教师领导力表现与 Lambert(2003)描述的学校中的"教师领导力类型矩阵"类似,因此本研究借用这四种类型来描述具有不同教师领导力的教研组(见表3-1)。

表3-1 教研组中的教师领导力类型

	高 参 与	低 参 与
高技能	S校六年级语文组	S校三年级数学组
低技能	Q校三年级组	Q校艺术组

其中,"高参与高技能型教研组"中,教师不仅善于探究、能够形成对他人有意义的创新成果,即影响他人、发生改变,同时,他们还乐于分享信息,广泛地参与到彼此的学习中去。"低参与高技能型教研组"中,个体教师善于探究,

本来有能力参与并影响其他教师的学习,但实际上,这些教师之间并没有充分共享信息,没有广泛参与彼此的学习。"高参与低技能型教研组"中,部分资深教师善于探究,并通过分享信息的行为,对其他教师的学习产生了较大影响,但另一部分教师出于种种原因,没有充分参与到其他教师的学习中。"低参与低技能型教研组"中,教师既不善于探究,也没有充分共享信息。

需要说明的是,Lambert的"领导力类型矩阵"仅仅是对四个类型进行了典型特征描述。现实中的学校并不一定严格落入其中某一类型,更多的是介于两者之间(Lambert,2003)。本研究选择的四个个案教研组也仅是在最典型的特征方面与Lambert的描述类似。

每个个案呈现遵循如下思路:先概述教研组基本情况,再描述不同教研组中教师是如何进行知识生产活动的。由于本章侧重探讨教研组——这个教师群组中的学习情况,因此侧重描述更具社会性的"交换"和"消耗"环节,但依然会顾及个体学习活动中的生产以及群体中学习产品的分配情况。有关"生产"和"分配"环节的内容将糅合在对"交换"和"消耗"环节的描述中。最后,结合个案具体情况,展现个案教研组中教师领导发挥的作用。

第一节 ◎ Q校三年级组:新老搭配的发展困境

Q校三年级组由四位教师构成。其中,两位教师是校级骨干(L和W),都有十多年的教龄;一位是教龄不到三年的新老师(J),还有一位是教龄六年的普通老师(D)。Q校实行语数包班教学,即每个班的语文和数学由同一位教师担任,这位老师同时也是该班的班主任。这所学校中,主科教师只是按照年级划分为不同的年级组,但教师依然各有自己的学科侧重。例如,上述四位老师中,L老师、D老师和J老师偏重数学,W老师偏重语文。平时的教研活动为,隔周安排语文或数学为主题的活动,但所有主科教师都要参加。

这个组是一个典型的新老搭配的教师组合,这也是学校安排教研组教师搭配的惯常考虑之一。在这个组里,教师学习的特点非常鲜明。

一、教研活动的常态

Q校三年级组的教师除了参加学区层面的教研活动之外,每周也要参加两项校内的集体教研:一个是打通年级的学科组活动,另一个就是三年级组自己组织的教研活动。除了这两类正式的集体教研之外,Q校三年级组的教师在空余时间还会随机进行非正式交流。

在学校的正式教研活动中,每周二举行学科组活动,每周四下午有两节课的时间用于本组的教研活动。在学科组活动中,除了领导讲话,传达文件之外,一般是分语文、数学主题的教研活动,如最近一次是老师们一起做五年级全样本抽测的试卷。这个打通了年级开展的学科组活动是由学校语文或数学教学主任领导的,教师提前并不知道教研活动内容。在三年级组自己组织的教研活动中,教师相对具有一些决定权。此时,老师们往往开展两类活动:一是选择一个主题进行共同研讨,二是响应学校号召开展的"每周一课"的课例研讨。前一类主题研讨活动,主要是确定本单元的教学难点、如何突破难点等。而"每周一课"活动,则要求每周由一位教师提供一节公开课,组内其他三位教师来听课、评课。

上述的这些教研活动,纵向的学科组活动其实已经比较弱化了,因为这样的活动很难对所有教师的教学具有较强针对性,"效果不太好",因此学校也有意弱化之,加强横向年级组的教学监控。于是,三年级组组内开展的教研活动才是老师们报告"最主要"的学习活动。Q校三年级组中的教师学习构成颇具我国中小学校教师学习的特征,即教师主要立足本学科/年级的教研组来进行学习,但同时也要参加外部组织的教研学习。那么,在三年级组内部的教研活动中,教师是怎样学习的? 教师领导又是如何发挥作用的呢?

二、学习产品交换:从"老"到"新"的单向给予

Q校三年级组的学校教师学习活动中,教师之间进行知识交换总体呈现出单向交换的倾向,即较为资深的 L 老师和 W 老师主要是信息的输出方,在研讨交流中往往扮演解答者的角色;而 J 老师和 D 老师则是接受方,是研讨交流中提出问题的一方。

D 老师:怎么说呢,教研活动……然后提问题的时候,我也会提,但比较少,她说得比较多(指 J 老师提问比较多)。(Q1-C/M3-O)

W 老师:是不是因为我太爱说,都让我给说了? 我们年级组四个人坐在一起讨论的时候,我就属于吧啦吧啦比较能说的,人家说挺有道理的,然后就没得说了。我倒没说抢机会,但我习惯了……(Q3-C/M3-XB)

L 老师:因为我工作的年头比较长,我们组其他三位老师年头比较短,经验上吧,比他们要稍稍丰富一点。所以课内有什么问题,一般都是

他们提,然后大家相互商量,由教学时间长、比较年长的老师解答,进行讨论,然后大家再说说。(Q19-C/M3-XB)

同样资深的 L 老师和 W 老师之间虽说也常有交流,但她们两人之间的交流并不深入。

> W 老师:……就是感觉我们还是差不多的,没有什么本质上的大差别。(Q3-C/M3-XB)

L 和 W 都较为资深,且同为校级骨干,她们都认为彼此经验类似,"没有本质的大差别""差不多"。这回应了本书前文提及的研究发现——学校中教师相互交流的内容以经验为主,而经验具有同质性的特点。在三年级组中,L和 W 尽管学科侧重不同,但她们都认为彼此的经验类似,两个人差不多,因此也就缺乏深入交流探究的动力。

反过来,年轻老师究竟能不能为其他教师带来新知呢?资深的 L 老师讲了一个例子,关于她如何从新教师 J 那里得到帮助后进生的启发:

> 比如有些内容,她(指 J 老师)班里的学生掌握起来慢,所以她要设计很多个台阶。像某个问题,我们孩子问了一下能答到,但她班孩子就要设计一些台阶。然后她在设计的过程当中,我觉得对我挺有启发的。特别是在给后进生补课的过程中,用她的那个方法,我就觉得挺好的,挺有效的。(Q2-C/M3-XB)

尽管提供了一个例子,但 L 老师还是觉得年轻老师能够提供有意义的启发毕竟是不多的:

> 不是很多。可能人家经验也有限,对教材的理解也有限,毕竟我教这么多年了。(Q2-C/M3-XB)

在资深的 L 老师眼里,经验不足是年轻老师在教学方面发挥领导的主要障碍。但在年轻的 J 老师自己看来,自己作为新教师未必就没有一点优势。比如她认为自己在班级管理方面是公认"有一手"的。

　　　　我觉得我们班的纪律啊、管理啊,应该是特好特好的。用校长的一句话就是"你挺擅长做这个的"。就是人家班老师不在可能会乱,但我们班没问题。我要不在的话,那些班干部就全都给你管好了。其他的老师上我们教室一看,就知道,"啊,原来教室这样摆更好一点",或者那个地方文具那样摆更好一点。反正就是他们自己过来琢磨。(Q4-C/M3-N)

尽管在班级管理方面颇为自信,但在教学方面,当她的意见和其他老教师不一致的时候,她多数还是选择了妥协,因为"我是新老师,他们是老老师,就这样"。(Q4-C/M3-N)

J老师尽管年轻,还是有一些专业自信的。组里另一位有一定教学经验的D老师却觉得自己现在没有什么能够分享给其他教师的。研究者虽反复追问D老师却得不到她的正面回答。也许所带班级成绩在年级垫底还是给她的信心带来了很大打击。

有一定教学经验,但还谈不上资深的D老师和新老师J之间的交往也不多。

　　　　D老师:J上班刚两年,所以(我们之间)说得就比较少。感觉都没有时间去(沟通)。然后今年,咱们学校又缺老师。所以好多不是我的课,但是没有老师上,我必须上。然后低年级嘛,课间几乎也都不能离老师,因为孩子们比较淘气,怕出意外。所以课间都在班里呆着。完后能碰到一起的机会很少。我跟L老师还是挨得近,她一班我二班嘛。(Q1-C/M3-O)

　　　　J老师:我……我没觉得佩服。你别告诉别人啊。这个也跟你带的那个人、跟你以往带出的那个经验有关吧。她带出来的班……我比她做得好。不光看学生成绩,我觉得我不比她差。(Q4-C/M3-N)

在J老师看来,自己的教学并不比D差,学生成绩也比D带的班级好,有问题的时候她更多还是去请教L和W。而在D老师眼里,自己工作已经很忙,她更愿意去找教室就在隔壁的L老师交流。于是两位经验上比较接近的年轻老师之间的交往反而并不多。

总体而言,在Q校三年级组里,学习中的"交换"主要呈现出单向给予的趋势,即较为资深的L老师和W老师单向供给经验给较为年轻的D老师和J老师。在资深的 L 老师和 W 老师之间、比较年轻的 D 老师和 J 老师之间,交往都不算频繁。总体而言,在教学方面年轻老师能够给予资深教师的启发和回馈也很少。

三、学习产品消耗：单方面、一次性的消耗

(一)年轻教师对资深教师学习产品的消耗

Q 校三年级组中,单向度的学习产品交换只能指向一种学习产品消耗的方式,即**资深教师累积的学习产品被消耗**。资深的 L 老师和 W 老师被消耗的产品有两类:一种是她们在长期教学中积累起来的具体经验和方法,另一种则是她们解决问题的思路。作为消费者,J 老师和 D 老师在使用这些成果的时候,也表现出不同的学习倾向。

日常研讨中,四位老师往往针对具体问题去交流解决方法。对于两位年轻教师 D 和 J 而言,大多数情况下,因为问题过于细节,解决方法就会非常具体,往往解决掉当次提出的问题即止。年轻的 J 老师对这样的交流并不满意:

> ……应该这样说,这些意见在这一节课里有用,但并不一定适用于下一节课。(Q17-C/M3-N)
>
> (和老师交流的时间)本来就很少,我一般是下课,看别的班……噌噌噌就跑过去问。那这样也不可能很深入细致地谈你遇到的问题。不是特深入,就是谈到这点上,我就这点上的问题向你请教。就你得特简单地去问。(Q4-C/M3-N)

因为时间有限,J 老师只能简单地去问问题,因而也只能获得具体、操作性的办法技巧。这些交流得来的意见和方法只适用于解决当下的问题,因此 J 老师感到教师之间的交流并不深入,"品质不高",并不能让她了解更深层的东西。但对于 D 老师而言,她并不觉得这样的交流方式有何不妥。

> 因为我是数学老师,有些数学题,我是这么想的,我已经想得够细的了,可是我们班孩子还是有多一半的理解起来有困难,然后跟三个老师碰完头之后呢,她们会说出自己的方法,哦,我觉得这个方法就可能挺妙的。然后学生理解起来可能就简单一些。所以我觉得还是挺有帮助的。主要是教学方法上面的一些创新。(研究者问:教学理念方面会不会带来一

些冲击、借鉴之类的?)这······想得比较少。(Q1-C/M3-O)

D老师在教师交流中更加关注具体方法技巧,她不太留心理念、思路等方面。这可能与她这个年龄阶段所面临的压力有关。D老师的孩子还很小,家里有老人要照顾,家庭负担重。同时学校里工作压力也很大,她带的班比较乱,成绩又在年级垫底,这些可能都让她更加关注直接有效的教学技巧。J老师虽然年轻,是新老师,但她的职业道路开始得比较顺畅,所带的班级成绩比较好。两次访谈中,研究者都感到J老师比较有想法,她并不仅仅关注操作层面的具体技巧,对L和W老师如何解决问题的思路也很留心。比如对她很佩服的W老师,她就关注到W对课文的处理思路很好:

> 那个W老师我觉得她语文素养特高,比如拿到一篇课文,她能想到很多你没有想到的东西,特别是她教孩子写作文什么的,思维都挺好的。(Q4-C/M3-N)

(二) 资深教师缺乏来自他人的学习产品回馈

对于整个群体而言,不论是具体的经验方法,还是较为抽象的解难思路,D老师和J老师虽然消耗了L老师和W老师个人学习活动的产品,但对于L老师和W老师而言,她们无从得到D老师和J老师的回馈,学习就"主要靠自己"和从外部求支援。

> 对我来讲,你基本就在这一个层次,你要再提升的话,就需要往上迈一层。而对于刚来的老师,刚开始的时候可能刚刚接触(不太懂),但是我们带她两年、三年,我们基本就同一层次了。所以长期积累下来,大家基本就同一层次,上下差别不是很多,没有一个能突破这个层次的,想再突破这个层次就得去外边学习,或者去请别人指导你。否则就你自己在那里钻研,就像一个瓶颈一样,很难突破。(Q3-C/M3-XB)

> 我觉得教师这个工作吧,真的得靠自己。(我)觉得自己能力的提高,第一点是外出听课,就是听一些比你水平更高老师的课,第二点是听一些教研员设计的课,再一个就是看书。像组里的这些活动,还是不能满足更高层次的需求。(Q2-C/M3-XB)

在 L 老师和 W 老师眼里,组内的研讨主要是为"保底"(Q2-C/M3-XB),即满足年轻老师的发展需求。但 D 老师和 J 老师对她们的累积下来的这些学习产品的消耗是一次性、单方面的,并不能反馈到两位资深教师进一步发展的学习活动中。因此,一旦年轻老师掌握了她们提供的基本教学模式和方法,大家就"同一层次了"。L 老师和 W 老师想要继续发展就只能向外寻求资源和帮助。在这个团队中,"年轻教师一次性、单方面地消耗资深教师学习产品"的模式及其所能提供的群体教师领导力并不足以支撑整个团队的教师进行持续学习和发展。

四、教师关系:"相互依赖"与"彼此割裂"

如果将 Q 校三年级组看作一个从事学习生产的团体,这个团体中的四位生产者之间的关系很奇特:她们在情感上相互依赖,在所追求的学习目标上却彼此断裂。

(一)相互依赖的情感纽带

就情感交流而言,该组教师自认为是一个"团结的年级组"(Q3-C/M3-XB),"大家感情都非常好,什么都能说"(Q2-C/M3-XB),是"互相依赖"(Q3-C/M3-XB)的。但仔细分辨,其实四人的情感交流中,这种"相互依赖"对不同的教师含义有别。

较为年轻的 D 老师是第一次教三年级,对于三年级的教学比较生疏,因此 D 老师常常向资深的 L 老师和 W 老师求教。但一方面因为 L 老师和她自己一样主攻数学,另一方面也因为和 L 老师的班更近,教室在一起,因此,D 老师自己认为和 L 老师交往比较多,因此也对 L 老师油然而生"亲的感觉":

> 跟 L 老师聊得比较多。跟 W 老师也聊,但是很少。(对 L 老师就有)一种亲的感觉,可能平时在一起比较多吧,然后其他老师就是有"觉得应该学"的感觉。(Q1-C/M3-O)

但对于资深的 L 老师和 W 老师而言,与组内其他老师的情感联系却并不表现为"应该学"或者仅仅是感情上的亲近、亲密。L 老师喜欢也愿意与年轻老师共同研讨,在共同研讨中,L 老师对其他教师生出的情感联系类似师生情谊,是培养出高徒的成就感。

我也喜欢跟我徒弟一起去研究,也喜欢和我们组一起去研究。我就愿意和她(指徒弟)一起,然后也愿意听她的课,也愿意她听我的课。比如我第一次听她的课吧,我告诉她应该怎么样,等我第二次再去听课,有进步,我觉得那就是我的功劳。我就特高兴,我觉得我比她还要高兴,心理特满足。(Q2-C/M3-XB)

而 W 老师与组内其他老师的情感联系则体现为:通过帮助其他教师解决问题,获得情感上的慰藉,或通过提供自己的教学方法,获得其他教师的认可:

……有的时候是鼓励、有的时候是信任、有的时候是帮助……是想在别人那里得到一种认可。(Q3-C/M3-XB)

总体而言,Q 校三年级组的教师之间的关系是亲密融洽、乐于分享的,在情感层面并不存在影响教师分享合作的障碍,但这个组的教师之间并没有实现双向、平等的交流合作,这是因为她们缺乏共同的学习目标。

(二) 彼此断裂的学习目标

L 老师和 W 老师对自己如何进行知识积累的过程有着清晰的了解:

什么是好老师啊? 遇到问题,有自己的办法去解决。一个一个办法积累起来,然后教学水平就比较高。这个办法怎么积累的? 先听别人说,我再回去试,然后坚持。坚持一段时间,我就发现孩子们有一些变化,让我有信心再坚持下去。我觉得这样,我就找到一个办法。遇到类似的情况,我就能遇到一个类似的办法去解决。我觉得是这样一点一点积累起来的。(Q19-C/M3-XB)

……当别人说这种方法很有效的时候,我会试着去尝试,然后尝试过程中,我可能会发现,我在这个过程中能改变什么,以更适合我的学生。就是别人给了你方法之后,你得去试,不去试的话,你永远不知道这个方法好不好。不同的老师和同一个孩子说话的效果是不一样的,比如班主任或者其他科任老师,同样对一个孩子说"课间在走廊不许跑",效果是不同的。所以别人给了你这个好的方法之后,你要去磨、你要去试才能知道这个方法是不是适合你。(Q16-C/M3-XB)

L 老师和 W 老师都知道要在教学实践中进行持续的反思和探究,"去尝试、去磨",才能逐渐找到适合自己的方法。经验就是在不断"积累一个一个好的办法"的过程中积淀下来的。这是 L 老师和 W 老师的学习观,也是她们实际走过的学习历程。在她俩各自的学习中,对从外部吸纳的方法、经验进行反思、改造、累积,就是她们个体学习中的持续再生产循环。

D 老师和 J 老师虽然还不能如此明晰地归纳个人发展的途径,但她俩在使用 L 老师和 W 老师的经验或教案时,同样也保持着反思和改造的意识。

> 我喜欢自己琢磨,实在遇到困难解决不了了,我再去问别人。你要碰到什么事情都去问的话,那也得有你的想法吧。还有,每个班的情况不一样,他们班适合,我们班就不一定适合。她给你的肯定是她自己的经验。(比如)L 老师班孩子有些特活,上课也特别活跃,而我们班孩子一般,上课没有那么活跃。所以相比 L 老师班级,我们班反应就没有那么快。我就得验一验。而 W 老师班呢,孩子是那种可平淡可平淡的,我觉得我们班孩子又没那么平淡。我就要变一变。(Q4-C/M3-N)

> 这个讨论是一个参考,看哪个环节可以修改一下,所以我们教研都有复备嘛,就是写一些适合咱们班自己的过程方法什么的。都是需要复备的。(Q1-C/M3-O)

其实四个老师对于学习发展有一个类似的观点,即都意识到需要与他人交流分享,获得学习资源,但更重要的是个人对获得经验、方法的反思和改造利用。显然她们还是将学习中个人的因素看得更重一些。事实上,这四位老师始终未能找到一个共同的学习目标。

对于新教师 J 而言,她的首要目标是尽快达到教学的最低标准,即掌握一般的教学模式,"保证教学重难点不丢"(Q19-C/M3-XB)。对普通教师 D 而言,这是她首次教三年级,需要熟悉和了解三年级学生的情况、掌握教材的内容和重难点、学会如何面对三年级的孩子完成教学。J 老师和 D 老师对教学还在一个比较关注具体经验的层面。而对于资深的 L 老师和 W 老师而言,自身的教学经验已经积累到一定程度,她们需要的是更高层次的学习。然而她们两人在学科侧重上又不一致——L 老师对数学教学更感兴趣,而 W 老师则对语文教学感兴趣。学科兴趣的差异也使这个组丧失了形成共同学习目标的机会。

五、教师学习的特点：单向运行的"滑轮组"

总体而言,Q校三年级组中教师学习模式是,"资深教师不断生产产品供给年轻教师消耗"。在这个学习模式中,四位教师在各自的个体学习中,都在不断地吸纳外部资源,并进行反思、改造,用于自己的教学实践。但不同的是,资深的L老师和W老师所吸纳的外部资源更多来自Q校三年级组之外,而比较年轻的D老师和J老师则还能从组内的L老师和W老师身上收获许多资源。这种学习活动与单向滑轮组有些相似:大滑轮L老师和W老师分别从组外吸纳资源,消化之后供给小滑轮J老师和D老师;J和D会继续吸纳消化这些资源,用于自身学习发展,但到此为止,不复回转。在这样的一个"单向滑轮组"里,教师领导如何影响教师学习呢?

六、教师领导的作用

在Q校三年级组的教师学习中,教师领导在两个层面上发挥着作用:在个体层面,四位教师都在不同领域对自己或他人学习施加不同的影响;在群体层面,这个教研组中教师互动形成的教师领导力也以特殊的方式影响整个组中教师学习的方式和质量。

(一) 作为领导者的教师个体

1. 资深的L老师和W老师:彼此独立的学习者、年轻教师的学习资源供给者

第一,L老师和W老师具有自我领导能力,她们两人都善于个人的持续探究、反思和创新,并积累个人发展的资源。而这也为组内其他教师的学习发展提供了资源。

但L和W两人的学习是彼此独立的。一方面是因为学科差异造成了兴趣不同。L老师是侧重数学的,她说她就是喜欢数学,喜欢琢磨数学教学。而W老师却是侧重语文的,平时更乐意去找语文教学主任交流。两个人对学科的偏好与发展重心的不同是妨碍两人之间交流的因素之一。还有一个因素则是经验的同质性。正如前文所指出的那样,学校教师学习的主要内容侧重行为层面,关注符合外部理念的具体操作方法。而这种经验具有情境性、同质性的特点。对于资深的L老师和W老师而言,她们长期积累的经验并没有本质差异,这使她们感到彼此差不多,也在客观上削弱了两人交流的机会。

总之,作为学习者,L和W是经验丰富的,但同时也是彼此独立的。她们对学习的关注、积极吸纳外部资源等行动有力地推动着自身的学习发展。

第二,L 老师和 W 老师扮演着组内年轻教师社会性学习中的重要他人,是推动其他教师跨越个人临近发展区的重要人际资源。

在组内其他两位年轻教师的学习中,L 老师和 W 老师扮演指导者角色,她们指导新教师熟悉教学和学生,了解教学的一般流程和模式,把握教学难点和重点;也会对年轻教师教学中的问题提出关键性的批评意见,启发她们的学习;还关心其他教师的个人生活,给予情感支持。

> 比如今天有时间了,看她(新老师)批作业呢,可能会随手翻一翻,看看孩子们做作业的情况,就会问,就会谈,比如有什么问题啊,孩子们哪儿会出现问题……(Q2-C/M3-XB)

> 还有心情不好了,生活上的不高兴,组长也会开导我。(Q1-C/M3-O)

2. 年轻的 J 老师和 D 老师:自我导向的学习领导者

比较年轻的 J 老师和 D 老师在学习中的领导主要指向自身的学习,表现为能够进行自我调控的学习,或者说在学习中进行自我领导。她们对资深老师提供的经验方法,并没有完全照搬,也根据自身特点进行过反思和修正。J 老师可能比 D 老师的自我领导意识更强烈一些,她在观察借鉴其他教师时,不仅关注了具体的方法、经验,还留意到资深教师处理问题的方式和思路。

J 和 D 对其他教师学习活动的影响并不明显。尽管她们都乐于分享,例如会坦诚地表达自己的观点,把自己觉得好的经验、方法、课件资料都拿出来共享;J 还敞开自己的课堂,让其他教师观摩自己管理班级的做法。但从 L 和 W 的反馈来看,在教学方面 J 和 D 实际能够提供给 L 和 W 的资源相当有限。简言之,J 和 D 具有影响他人的意愿,就结果而言,却缺乏实质的影响力。造成这种情况的自然是因为经验的多寡,但深一层来看,如若学校中教师学习并非全然以经验为主,J 和 D 未必就不能够凭借自身的其他优势,如理论知识扎实,想法新颖等赢得更多领导机会。

(二) 教师领导力的作用

在三年级组中,四位教师都具有自我领导能力,但能够参与到其他教师学习中的主要是比较资深的 L 老师和 W 老师。在具有此种领导力结构的教师群体中,对组内教师学习的推动主要体现在年轻教师 D 和 J 的学习中。两位年轻老师能够时常从两位资深老师处获得发展的资源,资深老师充当了年轻教师学习中的重要人际资源。但对资深的 L 老师和 W 老师而言,三年级组中形成的群体教师领导力可能为之提供情感支持,但并不能充分推动二人的专业发展。

第二节 ❖ S 校三年级数学组：任务驱动下的有限合作

S 校三年级数学组由三位教师组成：教研组长 Z 老师(S7-M3-XB)、普通教师 W 老师(S18-M3-O)和 H 老师(S6-M3-O)。三位老师的教龄都很长,Z 老师和 W 老师均有二十多年的教龄,而略微年轻的 H 老师也有十五年教龄。这三位教师都不是骨干教师。总体而言,三位老师自感相互交流中"任务式交流占多数,自发式的比较少"(S6-M3-O)。尽管时间、办公场地、课时安排等方面的客观因素一定程度上阻碍了这个组教师进行充分合作,但三位教师自身对于教师学习的个人化理解也是这个组中以"任务驱动"为主进行有限合作的重要原因。

一、教研组中的共享交流

在 S 校三年级数学组中,三位教师对共享的态度与实际行为存在矛盾。

(一)乐于共享教学经验、交流教学风格

就态度而言,三位教师都是乐于共享的。这个组的老师这样描述彼此之间的关系：

> 老师之间都挺痛快的。(S7-M3-XB)
> 反正都是一个学校的老师,都在一个组里头,倒是没有说顾虑太多,说我有什么保留的。(S6-M3-O)

教研组长 Z 老师愿意共享的原因是不愿老师之间因为差距太大而产生心理压力和矛盾：

> 怎么说呢,我就不愿意成绩档次拉得特别大。大家都比较接近,距离不是很大,不好吗? 反正我就是这么一个想法。我觉得这样好,不然你看着挺难受的都。(研究者：为了避免冲突吗?)也有吧,要不然你说这心理压力多大啊! 就差距别大了,就行。你再怎么弄它都是有差距的。(S7-

M3-XB)

在这样的想法指引下,Z老师在平常交往中,并不会藏匿自己的好方法、好经验,其他老师也自然比较开放。这个组里后加入的H老师就坦言她来到S校后,是学着其他教师去交流的。

三位教师会互相提供好的经验方法,也会观察彼此的教学风格和特点。在各自的访谈中,三位老师都不约而同地谈到了他人的教学特点和自己是如何借鉴的,例如H老师的观察是这样的:

> 我们组的W老师,就是属于特别认真、特别踏实的,她可以把一个问题研究透,然后对于一个知识点反复磨、反复练。这是她的优势。所以当我说这个知识点教孩子们几遍都有不明白的时候,她就会说出她的方法。用什么样的题型、什么样的方法,总结出规律性的东西,教给孩子,让孩子们去掌握、去记。那像这样的话,往往对我的帮助就比较大。像我们组长,她很有想法,她上课就很有新意,形式也比较多样。如果我们要做一节公开课、示范课、研究课,可能从她那里得到的帮助就会更大一些。我们会有不同的特色和特点。我们之间的交流就是你对我有这方面的帮助,而我会在另一方面对她有帮助。(S6-M3-O)

在H老师看来,W老师的风格是认真细致,组长Z老师则很有想法,这些都是她可以借鉴和学习的地方。而在这个组里,三位教师的共享往往就是取长补短。

(二) 任务式交流多,自发交流少

尽管在态度上,三位教师都是愿意共享的,但她们却一致认为组内的实际交流并不多,H老师更是直接把组内教师之间的交流称为"任务式交流"。

> 我们之间的交流沟通啊,不如其他组那么多,不如其他组那么自然。我所说的任务式的交流占多数,自发式的比较少。有任务来,大家就围拢来完成这个任务,任务完成之后,就又散开了。如果这一年都没有任务的话,那大家就都是在完成各自的工作……(S6-M3-O)

要理解H老师所说的"任务式交流"的含义,就需要了解"任务"是什么。

在三位老师眼里,学校安排下来的任务有两类,一类带有专业发展的性质,例如各种研究课、比赛课、督导课。即使是后两者,教师有时也能够从筹备过程中通过交流而获得一些专业成长。例如前文谈到的教师之间对经验方法的分享、对彼此教学风格的观察,有时候就是在完成督导课、比赛课等任务的过程中发生的。此时,学校或上级主管部门扮演了"构造合作"的角色,上面安排下来的任务相当于提供了一个契机,使教师在合作筹备的过程中获得交流的机会。

另一类任务则是事务性工作。这一任务中既包括学生成绩汇总这样真正纯粹的事务性工作,也包括教师认为对自身发展不具价值而被视为事务的活动,如考试质量分析、小组研究专题活动。这时候,教师之间往往有分工而无实质的合作。例如 H 老师这样描述她如何完成某些"任务"。

> 组内我们自己的分析、本年级的质量分析啊,本年级的研究专题,还是组长牵头的多一些,然后我们把个人的写一些,组长汇总整理。然后我还多半就是(你上面给我)安排任务,我就干,干完我就交。整理啊还是组长做得多。(S6-M3-O)

在 H 老师眼里,考试质量分析、研究专题对自己教学的帮助并不大。考试质量分析是学校要求做的,但 H 老师认为大家同教数学,对学生存在的问题理解都差不多,这种分析结果对自己的教学其实帮助并不大,老师们多半只是看看,并不会去用它。所以,她也就能偷懒就偷懒,完成自己的任务就算。对于研究专题,她觉得虽然"应该、必要",但教师实际去做研究的难度太大,现实中教师做研究多半是在应付,对自身发展、对教学都没有多少实质帮助,所以她也将之视为事务性工作,而非真正的专业发展,能应付就应付过去。

在这一类活动中,教师虽然以团队的形式去完成工作,但教师之间其实并没有真正的交流。首先她们各自的工作中是否产生了真正的知识成果就是存疑的;此外,教师对彼此的工作结果也并不关心,个人的工作结果只是到教研组长那里才需要汇总,并没有对其他教师的发展形成推动。

可见,H 老师所说的"任务式交流"其实有两层含义:一层含义是教师交流是伴随上级安排的任务而开展的;另一层含义则是教师只是为了完成任务而交流,此时的"交流"其实更多只是分工而已。Z 老师为本组教师之间"任务式交流多、自发交流少"的含义提供了一个注解。

(同组交流)不是很多。你想我们上午上两节课后还得批作业,两节课还完不了。相当于一上午全是在处理学生的问题。然后剩下的我们每周三有一个固定的交流。但有时候就出去了(指参加区教研)。然后在学校有时候又赶上学校有好多活动、任务,我们就要专门针对这一个,比如前段时间说全区那个课堂大赛,基本上我们的时间,只要能抽出的,全在帮助老师备这个课。这个过去之后紧跟着又是督导的检查,我们组正好三个人,两个人都有任务。(S7-M3-XB)

Z老师所说的这些挤占教师交流的事情,除了改作业、处理学生问题等教学常规工作、参加常规的区教研活动外,就是筹备应对各种比赛、督导,总之都是一些上面安排下来的任务。由于完成这些任务已经占据了教师课堂教学之外的大部分时间,很多时候组内教师之间的交流其实就是伴随着完成任务的过程进行的。而在这些任务中,也只有那些被教师认可对其自身发展具有帮助的任务,教师才会真正地去交流所思所想。在没有任务的情况下,由三位老师自发地去共同研讨一个主题、去交流一个问题,这种情况在这个组的老师中比较少出现。对此,教研组长Z老师将之归咎于"没时间",而H老师则将之归于教师个性内向、办公场所分散、课程安排分散等外部原因。

我们三个老师都不是外向型的人,而且我们三个也不在一个屋,不在一个办公室,课程也安排得比较分散,我们中午又不在一起吃饭,各自回到办公室吃饭,所以基本上一天在学校也就在楼道里碰到一两回,三回就算多了。像今天我看到我们组长还没说话。(S6-M3-O)

其实,时间少、办公场所分散、课程安排分散是学校所有老师都会面临的问题,但并非所有教研组都因此而疏于交流。正如三位老师自己的观察一样,S校三年级数学组教师交流就是不如其他组自然、不如其他组多。那么究竟还有什么原因影响了这个组教师之间进行真正的交流呢?这可以从三位教师的学习观中一窥端倪。

二、三位教师的学习观: 个人探究倾向

在S校三年级数学组的三位老师中,H老师是从外校调来的,她曾经所在的学校规模特别小,小到一个年级只有一个班,她也因此形成了"单打独斗"的

工作和学习习惯。尽管来到 S 校已有两年,她却觉得自己正像一个新老师一样学着和人交流。然而长期形成的个人化学习倾向却并不能在短期内发生彻底转变。

H 老师的个人化学习倾向是她特殊的工作经历造成的,而另外两位老师 Z 和 W 则不同。因为这两位老师对学习的观点类似,以下主要以 Z 老师为主线来叙述。

Z 老师是这样看待教师学习的:

> ……我对问题的再思考,或个人想法,也是上面有一个宏观的理论指导的前提下,结合实践进行的。可能会再深入地琢磨一下适合自身的,适合我们学生的,可能班与班之间学生的情况不太一样,老师跟老师的想法、解决的办法也不一样。所以就可能是先有上面的一个宏观的理论指导,然后我们再结合自身、结合班级,做一些个探讨。(S7-M3-XB)

> (光)靠自己不可能,肯定要有集体的教研、上面的学习。你看我们不有那表(研究者注:指学校学期教研活动安排表)嘛。前面是课,后面是讲座。那大家就去听,听完肯定就得有些触动啊,有些经验、方法、新的东西你要接受它。肯定得接受别人的一些好的办法,然后才能结合自己。听完你得琢磨啊,光听,听完了把别人东西照搬过来没用啊,还是得跟自己的东西结合在一起。(S7-M3-XB)

在 Z 老师看来,教师个人学习首先要有理念的指导,自己探索的是适合个人的具体化操作。而理念是上面给的,同一个理念下来,每个老师要结合自身和学生的情况加以细化,因此老师之间的处理往往不同。这样的想法自然是有道理的。但另一方面,既然每个教师自身的情况、面对学生的情况都不同,因此也就需要每个教师自己去琢磨适合自己的方法是什么。这让 Z 老师对教师学习的看法颇具个人化倾向。这种倾向既影响了 Z 老师自己的学习方式,也影响着她与其他教师之间关系的处理。

对于自己的学习,Z 老师是这样看的:

> 反正就说这个经验上也占挺大部分的。我觉得老师这方面,经验的积累挺重要的。就教同一个三年级,去年教和今年教肯定就有不同。不同就是,从方法上,从理解上,去年可能没有发现的东西,今年感觉比去年

就丰富一些。就像读书一样,书读百遍,其义自见。同样教一个教材,你今年的教和下一年的教,你的重点和你的发现多少都会有点不同。(S7-M3-XB)

对于自己的学习,Z老师认为教学如读书一样,书读百遍,其义自见,反复教,总能体察出不同的东西。教学很多时候还是要靠经验的积累,而这并不是人家能够给予的,虽然能从他人那里获得一些好的办法,但主要还是自己去琢磨。秉持这样的观点,Z老师面对同组其他两位经验丰富的老师时,她也认为大家都会自己琢磨适合的方法,因此提供自己的好办法即可。

我们组这几个人都不小了,都有将近二十年(的教龄)了。我就算最老的吧,比她们大一些。她们经验也非常丰富,而且她们是从不同的年级,有的是从下边带上来的,有的是从高年级下来的,也有半截一直在中年级的。所以每个人和每个人经历都不一样,都有互相取长补短的地方。我们这个组目前还谈不上我去指导别人,或者别人指导我。我们就是一个互相帮助的过程,谁有好的经验、方法,就拿出来共享。大家一块儿商量探讨。(S7-M3-XB)

Z老师认为本组其他老师教龄不短、经验丰富,彼此不存在指导,而是共享和探讨。但她所言之"共享""探讨"的实质,其实就是一个老师拿出自己觉得好的方法经验,其他老师自己琢磨如何与本班结合。本质还是倾向个人化的学习——其他教师与本班情况结合后修正的经验并没有回馈给提供经验的那位老师。此时的信息交流并不是一个双向的循环,而是单向终止的。尽管三位教师有时都会提出有价值的方法经验,但每次的信息交流都是单向的、一次即止,彼此之间并没有就一个问题保持持续的联系、进行持续探讨,交流的仅仅是断裂的信息碎片。

虽然Z老师并没有保守的心态,乐于将自己的好办法、好经验拿出来共享,但其实这种共享并不是真正的交流,仅仅只是输出而已。具有如此学习观的Z老师,在面对学校教师学习交流时间有限的情况时,更是转而侧重个人思考。在她看来,发展更多还是靠自己琢磨。

反正自己琢磨得肯定是多一些,你不琢磨哪能发现什么啊。(S7-M3-

XB)

从 Z 老师的身上,能看到前文中所描述的"理念""行为"单向关系对教师集体学习活动中关系(分工与规则)所产生的影响。

三、教师学习的特点:偶有交集的平行线

在这个教研组中,三位老师对教师学习秉持类似的观点:既要从外部吸纳好方法、好经验,但更重要的是自己对他人经验的改造和积累。当三位老师都持有偏个人化的学习观时,她们在学习中的关系也就呈现出一种疏离但又彼此关注的奇异状态。一方面,三位教师都更加关注对他人经验的改造和自我适应,加上学校工作的客观条件也没有为彼此交流提供便利,如时间少、课程安排和办公场地分散等,因此,三位教师相互之间较为疏离,很少自发地聚在一起研讨问题;但另一方面,她们又在任务提供的交流机会中,关注着彼此的教学特点,对好的经验和方法加以吸收,这更多是出于作为一名较为成熟的学习者所具有的习惯。然而,同在一个学校教学,彼此的经验毕竟还是比较类似,因此她们其实更加关注校外教研提供的内容,如 W 老师就反复强调校外专家讲座、骨干教师示范课对自己教学的帮助更大。

> 学校让到外边,听一些比较好的课,还有一些专家的讲座,(这些)我觉得理论上的指导更直接,更有引领性,或者说来得更实际一些,对我的影响更大。因为这些专家见得比较多,思考比较深入,所以引领性比较强。我有时就觉得要更有收获一些,因为他都给提炼出一些东西嘛。我们的课,一课一课都是新内容,去琢磨呢,也能发现新内容。但专家呢,他们讲的面更广一些,挖掘的面更深一些,我觉得在这一方面还是挺……
> (S18-M3-O)

总体而言,这个教研组中的学习生产具有这样的特点:这组教师普遍具有很强的学习能力,她们虽未明确、共同、持续地探讨某一问题,但各自都在接触他人教学经验时,进行着个人层面的反思、创新,力求消化他人的经验和方法,为个人积累新的经验和方法。在这种情况下,教师个体生产的知识被其他教师所消耗,但同时也被其他教师进行修改和创新,成为其他教师进行新一轮生产的基础。但新的一轮生产未必即刻在此基础上展开,被其他

教师消耗的教师个体知识,更多积淀为其他教师自身持续发展的能量,在某些适合的场景中发生作用。在某些任务提供的机会中,或日常研讨中,这三位教师的学习偶有交流,但总体而言,她们的学习轨迹就像三条平行线,各自发展着。

四、教师领导的作用

S校三年级数学组的三位老师均可视为具有个体取向的积极行动者。她们各自都对教学充满责任感,也具有较高探究技能,能够留心自身教学中的问题,寻求外部资源(如区教研活动、专家讲座、阅读等),进行持续的反思、探究,并从中获得一定创新。就其个体的学习再生产活动而言,她们都是积极行动者,有力地推动了各自的学习再生产循环。但她们的积极行动带有个人取向,表现为缺乏集体责任感,不愿或不能充分共享信息,交流意见,从而丧失从群组内部获得自我更新的机会。

这三位教师主要在各自的生产和消耗活动中发挥较强的能动性,她们的领导主要体现了自我导向的教师领导(Zepeda et al.,2003),这类教师领导者对自身的学习具有较强的影响力,以增加自我满足和自我价值为主。

从群体角度而言,尽管这三位教师都具有较强的自我领导能力,留心外部教研活动中专家展示的优质教学方法,并善于结合自身的实践进行反思和创新,但由于缺乏共同学习目标、缺乏核心人物,同时学校课时安排分散、教学任务繁重、办公地点分散等客观原因,造成三位教师较少自发地围绕共同的问题进行探究。该组严格依从组织安排的角色分工行事,缺乏充分、真正的知识交换,因此,教师个体的产品直接在个体自身消耗了。知识缺乏相遇和充分碰撞的机会,个体的创新也就无从在群组内部的支持下发生,而是在不断引入外部资源(区教研活动、自主阅读等)的情况下出现。对于这个群组而言,群体教师领导力并不具有基于自身进行再生产的能力。

第三节　S校六年级语文组：
共同探索"思维导图教学法"

在研究者前往S校进行调研时,S校六年级语文组已成立约两年,共有六位语文老师,教龄均在二十年上下。这个教研组脱胎于该校一个曾经很"强"的集体:原六年级语文组。在原来的这个六年级语文组中,既有现任该校语文学科教学主任兼科研主任的 Z 老师,也有现在依然留在六年级语文组中的 W 老师和 C 老师。在原六年级语文组中,七位成员非常乐意共同探究、试验新的教学方法,以至于形成了一种"共进共退"(S14-C-D)的集体责任感。现在的这个六年级语文组可以说保留了当初六年级语文组的这些基本特点,教师普遍具有积极探究、乐于合作的精神。

目前的六年级语文组以 W 老师为首,共同创造了"思维导图"教学法,并在合作探究中对这一学习成果进行着持续的改进。"思维导图教学法"的诞生和不断完善是这个组教师领导有力促进教师学习的结果表现。

一、"思维导图教学法"的诞生:写作教学的需要

"思维导图教学法"的诞生缘于 W 老师试图解决学生写作中选材乱、思路散的问题。

> ……一开始想说在学习写作中会有提高。比如写日记。写日记吧,肯定耽误时间,孩子增加他量了,肯定不愿意。后来说选材,怎么记录这个材料啊,(一个老师说)画个图吧。契机正好是我和 W 老师,还有某某老师出去参加了一个"思维导图"的培训。后来她一说画一个什么什么图,我说"嘿,这不思维导图吗",后来我们就说用这个。她说"是"。其实当时我们画的那个图不叫思维导图。(那个图)就跟解题分析似的,从这儿入手怎么怎么做,后来通过把思维导图的内容拿过来,重新复习,看怎么怎么做,怎么用……思维导图是孩子们把知识的形式先用导图给画出来,跟那概念图一样。就是托尼·巴赞的思维导图,我们用它呢,就是把思维外显化,然后我们孩子自己来做。(S14-C-D)

最初,W 老师想到了画图的办法,帮助学生记录写作素材,把用于不同观点的材料放在不同观点的下面,避免写作中选材和思路散乱。这个做法得到当时就已担任该校科研主任的 Z 老师的赞赏。对科研敏感的 Z 老师立马想到要给这种做法贴一个标签,她想到了当时在外培训时接触的"思维导图"。因为形式上很相似,于是 Z 老师建议 W 老师把"思维导图"的内容拿过来,看如何将两者结合起来,进一步挖掘这种教学方法的用途。

二、教师对"思维导图教学法"的不同探索

(一) W 老师的探索

W 老师最初在写作课上运用了这种教学方法。之后,她又在阅读课上进行了试验。

> W 老师就先上《落花生》,先从结构、内容上指导,怎么怎么画,然后学生再操作。一开始,画的像小土豆一样,然后越来越复杂,从内容、结构、写作方法、写作目的,到里边的字词句都有了。最后到什么程度呢? 到单元复习,即这一单元学完时,我们学了哪些课文、哪些词语,哪些是重点全有了。(S14-C-D)

在语文阅读课上,W 老师带着学生将课文的结构、具体内容、写作方法、写作目的等都用画图的方式归纳出来。慢慢地,当学生掌握了这种学习方法后,除了对每一课课文做如此分析之外,W 老师还在班上带学生用这种方法进行单元复习,去归纳单元的重难点、生字词等。学生的导读本上,画出来的思维导图也变得越来越复杂。

随着 W 老师班上的学生对这种学习方式的掌握越来越熟练,W 老师开始尝试利用这种方法来培养学生的自主学习能力。这是 W 老师近期关注的一个主题。在研究者所听的一节研究课上,W 老师事先让全班学生自己讨论选择一篇课文作为授课内容。然后让学生分组,并选择一个小组作为"小小教师团",担任主讲。在正式上课的时候,这个"小小教师团"根据自己对这篇课文的理解,围绕自己设计制作的导图和搜集的其他素材,制作成课件,带领全班同学一起学习这篇课文,并就课文的结构和内容进行讨论。虽然一节课上下来,听课的教师争议不小,但这毕竟是 W 老师探索"思维导图"与语文教学结合的一个新尝试。

(二) 同组其他教师的加入

随着 W 老师对这一教学方法的探索和试验,W 老师班上的学生表现出不同于其他班级的自学能力。这引起了其他班老师和学生的兴趣,也刺激了他们的学习动机,于是其他班的教师也逐渐加入进来。

> ……五班、六班一开始没有做,但我们做到"六一",变化特别大。我

们把她班上(W 老师的班)的导读本拿来一看,特惊讶:哟,人家都这么先进了,比我们强这么多。这对孩子们来说也是一个刺激。他一看呀,我落后人家这么多啦。孩子们特别容易被别人激发,然后来学习。得到了一个东西,不一定非要从这个上头得到什么,人家可能是从利用这个得到一个效果,这个学习效果刺激到他们的学习动机了。(S14-C-D)

看到学生变化的同组其他教师逐渐加入使用"思维导图"的行列中来。新加入的教师起初是模仿:"最开始就 W 老师自己。她先做,她做完了之后,C 老师跟那儿学,学完了再来做。"(S14-C-D)模仿阶段过后,其他教师就开始产生了不同方向的探究。

(三) C 老师的探索

C 老师是第一个加入使用"思维导图"行列中的教师。她在经过了模仿 W 老师的阶段之后,就开始了自己的探索。研究者曾听过 C 老师的一节语文研究课,她尝试运用"思维导图教学法"来培养学生的发散性思维。

在这节课上,C 老师提前给学生安排了课前导读任务:自行选择主题,为待学课文画导图。在课堂呈现的环节,学生们有的围绕课文结构画导图,有的围绕关键词画导图,有的围绕关键事件画导图,还有的抓住了一个重要而反复出现的标点符号画导图。C 老师适时地插入,对学生所画的导图进行了点评和归纳,使大家对这一篇课文的内容和写法有了多方面的认识。在这一过程中,大多数学生都想到围绕结构画导图,而 C 老师通过对那些"少数派"的点评,提示学生对同一篇课文可以采取不同角度的解读。

C 老师使用"思维导图"的许多做法虽然始于模仿,却结合自己对语文教学的理解,加入了新的元素,增加了"思维导图"在语文教学中的应用方式。

(四) 其他方面的探索

除了同组语文教师外,学校其他学科也有一些教师受到影响,尝试在自己的工作中使用这种方法。例如数学组老师使用这一方法帮助学生组织概念;教师自己也尝试采用这一方法来组织教师的活动。

……等到这学期语文学到一定程度,老师说,你看这方法(指思维导图)挺好的,学数学那些概念,比如这单元学的是长方体、正方体,它们有没有共同点啊,通过这个图就能反映出来。不光数学用了,其他活动,包括我们组织外出、分配工作,比如一共八个组,这个组做什么、那个组做什

么,组长就画一图:我们组八个人,张三负责器材、李四负责……每个人分别负责什么就用这个来做就行了。(S14-C-D)

三、引入外力支援

从初创到研究者进入S校调研为止,"思维导图教学法"已经有了两年多的发展历程。虽然W老师自己在不断试验,同组其他参与教师也在探索不同的应用方式,但这些毕竟都是从一线教师视角出发的探索。在科研主任Z老师眼里,"思维导图教学法"还需要"理论提升"。为了进一步打磨,Z老师借做科研课题的机会,把"思维导图教学法"介绍给大学专家和其他学校的特级教师,从她们那里获得了初步的肯定。

> 去年可持续发展的课题准备结题了,因为这组是我带的,别的组我也不知道,那我写什么呀,我就把这个弄过来了。当时我没把它按照可持续发展来写,就把我们做什么(写下来了)。结果可持续发展的专家一听,说比上次来听,变化特别大。因为我们可用的面广,像学生,他们经过半年多的训练,变化已经很大了。尤其原来三十几中的那位老师(注:指前来听课的特级教师),从学习能力、课堂表现效果来看,包括老师的认识,都有很大的变化。用那汪老师(注:指听课专家)的话,就"可圈可点"了。然后我们就觉得真不错,得到专家肯定了。(S14-C-D)

大学专家和特级教师的肯定,让这个组的老师们受到了鼓舞。她们继续坚持独立探究、群体互助、引入外援支持的方式对"思维导图教学法"进行持续的改进。之后,Z老师又请来了区教研员Q老师、B大学的两位教授Y老师和A老师,以及同片区另一所小学的骨干教师J老师。Z老师安排W老师和C老师分别上了两节研究课,然后让六年级语文组的教师和这些校外专家、骨干共同研讨。

研讨中,主讲的W老师和C老师都提出,自己最大的困惑就是如何让这种"土枪土炮"的"思维导图教学法"具有科学性。她们其实是希望从教研员和大学专家那里获得认可,为自己的进一步探究赢得信心。B大学的两位教授和区教研员都肯定了两位老师的创新性,这给Z老师、W老师和C老师带来了一定的信心。但教研员和两位教授也都提出了很多意见和建议,尤其针对

W 老师那一节课,争论特别热烈,其中涉及对课程目标、如何在课堂上处理应试与文学欣赏之间的矛盾、教师在学生自主学习中的主体地位的认识等新课改中较为根本性的问题。如何处理这些意见? Z 老师和同事们的态度很明确:择其所长,为我所用。

> 她们(教研员和大学专家)比较宏观,所以,她们提,我们可以听,但是怎么用是我们的事。她提到那些开头怎么样,这个思路可以,我们可以借鉴。但是实际操作中,她那些是用不上的。包括教研员 Q 老师提的一些建议,她那只是灵光一闪,但真正用到我们教学当中怎么去细化的时候,那些东西就不实用了。所以专家点评的时候,说得非常好,应该怎么怎么做,但是你让她实际操作某一个环节,她做不到。我们需要的是实际操作,特别是对学情的把握。(S14-C-D)

在 Z 老师看来,教研员和大学专家往往可以从教学的细节问题中,见微知著地洞察到其中存在的关键问题,指出解决思路。虽然具体实施的时候未见得会完全采纳专家的意见,但这个过程给了教师识别自身问题、互动反思、修正的机会。这才是引入外部力量对于教师成长的意义。

> ……我们这样做,等于是学校给老师们搭了一个平台,让老师们走进去,看到自己长处,并且捕捉到自己的问题,通过讨论或者自我反思,把它修正了,并且通过自己班上(上课),重新得到一个比较完整的实施。这既是一个个人成长,也是一个团队成长。(S14-C-D)

在研究者参与观察的这次研讨中,针对教研员和大学专家指出的问题,虽然主讲的 W 老师和 C 老师还没有较为明确的应对策略,但她们表示会在教学中继续关注、反思和研讨这些问题。

四、外来的压力与动力

在 S 校六年级语文组对"思维导图教学法"的探究过程中,新课改既给她们带来了压力,也提供了某种动力。

压力体现在各级各类科研课题对教师合作、教师探究时间的挤占上。开展校本教研、鼓励教师做科研是新课改对"教师作为研究者"的角色期待,也是提升教师素质的一种重要手段。S校是该区的窗口校,一向把校本研修视为促进本校教师可持续发展、建设"人才工程"的主要内容之一来抓。在学校获得的众多荣誉中,"S区科研成果创新奖"就是其中一块醒目的奖牌。为了赢得这些荣誉,S校要求教师广泛参与和开展各类教师科研课题,甚至让老师们感到在"日常教研中,科研的力度比较大"(S6-M3-O)。由于学校承接的课题来源多样,有的来自上级教育主管部门下达的国家课题、市区级课题,有的是与大学专家合作的课题,还有些是学校自身形成的课题研究。这些科研课题彼此之间并不具有很好的连贯性,同时压到老师身上,往往分散了教师精力,影响教师自发的交流与合作。例如,有的老师就感到精力有限,只能糊弄:

> 有时候,从上面的角度要求你做一些研究,比如我们也经常要求写论文啊,特别多,论文特别多。……人的精力(有限),我觉得现实也实现不了,那怎么办呢,就糊弄,先交上去。(S4-C3-QB)

但这个教研组的老师学会了在压力之下,主动去寻求自由探索的空间。她们是这样做的:

> ……后来等到五年级,那个可持续发展课题组,要求有"探究作业本",要体现课前预习、课上学习、课后复习三个环节。这个(指思维导图教学法)正好体现了,因为我们课前是孩子自主学习,课上展示交流的时候,孩子们发现我有很多东西没有记录下来,好,那学习完之后再补充,用别的颜色的笔作补充,这是课后做的。等到去年可持续发展的课题要结题了,我就把这个弄过来了。当时我没把它按照可持续发展来写……(后来)C老师说,你要把课前、课中、课后怎么来用这个东西,怎么来体现的,写出来,然后结题的时候我就按照她那思路来写,一遍就过了这稿子。(S14-C-D)

可持续发展的课题要求有"探究作业本",Z老师就拿学生用"思维导图"画出来的导读本去应对;最近改了课题,变成了"绿色教育",这个组的老师也很聪明的去问课题组的专家,自己这个"思维导图教学"怎么可以符合新课题研究的要求。总之,面对来来往往的科研课题,这个教研组的老师总是试图在其中找到一个契合点,将自己对"思维导图教学法"的探究融入进去,以便自己的探索不被外部要求所打断,为自己的探究开辟一些可能空间。

新课改在实施过程中,尽管名目繁多的科研课题给教师的自主探索带来了一些压力,但新课改本身所提倡的理念也为教师的探究提供了某种目标。"思维导图教学法"最初只是 W 老师用于解决学生写作问题的一个具体教学方法,但新课改提倡的学生自主学习、发散性思维理念等也给这个组的教师进一步探究这一教学方法提供了目标和资源,客观上有助于她们进行进一步探究。

五、教师学习的特点:"螺旋上升"的合作学习

虽然"思维导图教学法"的发展时间并不长,组内其他教师加入对这一教学方法的共同探索时间更短,但在这个组中,教师学习却一直具有资源双向交流的特点。尽管每位教师之前的经验不尽相同,如 C 老师是最近半年才开始教毕业班,但她也并非作为信息和指导的单纯接收方。如前所述,C 老师和 W 老师在运用同一个教学方法时,关注了不同的焦点,即"两个班的点不一样"——C 老师利用"思维导图"培养学生思考的多样性、发散性,而 W 老师则侧重利用"思维导图"培养学生进行自主学习。这就为进一步的脑力激发和创新提供了基础。这种"在交换中创新"的模式被 Z 老师描述为"螺旋上升":

> ……比如说"你今天这个好了,明天我一定要超过你",然后我改我的。然后你看,Z 老师,你做得真好,能不能在我班也试试去?发现在我班不能完全照搬,我得变一下才行。你一变,给我一些启发,我再回来在我班也可以变一下啊。是这种,螺旋上升的……(S14-C-D)

在这个"螺旋上升"的过程中,教师学习的产品并非在个体层面被消耗完毕,而是在一个扩大范围内被持续消耗,并在被消耗的同时累积新的生产能量。就思维导图这一案例而言,思维导图最初主要是 W 老师的学习产品,但它并非仅仅在 W 老师的学习生产活动中被消耗,而是在 C 老师班上、五班、六班都得到应用。W 老师的学习产品——思维导图在扩大范围内被消耗产生的结果之一,即引发了其他使用这一教学方法的教师的反思和探究,并产生了新的做法,如 C 老师和 W 老师分别运用思维导图教学法培养学生发散性思维和自主学习能力。如果当初 W 老师仅仅只是将思维导图用于解决学生写作的问题,那么很有可能,思维导图就仍然只是 W 老师个人使用的一种写作教学

技巧。但 W 老师和同组其他教师通过共同使用这种教学方法,在彼此的创新使用中受到启发,产生了新的创意,从而产生了今天更多用途的思维导图教学法。

S 校六年级语文组对"思维导图"的使用,把组内几个教师对语文教学的独自探究聚集了起来,提供了一个载体,使教师的个体学习活动之间产生了关联,为彼此的交往和生产活动提供了共同的议题。在围绕这一主题进行的知识交换和消耗过程中,这一组教师不仅交换着彼此的智力产品,也进行着情感交流,形成了共同的责任感,即"我们有特别共同的东西""我们都愿意把手伸出来去做"(S14-C-D)。

六、教师领导的作用

(一) 教师领导者的作用

S 校六年级语文组之所以能够形成上述教师学习特点,是组内教师在不同层面发挥领导力共同促成的。

1. W 老师:"种子"的力量

W 老师是"思维导图教学法"的创造者和主要的推动者。虽然她既不是名义上的骨干教师,也不是教研组长,但她是这个组中实质的教师领导者,对于推动形成整个组的学习氛围起到的作用类似"种子"。

> ……它(S 六语组)是一块沃土,有积淀。W 老师有人格魅力,这个你不能说没有,你得承认这一点。平时我们聊天,我说我为什么欣赏 W 老师,她就是那种觉得我有东西我就敢去做的人,然后回过头来,我还愿意和大家分享。我还是希望某一些组、某一些人能够多一段时间在一起,这样它那个冲击波就会更大,就会波及其他……比如这个思维导图,一开始是 W 老师带着 C 老师做,后来 X 老师来了,再后来 CH 老师来了……像种子慢慢发芽的感觉。(S14-C-D)

首先,W 老师具有很强的探索和创新精神,能够针对实践中的问题探索创造性的解决办法。"思维导图教学法"的雏形就是 W 老师在解决学生写作问题时创造出来的,而她之后又一直在琢磨这种方法在写作教学之外的用途。此外,W 老师还乐于和他人分享自己的成果,并和她人共同探究、寻求新的创新。在这个教研组中,W 老师乐于将自己试验的成果与其他教师分享和讨论,而学生的变化慢慢吸引了其他教师,将她们"卷入"共同的探索中来。W老师就像一颗"种子",她的个人创新、她的分享行为以及个人魅力,慢慢引起了其他教师的参与和反思,在新组建的六年级语文组中形成了一股"冲击波",慢慢荡漾开来,影响更多教师参与到"螺旋上升"式的教师学习中来。

2. 组内其他教师:"土壤"的支持

如果仅仅只有W老师一人的反思和创新行为,还无法形成六年级语文组螺旋上升式的学习。这个组其他教师也愿意积极参与群组的分享、探究。她们对创新和探究的积极响应,为W老师这颗"种子"提供了"土壤"(S14-C-D)。

这个组其他教师也参与了思维导图教学法的持续改进,如C老师对学生发散思维的探索。她们通过积极参与和反思,用自己反思后的创新成果去启发他人,共同推进群体的知识积累。在这一过程中,这些教师也在无数次的知识交换中,积极反思、勇于尝试、善于创新,然后启发他人进一步创新。这就是这些老师发挥领导力的表现,而正是她们的这些领导行为,推动了整个组不断地从已有的实践知识中累积和创造更多的知识,推动了全组的教师学习。

3. 教学主任Z老师:深度参与的外部能动者

教师往往具有繁重的教学任务,还要应对各类上级检查督导等,这些因素都影响了教师之间自生自发的学习。促进学习的教师领导实践之所以能够在六年级语文组普遍发生,教学主任Z老师的领导力功不可没。作为学校科研主任和语文教学主任,Z老师在学校占有有利的策略位置,她能够调动各类资源,推动教师的合作学习,对六年级语文组中教师学习的生产和交换环节均具有重要影响。

第一,Z老师积极参与六年级语文组的教师学习。Z老师本身就是区语文骨干,W老师"思维导图教学法"的最初设想中也有Z老师的贡献,是她提示让W老师借用思维导图的一些概念和理念,来丰富自己的创新设计的;在六年级语文组围绕"思维导图教学法"的探索中,Z老师也一直以自身在语文学科方面的丰富学识和经验,为教师学习提供改进意见。就教师知识的生产环节而言,她是教师学习中的"重要他人"。

第二,Z老师利用教学主任的行政职位,组织集体教研活动,设立制度和合作规则,推动了六年级语文组教师的合作学习。

Z老师当了语文教学主任之后,利用职位权力,在全校语文教研组中开展了"单元献课"活动、试验课等,以制度的方式,为六年级语文组教师持续、共同地探究"思维导图教学法"提供了时间上的保证。在活动过程中,Z老师又设

定合作规则,使全组教师共同参与到探究中来。例如,她这样描述"单元献课"中的教师学习过程:

> 我们有些组是这样做的,一个单元四课,咱们四个人每个人备一课,每人备一课,但并不在本班一个班上。这样有什么好处呢? 第一,我在给我们班上课的时候,因为学生我熟悉,学生可能生成什么,谁比较强,我心里有数。可能比较难一点的问题,让某些孩子先做一个榜样,引出其他孩子学习。而在别的班上,我对别的孩子不是很熟悉,那怎么办? 首先我要考虑教学内容,然后考虑学生情况,还有个人应变。这个个人要去做。还有一个好在哪儿啊? 比如说,二班老师给我班上课的时候,我班学生达不到 A 点,我就要思考,是我平时教的时候有问题呢,还是她这个教学设计的环节我们班孩子不适应呢? 还是其他的什么原因呢? 要想。所以我们这么上完以后,对全体老师都是一个刺激。这是一个自动上升性的思考。不是说外在力量在推动着你做。实际就跟老师调动学生的积极性一样,不是特别明显地让老师获得一个自助力,而是我要主动地来丰富我个人,我个人的能力提升了,我的学生能力自然就提升了,班级成绩自然就上去了。(S14-C-D)

六年级语文组对"思维导图教学法"的探究常常是以"单元献课"活动为载体开展,教师之间也以"课"为载体开展研讨。Z 老师所设立的合作的活动规则对推动教师的互动思考起到制度保证的作用。

第三,Z 老师还引进外部资源,推动"思维导图教学法"进一步发展,不仅使参与教师获得更大信心,也丰富了教师学习的资源。当"思维导图教学法"初具规模之后,Z 老师联系了区语文教研员 Q 老师、B 大学的两位教授,以及其他学校的骨干教师,帮助本组教师从理论、实践的不同视角完善这一教学法。这一做法使六年级语文组的教师获得了持续的探究动力,丰富了她们的学习资源。

第四,Z 老师灵活利用策略位置,为六年级语文组教师的持续创新提供了空间。正如前文所言,名目繁多的各类科研课题往往挤占教师有限的学习时间。Z 老师作为科研主任和语文教学主任,有意识地将外部安排的种种课题项目与六年级语文组教师所探究的"思维导图教学法"结合起来,如在可持续发展课题中用学生的导读本来代替课题要求的"探究作业本"。这就避免了教师分散精力应付不同的任务，集中目标和精力做一件事，"我们就做了这一件事儿，但做得很深，真的把甜井打出来了"（S14-C-D）。在这个意义上，Z 老师通过自身动用资源的能力和灵活性，促成了六年级语文组教师持续探究创新的学习模式。

（二）教师领导力的作用（群体层面）

六年级语文组的老师都勇于尝试、敢于创新、乐于分享，这种文化氛围（规则）支撑着组内每一位教师的学习。

> ……在这个组做东西就特别痛快。一个人痛快了，就带动了几个人。所以说"环境塑造人"。她们组的老师敢于试，我不怕失败，这有什么啊。（S14-C-D）

其实学校不乏敢于尝试、创新和分享的教师，而六年级语文组之所以能够形成一股集体互动探究的氛围和共同的责任感——"我们有特别共同的东西""我们都愿意把手伸出来去做"（S14-C-D），是因为有一个共同的探究目标，即思维导图教学法。这一目标把组内几个教师对语文教学的独自探究聚集了起来，使教师个体的学习活动之间产生了关联，为彼此的交往和生产活动提供了共同的议题。同时，这一共同目标也促使教师在消耗产品时保持对社群的回馈。由于该组教师都持有要对"思维导图教学法"持续改进的想法，因而，她们的学习过程中，始终保持着反思的自觉，"不能完全照搬""我得变一下才行"（S14-C-D）。在使用他人产品（消耗）的同时，始终保持对进一步创新的关注，从而使整个群体的教师学习保有延续性，形成"螺旋上升"的学习过程。

第四节 ◎ Q 校艺术组：失落的理想与消极应对

Q 校艺术组是由学校所有音乐老师和美术老师共同构成的综合教研组。艺术组里一共有三位教师：两位教音乐，一位教美术。艺术组的教研组长是教音乐的 Z 老师，Z 老师今年刚评上学区骨干。另一位音乐老师 F 老师教龄四年，是一位刚刚脱下新教师身份的普通教师。

本书对 Z 老师和 F 老师进行了访谈。两位老师都认为学校将音乐和美术老师放在一起只是"为了方便管理"，教学上"跟美术老师没有什么可谈的"（Q20-O-XB），就是 Z 老师和 F 老师两人有所交流。可见，艺术组教师之间的专业交往仍然是因学科而分隔的。就整个艺术组而言,音乐老师和美术老师之间对彼此学习的参与程度很低,而同为音乐老师的 Z 老师和 F 老师的学习交往呈现出消极应对的特点。

一、教师学习的常态：具体经验的简单模仿

在 Q 校艺术组中,Z 老师算是 F 老师的师父。作为师徒,她们之间的交往也类似其他新老搭配的教研组,较为资深的 Z 老师往往是 F 老师问题的解答者。两人的学习交往中 Z 老师给予 F 老师的帮助更多。

> (平时教研活动中意见交流)有主有副,我师姐(指 Z 老师)主,我副。还是一个教学经验。她的教学经验比较丰富,上的课比我多,见到的学生一拨一拨的,形形色色。我这出现问题了,就到师姐那儿问问,看怎么解决,就这样的。(Q8-O-O)

除却师徒式的交往,她们两人也很注意从外面吸纳资源。

> ……要是不出去学习,就我们俩研究,也研究不出来什么……因为自己那点知识、教学经验都挺有限的,不像外边那些老师。你要听听课,听听外边老师怎么讲的呀,咱们回来就模仿模仿,然后就提高自己的教学能力。就这样。(Q20-O-XB)

和前面所谈到的三个教研组的老师很相似,Z 老师和 F 老师也很注意吸纳区教研中校外老师的优秀经验和方法,但她们两人的学习方式仅仅只是简单模仿,模仿模仿就算是提高教学能力了。在她们两人看来,学习的内容无非就是一些具体的经验方法,这些即时性的方法,在两人看来,也不具有优劣之别,哪种都可以,不过是"尝试一下不同的教法"而已。因此她们两人之间也少有不同意见,遑论对不同意见的讨论：

> (我们俩之间)几乎没有不同意见。我都是听之任之……大多数都是尝试,就是教法的尝试。像人家有什么,我们没有的。(Q8-O-O)
> 没什么不同意见。这些也没什么可激烈探讨的。又没有什么学术性,流程也差不多,换汤不换药,顶多换换内容而已。怎么换也就看自己

了。(Q20-O-XB)

可以说,在Q校艺术组中,Z老师和F老师的学习方式就是对他人经验的模仿照搬。她们俩之所以采取如此消极的学习方式,并非因为她们缺乏反思的能力,而是在教育理想失落后的消极应对。

二、失落的理想与消极应对

Z老师和F老师毕业于同一所学校,两人一直保持着亲密的关系,但这主要是同学情谊的延续。在Q校这个新的工作场景中,两人共同面对的是曾经的教育理想被学校教育中应试现状冲垮崩溃的现实,共同感受到的是深深的无奈和无力。

Q校所在的C区最近几年要求音乐科也参与全区的抽测。在这一抽测要求提出之前,Z老师和F老师均认为"工作虽然很累,但精神压力不大"(Q20-O-XB)。在音乐教学中,她们也基本能够按照自己的教育理想来实施教学,即通过音乐教学让孩子"喜欢音乐""给他一个很好的启迪""让孩子得到心灵上的放松"。

> 孩子们喜欢音乐,可以给他们一个很好的启迪。有的孩子跟我说,长大以后也想学音乐,这让我挺高兴的。我觉得我让他感受到音乐的那个什么……我觉得上音乐课给孩子们带来了一点美,一些好的印象,起码他们喜欢上音乐课了,不是一上就皱眉头了。在他们一天六节课里,能够穿插这么一个间奏、插曲,可以让他们得到心灵上的放松。(Q8-O-O)

但自从抽测要求出来之后,压力陡增。虽然两位老师都认为音乐对小学生将来的发展主要体现为艺术气质、艺术感受力的熏陶,本身不应侧重知识的考察。但区抽测的实际要求,主要是知识性、考察乐理的,"难度相当于考音乐学院"(Q20-O-XB)。

> 现在所有的学科都要有抽测,抽测的试卷与考音乐学院一样难。特别难。我们俩拿到卷子都得做一个小时。真的挺难的。考试结果会反馈给学校,你要考得不好,就找你谈话,去坐"红椅子"(注:指去校长办公室接受校长质询)。(抽测考的就是)作曲,说白了就是。五年级的孩子。说

实话,这就不是人干的活儿。(Q20-O-XB)

　　学音乐在小学里面教这些乐理知识几乎是没有用的。这个音乐考试是来衡量你到底教没教这些东西,学生到底有没有达到这些规定的素质。但它没有考虑这些素质孩子平时到底可不可以用到生活中。(Q8-O-O)

　　面对这样的抽测要求,两位老师虽然不认可,认为对学生的日常生活根本没有用,但迫于不能给学校"拖后腿"的压力,为了不被校长找去训话、坐"红椅子",她们还是只能让学生用死记硬背的方法去应对考试。

　　……这个没办法准备,你要创编,首先歌曲你得会,节奏型你得会,你得记住了,用什么样的节奏型来填补这个旋律。完了这个音你还得要用得好。比如C大调你用哆,这是基本概念,必须是这样的。有些音符不能在前边,不能在中间,必须在结尾。这些你都得给学生讲。然后学生就背下来,死记硬背。也只能死记硬背,因为这么小的孩子,他不会干别的。音乐本来是抽象的。现在却要求每个孩子都是平等的水平。(Q8-O-O)

　　……出张卷子,我们最好的学生能考八十多分,我觉得就很不错了。可这样的学生一个班里有三五个就不错了。剩下这些孩子怎么办呢?你就什么都不会呗。那你就只能让他们背。比如说我自己设定好几个旋律,让他们背下来,人家考哪个,你就把它抄上给我。都是这么考的,现在。就是应试教育。上次抽测D小学,我问过,他们也就是这么弄的。让学生背,用哪个就让学生填哪个。(Q20-O-XB)

　　这样死记硬背的方式占据了大量课堂教学的时间。尽管Z老师和F老师也想尝试在课堂教学中寻找空间,按照自己的想法去教,但教学目标、教学模式将教师课堂教学"圈得很死",无论教师怎样尝试,"最后还得回归"。

　　……现在这些条条框框把你圈得很死,你就不可能按照你自己的想法去教。虽然我教的话,是先让学生去听,然后再教。但最后还是要回归到这条套路上来。唱谱子,弹琴,节奏,音符。我最后还得回归。顶多就是刚开始让他们放松一下。完了就得追回来,因为我得完成教学任务。(Q20-O-XB)

缺乏对应试的音乐教学的意义认同,而又没有能力去改变,Z和F自感"没辙儿""无奈",也因此对提升自己作为音乐教师的学习动力极度缺乏,因为在应试面前,自己再怎么去磨课、说课,都"没有用"。于是在她们眼里,"当个普通老师就好",甚至"不当老师最好"。

> 换领导了,教育局换领导了。他什么都重视什么都重要,他想把C区抓成H区那样。怎么可能?C区的人就不是H区的人。像F小学(C区重点小学),人(家)每个孩子都有班(注:指社会机构开设的付费艺术类兴趣班)。我们这边农村的,谁学?但他的标准是一样的。其实不合理,我们老师没办法,就只能干这活儿。没辙。挺无奈的。

> (要提升)我肯定提升我专业的。比如钢琴、声乐。你说那教学能力,其实平时也在提升。但这些对提升对考试没什么用。不是我想着去提升,是必须得提升。我现在每天都想着,要我生病了就不用去了。因为没有用,我说课说得再好(也没用),你像我们去C区做课,做一节课的话,相当于我们要花三十节课的时间来规整自己的学生。完了弄自己的教学思路,可能你对别的方面要求就不会很高,可能你的课你都不会怎么精心去上。因为你平时要干你自己手里的活儿。你上课的时间就没有心情。就这么回事儿。因为活一多了,人的精力也是有限的。(Q20-O-XB)

> 未来?没什么设想。当个普通老师就好。不当老师最好。(Q20-O-XB)

三、教师学习的特点:倦怠的知识搬运工

在Z和F两位老师之间,知识的交换主要集中在新教师导入阶段,Z老师作为师父将自己的经验告诉F老师。此刻,Z老师个人的学习产品被F老师消耗。在大部分时间里,对于Z老师和F老师而言,教师学习不过就是将参加区教研中看到的具体教学方法拿到自己班上用一用,即所谓"模仿一下",这样就算"提高教学能力"了。

由于两人只是将学习视为简单模仿,因此在她们眼里,各种具体教学方法并无特别的优劣之别。更重要的是,她们认为在应试的压力下,对这些具体教学方法进行探讨毫无意义,因此她们两人之间从无不同意见,更缺乏创新。在这个组里,Z和F就像两个倦怠的知识搬运工,她们从外部获得的资源被即刻

消耗掉，并不用于学习再生产。

四、教师领导的作用

教师领导者是指那些对教师学习——无论是自身学习还是其他教师学习，具有影响力的教师。在 Z 老师和 F 老师的个案中，当 Z 老师以师父的角色帮助 F 老师度过新教师入职适应期时，她发挥着领导作用。但除此之外，无论对于自身的学习，还是对于其他教师的学习，Z 老师和 F 老师都不能算是教师领导者，因为她们并没有对彼此和自身学习发挥积极影响。

两位老师对自身学习行为的选择是在面对应试导向的要求破坏了自身教育理想后感到"无奈""无力"的情况下所做出的消极应对。两人的消极性表现在消极的学习动机和消极的学习行为上。

首先，Z 老师和 F 老师缺乏学习和发展动机。由于两位老师均不认同所在区对音乐教学的应试要求，但又无力抗拒，因此，两人都选择了消极应对的教学策略和工作态度，这直接导致她们在日常学习中采取消极应对行为。

其次，Z 老师和 F 老师对他人的经验和方法，只是简单模仿、照搬，缺乏反思和创新。当个案中的其他教师，无论资深与否，都强调要对他人经验进行适合自己的个人化改造的时候，Z 老师和 F 老师基本上只是简单模仿照搬区教研展示的经验方法。在两人之间的师徒带教活动中，F 老师同样也是简单照搬 Z 老师提供的解决方案。

对于整个群体而言，Z 老师和 F 老师都几乎没有对自身和对方的积极改变发挥影响。简言之，这两位教师的身上，积极的教师领导几乎不见踪影。既然个体教师几乎没有发挥领导，那么整个群体中的教师领导力也就无从谈起。在 Z 老师和 F 老师这个教师团体中，教师领导对教师学习的积极影响几乎不存在。

第五节　教师领导如何影响教师学习：主体的能动探索

本章呈现了四个教研组中的教师学习，以及各个教研组中教师领导是如何影响教师学习的。研究发现教师个体在发挥着教师领导的同时，他们之间的能动行动也在互动中形成了牵制或促进彼此学习的新的中介结构，这正是其群体领导力的表现形态。以下将分别对个案中表现出的个体、群体层面的教师领导性质进行分析，讨论其对教师学习的作用，并将是否具有"共商目标"

作为教师领导推动教师学习中的重要影响因素加以探讨。

一、不同类型的教师领导者及其能动性

"学习的领导"将"领导"的内核视为发挥能动性。能动性具有三大特征：意愿、权力和有意向的选择（Giddens，1984）。如果行为的实施者知晓或相信某种行为将具有特定的性质或后果，并且还利用这些知识以实现这样的性质与后果，那我们就说这一行为是"有意"的（Giddens，1984），这样的行动即能动行动。根据如上定义，研究发现，上述四个个案教研组中的教师，无论资深与否，都曾在某一场合某一机会中"有意地"影响自身或其他教师的学习。这意味着每一位教师都在某种程度上发挥着教师领导，他们都是某种意义上的教师领导者。但是，研究者也注意到，这些教师表现出的能动行动具有不同的特点，据此，本书将这些教师领导者分为五种不同类型。

（一）群体取向的积极行动者

S校六年级语文组的老师、Q校三年级组的L老师和W老师，这些教师均可视为具有群体取向的积极行动者。这一类教师领导者具有如下特点：

第一，善于探究，能够持续反思和探究，敢于尝试，不断创新，为群组的教师学习提供新的智力资源。S校六年级语文组的老师和Q校三年级组的L、W两位老师，她们都很善于从自己的实践中发现问题，进行反思，或是从外部教研中吸纳好的经验和做法，并进行适合自身的改造。这些做法都使她们不断地创造着新的学习产品，成为推动自身学习和影响其他教师学习的资源。

第二，乐于分享，通过自己的分享行为感染和吸引群组教师参与专业交往。这一类型的几位教师作为成熟的学习者，他们不仅具有丰富的学习产品，并且很乐于将这些产品与其他教师进行分享。

在这一类型中，S校六年级语文组的老师和Q校三年级组的L老师、W老师有所不同。S校六年级语文组的老师不仅经验丰富，也乐于共同探究和分享经验，因此这一组的老师在学习中表现出群体取向的行动倾向，既善于个体探究，也乐于与他人分享共同探究。相比之下，L老师和W老师所处的教研组中，同组教师要么年轻，不能常常回馈有价值的知识，要么学科侧重不同，如同为资深教师的L和W分别侧重数学和语文。总之环境并没有为两人提供有利的资源。在这种情况下，L和W的实际学习行为中侧重个人反思。但她们依然很重视学习中的社会性维度，表现为她们既很积极地从外部教研活

动中获得好经验、好方法,也很乐于为组内年轻教师提供自己的经验方法。因此尽管她们在学习中实际上采取了更多的个人反思行为,但依然具有很明显的群体取向。

总体而言,具有群体取向的积极行动者对教师学习再生产的各个环节均能起到积极推动的作用。在生产和消耗环节,他们主要凭借自身较高的学习技能,持续反思、探究教学实践中遇到的问题,并善于利用各类资源,进行创新,以此为群组教师学习提供重要资源。在分配和交换环节,她们凭借自身丰富的知识,和乐于分享的态度,积极参与到其他教师的学习中,成为其他教师学习的重要他人。无论对于自身的学习,还是群组的学习,这些教师都具有积极的能动性,在推动自身和其他教师的学习中发挥着领导作用。

（二）个体取向的积极行动者

S校三年级数学组的三位老师均可视为具有个体取向的积极行动者。她们各自都对教学充满责任感,也善于探究,能够留心自身教学中的问题,寻求外部资源(如区教研活动、专家讲座、自己看书等),进行持续的反思、探究,并从中获得一定创新。就其个体的学习再生产活动而言,她们都是积极行动者,有力地推动了各自的学习再生产循环。

但由于三人的学习观均具有明显的个人倾向,她们推动学习的积极行动也带有个人取向,表现为缺乏集体责任感,未能充分共享信息、交流意见,从而丧失从群组内部获得自我更新的机会。虽然S校三年级数学组的老师经验都很丰富,但三位教师还是选择以个人探究为主,因此她们三人推动学习的积极能动性中更具个人倾向。

与前一类群体取向的积极行动者相比,这一类型的三位教师主要在各自的生产和消耗活动中发挥较强能动性,他们的领导更多表现为学习中的自我领导。

（三）消极行动者

上述积极行动者,无论其具有个体取向还是群体取向,他们都对自身学习保持着关注,并采取了各种行动去推动自身的发展。与这些教师相比,Q校艺术组的Z老师和F老师更多表现出消极行动者的倾向。两人的消极性表现在两个方面。首先,Z和F缺乏发展的动力;第二,Z和F对他人的经验和方法,只是简单地模仿、照搬,缺乏反思和创新。

Z老师和F老师消极应对的学习行为,是在了解应试对音乐教学的损害,但自己又无力改变的情况所做出的选择。尽管她们并没有对自身和彼此的积极改变产生影响,但她们依然具有消极、选择不行动的能动性。她们所具有的这种能动性称不上积极的教师领导,既未能有力地推动个人学习,更遑论推动群体发展。

(四) 受限的行动者

Q校三年级组的D老师和J老师可被视为受限的行动者。她们与上文谈及的积极行动者和消极行动者都有所不同。

与消极行动者不同的是,D老师和J老师尽管在面临某些压力的时候,也有所懈怠,例如J老师在面对老教师时有时会无奈地妥协,放弃自己的想法;D老师出于生活和工作的双重压力,在学习中往往只关注更具直接效果的具体经验和方法,而非问题解决思路。然而,两人还是努力希望有所发展。这两位教师都积极反思、提问、寻求帮助(向资深教师求教),以谋求个人学习活动的发展;在采用资深老师所提供的经验或教案时,两人也保持着反思和改造的意识。

然而,她们又与上述两类积极行动者不大相同。就学习倾向而言,D老师和J老师对于群组其他教师的学习,也具有分享意愿,表现为愿意表达自己的观点、分享优秀课件、资料等。这与个体取向的积极行动者不同。但就结果而言,她们实际上较少对其他教师发挥影响。在同组的资深教师看来,她俩并不能时常回馈有意义的经验方法,因此,D老师和J老师又与群体取向的积极行动者有差别。

D老师和J老师不能充分行使领导的原因在于其所在教研组缺乏支持。虽然J和D的教学年限都不长,相对于资深的L老师和W老师而言,她们在教学方面的经验有限,但她们并非没有可能提出具有创见的想法。但因为所在教研组缺乏"支持人人都可以成为教师领导"的充分认识,因此,J和D作为年轻教师,其领导空间还有待进一步开拓。

(五) 外部能动者

在研究中,S校语文教学主任Z老师表现出与其他所有教师不同的能动性。她不从属于任何一个教研组,但教学主任的行政职位赋予了她调动资源的权力,而她也灵活地运用了这一策略位置,为S校六年级语文组的教师合作提供了许多便利。Z老师可以被视为外部能动者。

Z老师的能动作用主要体现在以下三个方面:①运用职位权力,在学校教师中组织集体教研"单元献课"活动,并设立适合的合作规则,推动了S校六年级语文组的教师合作;②利用科研主任的职位权力,引进大学专家、区教研员和其他校外骨干教师等外力支援,使 S 校六年级语文组教师在探究"思维导图教学法"的过程中获得了更多智力资源;③灵活地将要求教师完成科研课题的要求与教师对"思维导图"的探究结合起来,避免教师分散精力,集中做好一件事。

Z 老师推动教师学习的方式,一方面是利用自身作为中层管理者的策略位置,通过动用掌握资源和规则的能力,为教师合作学习提供有利条件;另一方面则扮演着一线教师和学校之间的"中介",消解学校给予教师的某些压力,为教师持续合作创造一定空间。

二、影响个体能动性的因素

为什么这些教师会表现出不同的能动性?

具有群体取向的几位积极行动者,对自身的教学实践非常关注,善于从自身实践中去发现问题,并从组内外寻获各种资源以解决问题。与发展中的行动者相比,这几位教师具有丰富的经验,有能力以自身积累的丰富经验参与和影响其他教师的学习。而与个体取向的积极行动者相比,她们又大多具有乐于分享的个性气质,愿意提供自身经验的同时,也很关注其他教师提供的资源。

对于消极的行动者——Q 校艺术组的 Z 和 F 两位老师而言,她们对应试与教育理想之间的矛盾,其感受似乎比个案中其他教师都来得强烈。这使她们直接选择了消极应对。

而外部行动者——S 校语文教学主任 Z 老师的能动性则与其职位密切相关。作为学校教学主任,她的职责就是要通过提升学校语文教师的学习质量来推进全校语文教学,同时她又掌握着职位赋予的资源调配权和规则制定权。而 Z 老师也很灵活地利用了自身所具有的策略位置来完成职责。

由此可见,教师的个体能动性与其**教学经验的丰富程度**、**个性气质**、**他们在学校中所占据的职位性质**、**感受到的应试压力**等因素都有关系。简言之,个体教师在发挥教师领导时受到其所处环境的中介影响。这与第二章的研究发现相呼应。而构成教师个体学习切身环境的,正是其所处教研组中几位教师互动形成的学习情境。从能动性的角度而言,个体教师推动自身学习的能动行动在相互作用之下,既可能相互促进增效,也可能彼此牵扯抵消,而这就是群体的教师领导力,它对教师学习产生的作用见下文分析。

三、群体教师领导力与学习再生产能力

上述对教师领导者类型的分析说明，教师能动性是教师领导的核心。但当具有不同能动性的个体教师汇聚在一起的时候，他们为了达成各自学习目标表现出的能动性，会在互动中形成群体领导力。这种群体领导力成为行动者后续行动中的结构，成为个体教师学习中最直接的学习情境，影响着身处其中的每一位教师个体的、持续的学习活动。

S校六年级语文组中，教师大多是具有群体取向的积极行动者，她们在追求各自发展的过程中，也很关注从彼此身上发现可借鉴之处，并乐意将自己的实践、经验展示给彼此，以求得"螺旋上升"式的共赢。在这个组的学习生产中，教师的角色是流动的，每一位教师在某种场合、某个机会中都曾作为示范者为他人提供经验，或者作为观摩学习者，从他人那里获得借鉴。这就类似分布式领导——领导在教师群体中是流动的，并未固定在某些个体身上（Woods et al.，2004）。这个群体中所形成的群体教师领导力，具有角色流动的特点，使群组中每一位教师的学习产品都不仅在自身的发展中被消耗，也在群组其他教师那里得到消耗。反过来，被充分消耗的个体学习产品又在不同教师的学习生产中创造着新的智力资源，回馈着整个教师群体，使之具备自我更新的力量。

需要指出的是，S校六年级语文组中群体教师领导力的形成也有外部行动者——教学主任Z老师的功劳。这是与其他几个教研组不同的地方。当外部安排的科研任务成为教师面临的事务干扰时，Z老师灵活的将该组教师对"思维导图"的探究与科研课题的要求结合起来，避免教师分散精力；而Z老师在校内组织的教师集体教研活动"单元献课"，又为该组教师的合作探究提供了制度保障。这说明，除了教师自身发挥能动性之外，是否能够获得学校掌握关键资源者的支持也是非常重要的。

Q校三年级组中形成的群体教师领导力表现出"角色固化"的特点。较为资深的L老师和W老师扮演了问题解答者、知识提供者的角色，而年轻的D老师和J老师则常常扮演提问者、资源接收者的角色。在此类关系中，对他人学习发挥影响的主要是L老师和W老师。简言之，"领导"这一功能固化于两位资深教师身上。这样的群体教师领导力使两位年轻教师从两位资深教师那里获得了许多学习资源，但并不能使资深教师从组内获得发展更新的力量。"老带新"的教研组文化传统大大削弱了这个组中教师角色流动的弹性。

S校三年级数学组中的群体教师领导力则具有"疏离"的特点。尽管三位教师对自身的学习发展均具有自我领导力,但她们彼此的学习相互独立,交往有限,对彼此学习的实际影响也有限。这个组中的群体领导力并没有使S校三年级数学组的三位教师从所在群体内部获得更新的力量。以经验为本的学习,以及教师之间经验的同质性,使这个组在缺乏新教师的情况下,也缺乏了交流的主题。

Q校艺术组的两位音乐老师之间形成的群体教师领导力具有"消极"的色彩。Z老师和F老师因为不认同应试导向的音乐教学而选择了消极应对的学习态度及行为。虽然她们也参加学校要求的各项学习活动,但两人都只是机械地套用外部提供的经验方法,缺乏自身的反思和创造。积极的教师领导在这个教师群体之中几乎不可见,自然也很难推动两人的学习发展。而以应试为导向的教学要求是导致这个组教师消极应对学习的直接原因。

四、影响群体领导力的因素:目标协商

在本章涉及的四个个案中,之所以会形成不同的教师领导力结构,并对教师学习产生不同的影响,是因为教师学习活动目标在其中发挥着极为重要的作用。

在活动理论中,"主体—目标"被视为活动中最重要、最基础的一对关系,决定了活动的边界(Kozulin, 1996)。主体如何理解诠释目标,极大影响主体如何动用资源和规则,以达成目标。换言之,活动主体如何建构、协商活动目标决定着活动结构如何生成。从再生产的角度而言,再生产体现在"(上一轮)生产/(下一轮)消耗"的更替中,而生产和消耗环节中,主体对目标的理解不仅会影响其如何开展生产,也会影响他们如何消耗产品。当社群中具有多个活动主体时,如若他们的目标缺乏一致性,则会围绕各自的目标消耗产品,而各自的再生产能力缺乏关联,无法集中回馈社群。因此,一致的目标对于社群的再生产能力具有集中和指引作用,它能够将个体教师发挥的能动性/领导力汇聚起来,形成合力。

在本书所描述的四个案例中,不同群组的教师在协商个体和群体层面的活动目标时,表现出不同的倾向,对教师学习产生了不同影响。

Q校艺术组的两位音乐老师并不认同应试指引下的教师学习目标,两人选择不行动(即追求学习和发展)的能动性形成的合力反而具有消极的特点,并不能推动自身的学习。

在其余的三个教研组中，尽管教师对学校和区级教育主管部门为她们制定的教师学习总体目标并无特别大的异议，但在具体、微观层面协商学习目标时，表现出不同倾向。

S校六年级语文组的老师发展出了组内共同探究目标："思维导图教学法"。这一共同的目标使她们彼此的探究产生了关联，为彼此的交往和生产活动提供了共同的议题。同时，这一共同目标也促使教师在消耗学习产品时保持对社群的回馈。由于该组教师都持有要对"思维导图教学法"持续改进的想法，因而，在她们的学习过程中，始终保持反思的自觉，"不能完全照搬""我得变一下才行"。在使用他人知识的同时始终保持对进一步创新的关注，从而使整个群体的教师学习保有延续性，形成"螺旋上升"的学习过程。这一共同目标还使教师成为彼此发展中重要的人际中介资源，每一位教师都可以从其他教师那里获得用于发展的资源，每一位教师都充当了他人学习发展的重要他人。教师的个体能动性因而达到协同增效的效果，使彼此的个体能动性形成合力，从而推动了整个群体的共同发展。

与之相比，S校三年级数学组的三位老师以及Q校三年级组的四位教师都没有能够成功发展出小组层面的共同目标。

由于教师的学科差异，以及经验殊异，Q校三年级组的教师仅仅只是在师徒带教这一层面协商出了共同的目标，资深教师成为年轻教师发展中的人际资源，资深教师自身却无法从组内获得人际中介资源。就整体而言，个体教师推动学习的能动性无法充分汇聚，资深教师无法从组内获得更新的能量，整个群体的自我发展前景堪忧。

S校三年级数学组的教师普遍具有个人化的学习倾向，缺乏形成共商目标的意识。由于完全缺乏共同的目标，她们各自的能动性并没有得到相互增强，有经验的教师并没有成为彼此发展的中介资源，个人积累的经验仅仅在个体的有限范围内被消耗。这个组的教师领导力也缺乏有力推动教师获得更新能量的力量。

五、教师领导作用于教师学习的多重路径

本章呈现了四个不同类型教研组中的教师学习，并通过分析展现了各个教研组教师领导如何影响教师学习的过程，结论如下。

首先，不同的教师领导者对教师学习具有不同的作用。对四个个案教研组中，教师领导如何影响教师学习的过程进行分析，发现所有教师在个体教师

学习和所在群组的教师学习中都具有一定的能动性。由于"学习的领导"将能动性视为领导的内核（Swafield & MacBeath，2009），因此，按照这些教师表现出的能动性特点，本书将他们称为四种类型的教师领导者，分别是：群体取向的积极行动者、个体取向的积极行动者、发展中的行动者和消极行动者。这些教师领导者对自身的学习和对其他教师的学习具有不同的影响。

群体取向的积极行动者，对自身和整个群组的学习活动各环节——生产、分配、交换和消耗，均具有较强的推动作用。具有个体取向的积极行动者主要在各自的生产和消耗活动中发挥较强的能动性，他们的领导更多表现为学习中的自我领导。受限的行动者主要推动了自身学习，因为所在环境限制，这类教师领导者还不能对他人的学习发挥充分的领导作用。受限的行动者与消极行动者不同，他们具有谋求个人学习发展的意愿与行动；但受限的行动者又与积极行动者不同，尽管他们具有分享意愿，因为种种条件所限，就结果而言，他们实际上较少对其他教师发挥影响。消极行动者无论在个体层面还是群体层面的学习中，都缺少创新的动力和能力，即转化能力。他们既不能充分推动个人学习，也不能推动群体发展。

其次，个体发挥的教师领导力在群体的人际互动中发展成为群体的教师领导力，成为个体教师持续学习的中介条件。当具有不同能动性的个体教师汇聚在一起的时候，他们为了达成各自学习目标表现出的能动性，在群体中的人际互动中逐渐发展成为群体层面的教师领导力，这种群体领导力类似于社会结构，成为个体教师学习活动中最为直接的情境，影响着身处其中的每一位个体教师的学习活动。

最后，不同层面的教师领导在推动教师学习的过程中，受到不同因素的中介影响。其中，应试压力是教师发挥领导时要处理的外部矛盾；学校组织结构中对教师的不同角色安排是教师发挥领导力时要处理的内部矛盾；教研组教师是否能够协商出共同的学习目标，如何处理与同组其他教师之间的学习关系，是教师发挥领导力要处理的第三个问题；教师的经验、学科差异、教师个人的性格气质等也是影响教师发挥领导力的中介因素。

总体而言，教师能动性是教师领导的核心。本章的四个个案中，呈现了不同的教师领导形态。S校教学主任Z老师的教师领导更多表现为正式的职位领导，而其他一线教师的领导则更偏向以教师专长为影响力来源的非正式领导。而在一线教师的领导行为中，既有主要关注自我发展的自我领导，也有指向他人学习的领导行为。这回应了研究中对教师领导具有多种内涵（Harris

& Muijs，2003)的观察。

此外，在本章的几个案例中，几乎所有教师都在不同程度地发挥着领导力，但对教师学习的影响并不相同。人们往往强调作为能动性的教师领导对于教师学习所发挥的推动作用。但本书发现，当每一个具有某种能动性的教师汇聚在一起的时候，他们为了达成各自目标表现出的能动性，也可以在社会互动中形成新的行动的结构，为这一群体中的个体教师学习提供一个过滤外部因素的中介情境。在上述个案中可以看到，教师在面对角色分工时表现出的角色交换能力、面对其他教师是否协商出共同的学习目标，都体现了他们不同的领导力；而当不同教师采取了适合自己的选择之后，彼此互动形成的实际的角色分工和目标状态，反过来又成为影响教师学习的中介因素。这一发现回应了对"教师领导兼具能动与结构双重属性"的观察，即个体教师的领导力具有能动的属性，体现了教师推动自身学习的努力；而多个教师的行动相互作用后形成的群体教师领导力，却具有结构的属性，反过来对教师学习形成影响。

本章的几个案例中，教师都在不同程度地发挥着领导功能。这正是分布式领导的体现。但几个个案中教师领导对教师学习的不同影响，回应了分布式领导研究中的一个观点，即有效的领导力分布模式中需要协调不同领导主体之间的活动(Gronn，2002；Spillane，2003；Harris，2008)。若要实现真正的教师领导，同样需要协调具有不同能动性的教师领导者及其领导实践活动。首先需要从目标层面，协调教师推动学习的努力，并以此为基点，调整教师在学习中的角色关系，使之在具有共同愿景的指引下，进行平等互信的交往，从而使个体的学习再生产能力得到汇集并反馈给整个社群，推动整个教师群体的学习再生产。

第四章

个人层面的教师学习与教师领导

本书第二章从"教师学习活动作为教师开展领导实践中介"的角度,描述了学校教师学习活动中教师领导的不同形态。第三章将教师领导的这些特点置于学校教研组这一教师学习的微观和核心情境中,以教研组为单位,探讨了表现为个体教师领导者和群体的教师领导力对教师学习的作用。

上述两章分别从学校和教研组的层面,呈现了教师领导和教师学习对彼此的影响。这一分析方式从共时的角度对两者的相互关系进行了静态描摹,虽然能够凸显出影响的类别,但不能展示影响发生的过程。此外,当"学习"与"领导"均被视为以能动性为核心的活动(Swafield & MacBeath, 2009)时,教师学习与教师领导实则统一在教师实践中,是延展在持续发生的专业实践中的两个维度。因而对两者关系的分析,也需要采取历时的视角。鉴于此,本章将以情境分析为主,呈现教师学习和教师领导之间相互影响的转换过程。首先呈现几位个体教师学习的经历,并展现教师领导在其中的生成、发展与对教师学习的影响,同时以个体教师的学习发展历程为脉络,勾连其所在群体的教师学习、教师领导的发展状况。最后通过对这些案例进行跨个案分析,呈现两者的关系。

第一节 ○ D老师的学习经历:从语文骨干到数学骨干

D老师是S校数学学科所拥有的两名区骨干教师之一。她从1989年开始当老师,一直在S校任教,是一位非常资深的教师。D老师最初教语文,教学表现非常优秀,当时已经进入区中心备课组,作为未来的区级骨干培养。然而,S校传统上语文学科强,而数学较为薄弱,"没什么人"。学校认为D老师"条理很清楚",所以调她去教数学。此后,D老师就开始了"卧薪尝胆"的学习历程。最终,她成长为该校数学学科仅有的两名区骨干教师之一,并长期担任所在年级的数学教研组组长。

下文将聚焦 D 老师从语文学科的准"区骨干"转为数学学科的新手教师及其后的学习经历。她的学习经历生动展现了个体和群体层面的教师领导、教师学习之间的相互作用。

一、调岗后的挫败与压力

D 老师被调到数学学科之后,立刻感觉到"不顺手""痛苦"。她这样描述自己当初调岗的经历:

> ……我是一毕业就到这学校来的。这个学校原来是比较擅长走语文系列的,它的主任啊什么都是语文的,比较强。数学呢,就没有什么人。学校就说"你条理很清楚,你教数学吧",就改了。觉得特别得……我一开始教语文,是区里中心备课组的,我讲课什么的(都很好)。但是后来到数学来,我开始觉得特别不顺手,其实那点知识(不难),但你怎么让学生有不同层次(的认识),不仅知道数学的知识,还有数学的思想,真是研究起来还是挺深奥的。刚开始还是挺痛苦的。一个是对教材的把握,还有一个是对学生的学情、原有知识、接受能力的了解,去接近孩子的元认知,注意关注孩子的学情。(S10-M4-QB)

虽然小学数学"就那点知识",面对的还是同一批学生,但改换了学科领域后,其实一切又都变得不一样了。学科教学知识(PCK)强调,教师的专业性体现在教师如何将特定的学科内容教给特定的学生,这一过程是教师、学科知识、学生,以及学科教学法的多重融合(Shulman,1986)。D 老师虽然掌握了一般性的数学知识,也算比较了解学生,但如何将自己掌握的数学知识有层次地教给不同学生、如何让学生还能够具有一些数学思想,这其实是一项全新的挑战。作为一个转换了学科身份的教师,D 老师来到数学教学中,首先感受到的就是不熟悉数学教学带来的痛苦。

除了数学教学本身带来的压力之外,D 老师的痛苦还来自外界的评价。首先是教研员的苛责。D 老师调岗为数学教师后不久,学校安排她和一位较为资深的数学教师分别"做课",请教研员点评。教研员并没有考虑到 D 老师刚刚转换学科、不熟悉数学教学的情况,不留情面地批评了 D 老师的课,这让 D 老师感到在别的老师面前"抬不起头",也进而产生了深深的"痛苦"。她这样描述当初的感受。

> 我觉得我走过的路挺艰辛的。我记得区里有个教研员,他来听我的课。我那个时候是刚转到数学来,(同时做课的)有个老教师。他(教研员)特别不给我面子,就在全体大会上来分析这两节课。我刚上道,那位已经教了十多年了,肯定起点不一样,我觉得我们俩真的没有什么可比性。作为一个教研员,真的不应该在一个大会上(批评我),你私下里怎么跟我说,说我哪里哪里讲得不好,怎么改,我都能接受。这一方面对我打击特别大,我就觉得真是太丢人现眼了。我就觉得干嘛让我教这数学,我特别痛苦。那段时间我就觉得我抬不起头来,真的在这学校里抬不起头来,让人批得体无完肤了。(S10-M4-QB)

S校"特别重视教学"(S6-M3-O),在S校教师中普遍认同这样的观点,即"教学是老师最看重的""教学是教师的立身之本"(S21-C1-O)。教研员的批评等于宣判了D老师数学教学的失败,而这在"荣誉战胜一切"(S6-M3-O)的S校,就等于否定了教师存在的价值,所以D老师感到"在这学校里抬不起头来"。事实上,其他教师确实也对D老师表现得相当不友善。背后的非议、当面的轻视,都使D老师感到"心里在流血":

> 刚开始你课上得不好啊,他们(其他老师)肯定是这样看你的。敬而远之、轻视、觉得你不行。我心里在流血,我听到过别人的评论,我觉得对我打击挺大的。(S10-M4-QB)

D老师在转岗初期遭遇的困境,与S校的作为有相当大的关系。D老师之所以会调岗,追根究底是因为学校为平衡语文数学力量、为了自身发展需求,硬性安排她转岗。但在D老师转岗之后,学校却没有为她的成长提供充分的支持,既没有安排同学科的教师带领她尽快适应新的教学,也没有在她还不熟悉数学教学的情况下,给予她宽容的成长环境,反而安排教研员去听她的课;再加上学校教师之间缺乏包容友善的氛围,这些都使D老师生出"干嘛让我教这数学"的委屈。

从原来的语文优秀教师、准区骨干,到被教研员"批得体无完肤",D老师的职业生涯似乎猛然跌落谷底。这对她是一个极大的打击,但她并没有就此消沉下去,而是开始了"卧薪尝胆"的孤独奋斗。

二、"卧薪尝胆"的孤独奋斗

教研员的批评和同事的轻视使 D 老师"心里在流血"的同时,也激发了她的斗志。她不信自己"教得好语文而教不好数学"。在逆境中,D 老师开始了"卧薪尝胆"的奋斗。她放下面子,忘掉自己曾经是语文骨干,将自己当成"小字辈",反复地准备、试讲,请校长听课、修改。这样一轮轮磨课下来,D 老师虽然觉得痛苦,但也开始有所成长。

> 你就卧薪尝胆吧。你得跟人学啊。不行,咱们再上一节,校长你再听我的。我不信我教得好语文而教不好数学。然后就这么慢慢地……你不要太看重自己的脸面啊。通过试讲、慢慢地、反复地去修改这节课,这过程中,虽然非常痛苦,但自己收获特别多,也成长起来了。(S10-M4-QB)

同时,她也保持积极的态度,主动向其他教师请教。随着自身成长,D 老师的课逐渐让其他老师也有"耳目一新"的感觉,也就更愿意与她分享和交流。

> 慢慢地,就说你特别积极主动,你总是虚心求教,那谁也是知道什么都会告诉你的。然后呢,他觉得你这课上得不错,听了你几次课,耳目一新的感觉,那慢慢这种变化特别大。(S10-M4-QB)

虽然 D 老师努力地从校长和其他教师那里寻求帮助,但实际上,更多时候,她还是依靠自己主动观察、反思和试验,一点点地摸索改进自己的教学。她举了一个例子,描述自己如何从对自身的实践反思中学习改善师生关系。

> 以前上课,我不允许,比如说讲话,我特别反感这个。我跟学生发生的这些冲突啊、我批评他们啊,很多方面都来自这个方面。但小孩是小孩的特点,他自习的时候,他遇到不会做的,他可能就会说,所以我每每都是在这方面挺困惑的。当班主任的时候,应该没什么问题,他听从你。但我教数学,他就觉得你是科任老师,所以他就敢说。我就特别反感。(后来我)改变了,从欣赏的角度(要求学生不说话)啊,效果好多了。(研究者:怎么发现要从欣赏的角度呢?)我连续接了几个乱班。原来我自己带过几

个班,从一年级到六年级都是我自己带上来的,所以这个班的规矩,我本身就是这样一个人,比较严谨,孩子的规矩立得特别好。结果呢,我中途不当班主任了,接了一个乱班,然后呢,他们自诩"疯子班",所以在他们班上课,我就感觉自己处在水深火热之中,你以前进那个班,特规矩,发言啊什么什么,特有规矩。进这个班里,就马上"哐当"掉下来这个感觉。等到在练习啊、看班的时候,感觉就特痛苦。我说怎么那么乱啊,(但)我发现他们挺满意我啊,说"别换了,就 D 老师教吧"。但他们发现我挺严格的,不敢不写作业。我说既然这么喜欢我,就别说话了,但不行,他们还说。后来我就想,我使用的方法、评价的机制,还得再改进,毕竟孩子亲其师、信其道,他跟你亲近了,你说什么,你说得不客气他都听。所以我就觉得发生很大变化。(S10-M4-QB)

D 老师改变了学科身份后,面临"学生不听话"的问题。通过对比自己在不同班级中的经历,D 老师发现同样一句话,作为班主任(语文老师兼任)和作为数学科任教师说出来,对孩子的意义是不一样的。于是她改变了以往评价学生的方式,采用鼓励的方法。而她从中悟出的师生关系与学生学习的道理——"亲其师,信其道",也成为自己之后处理师生关系的一个原则。在这之后,D 老师感觉自己在理解学生这方面"心底发生了变化",与学生的相处"特别愉悦""收到的效果也好"。

这仅仅只是 D 老师学习历程中的一个例子。D 老师认为大部分情况下都是这样"依靠自己"才慢慢地成长起来的。她对自己整个成长的历程是这样概括的:

> 别的老师的帮助不是很多,我觉得帮助不是很大。主要还是靠自己。
> (S10-M4-QB)

D 老师之所以会产生"主要还是靠自己"的感受,首先是因为校长和其他教师并没有在情感上为 D 老师提供支持。在 D 老师刚调岗,感到最无助的时候,其他老师对她的态度是"轻视""看不起";学校没有为她安排带教老师,在做课安排上也没有考虑 D 老师"刚上道"的情况,安排她和一个资深数学教师一起做课,导致教研员对她进行苛责。这些都加深了 D 老师的痛苦挫败感。而在教师之间的交流中,更多的情况是 D 老师主动向他人寻求意见,而非其他教师主动提供帮助：

> ……就说你特别积极主动的，你总是虚心求教，那谁也是知道什么都会告诉你的。(S10-M4-QB)

总之，在D老师从语文骨干到数学教师的艰难转变中，她认为自己"走过的路挺艰辛的"，而"艰辛"主要体现在没有人帮助、"主要靠自己"。D老师之所以会遭遇此种学习环境，与S校教师的整体情况有关。

S校1988年建校，D老师1989年毕业即加入S校工作，几乎是随着学校一起成长的。与D老师大约同一时期进入S校任教的这一批教师，一直以来都是学校的主力。S校参加各种比赛、接受学区督导、评比骨干教师等活动，都依赖这一批老师去赢得名次；S校获得的"区窗口校""重点校"等荣誉也是在这批老师手里建立起来的。这批老师年轻的时候，都有"想发展、求上进"的强烈愿望，但诸如骨干教师之类的荣誉和机会毕竟是有限的。于是这一批教师之间的个人竞争非常激烈。随着学校成长起来的D老师，非常清楚地了解那段时期教师的心理，她也因此知道，自己不可能从其他老师那里获得太多帮助，只能"自己干"。

> 我们学校年龄层次，应该说是三十到四十（岁的教师）是主力，比较多。按说到一个大校，到我这个岁数，这个教龄的人，可能再有什么课的话，就推那个特别年轻的教师去上，但我们学校去上的人基本上还都是我这年龄段的。所以那时候，大家竞争也非常非常激烈，没有人帮你，你自己干吧。(S10-M4-QB)

三、数学骨干的养成

D老师的努力奋斗使她最终实现了"教好数学"的原初目标。在S校数学学科的18名教师中，一共只有两名区级骨干教师，而D老师就是其中的一位。而且，她连续三届保持了这一荣誉，这意味着她在数学教学方面的能力最终获得了认可。也因为如此，她一直担任所在年级数学教研组的组长。在D老师迄今为止的学习经历中，她感到不断的学习为自己带来了许多变化。

（一）自身的变化

首先 D 老师感到了自身的变化。

D 老师认为自己一直都"在改进、在完善"，对教育教学中许多问题的看法从"心底发生了变化"，而这让她感到"心情特别愉悦"。随着对教学的掌控能力越来越强，她认为自己在教学工作中已经"比较自主"了，例如不一定采用教材中的例题等。

此外，D 老师连续三届都评上了区骨干教师，这也使她越来越自信。

> 到现在，我好像是连续三届了吧，就是骨干。所以这些年只要学校有课、有大的任务，比如督导啊、检查，那上课肯定有我。如果出一节那肯定是我上，出两节那肯定还是我。就这样的状态。我也越来越自信。（S10-M4-QB）

D 老师的愉悦和自信源自两个方面。一方面，她从教学本身的成功中，获得了对教育教学更深的理解，进而产生了教学自主的感受，这是教育教学本身给 D 老师带来的自我效能感和专业满足感。另一方面，她能够代表学校去参加外边的评比课，或者接受上级检查，这说明按照外部评价标准，她也获得了承认。在内外双重评价中，如今的 D 老师感到自己的能力和价值得到认可，这使她拥有了成功、自信的情感体验，也因而在自己的教学实践中，拥有了越来越强的自我导向能力，例如，她感到自己对教材的理解越来越深，处理和运用教材的时候也越来越"自如"。

（二）与同事关系的变化

D 老师与同事的关系也悄然发生着变化。最初刚转为数学教师时，同事对 D 老师"敬而远之、轻视"，但随着 D 老师虚心求教，并逐渐成长之后，同事们逐渐改变了对 D 老师的态度，不再觉得她不行。D 老师也逐渐开始有能力帮助同组其他教师。

例如，她利用自己善于搜索资料的能力，帮助其他教师找资料。

> ……我在我们组里，他们送我一个外号，"搜索达人"。我现在这意识特别强，不管什么事情，只要我想知道，我就找各种方法，不管是搜索啊、看书啊，我就要把这个弄清楚，我知道之后吧，还愿意跟别人共享，让别人了解了解。我觉得是个性使然。好东西大家分享，共同进步。（S10-M4-

QB)

又如,她会带领同组教师发现教学中的共通问题,并寻求解决办法,还在组内倡导从切身实践中积累教研资料。

> ……(我们教研组)这三个人坐在那里判作业的时候,(我)还得说,就学生作业中出现什么情况,(大家都要)记录下来。(每个)老师有错题积累本,学生的典型错例,要积累起来,然后便于(组里)以后教科研啊。你空穴来风,没有任何指标、任何数据,怎么写这个东西呢?然后有共性的东西,那咱们必须得(讨论),是知识太难了,还是教的时候处理得不透彻?咱们怎么再补救……(S10-M4-QB)

再如,她还积极担当师徒带教的工作,帮助新教师备课。

> ……我和××老师,我们有师徒协议,她明天要说课,给我传过来一份稿子,我一看,那稿子前面还空着呢,知道心里那意见还没有呢,我就赶紧帮她弄这个课。(S10-M4-QB)

S校素来有师徒带教的传统,但学校并没有强制性地要求每一个资深教师都必须做师父。事实上,S校有很多资深教师会推掉这份工作,因为带徒弟要不时地去听徒弟的课、和他/她探讨教学问题、帮他/她备课,这些本身就增加了老教师的工作负担;同时当师父的老师还要花时间去处理"师徒带教"相关的程序性工作,如定期填表、写报告等。对于工作本已繁重的小学老师而言,带徒弟无疑是辛苦的。但D老师从不推辞这项工作,她之所以愿意担当这项工作,一方面,是她将帮助新教师视为自己作为骨干教师和教研组长的责任;另一方面,她也认为这是一个共同进步的过程。

> 首先我作为骨干教师应该有一个辐射的作用。你别那个名不副实,虚当了这么一个骨干,你有这么一个名号而已,真的挺不好意思的。应该是说,别人做课了,如果在一个组里,那更责无旁贷了。人家做什么课的话,你真得一句一句给人家细抠去。然后我就觉得,如果我要能帮助别人,首先我们俩共同进步,我在帮人的时候,我虽然没教,(比如我徒弟)中

段的、三年级的,我这里教的都是五、六年级,我这课其实没有她做得深,我们教材改了,不是以前那教材,但我还是搜集一些资料,然后去看看怎么能更好地帮助她。如果她能成功,那是我们俩共同的进步,我也特别高兴。我就跟她微信上发,说"就是水平有限,但是我特想能帮上你"。(S10-M4-QB)

面对自己的学习,D老师变得越来越自信,她逐渐感到自己可以作出一些决策;面对其他教师的学习,她也逐渐具有影响他人的能力,并切实地在实践中去帮助他们。无论从对自我还是对他人的学习,D老师都可以称得上是一位教师领导者,因为她开始拥有了改变自身和他人学习的能动力。作为一名教师领导者,她的成长是伴随着自身不懈努力的追求而实现的。

(三) 环境的渐变

D老师将自己与同事关系的变化归结于自己做出了一些成绩,上的课慢慢有了让人"耳目一新"的感觉,因此才有资本与他人交流分享经验。成为骨干教师之后,她更有能力去帮助其他教师,因此她与同事的关系逐渐从被轻视,到平等交流,再到如今有东西可以奉献给别人。

D老师自己将与同事关系的变化解读为个人因素:她认为"靠自己"的学习使自己的能力增长了,逐渐具有了影响他人的能力;同时D老师早期孤独的学习经历使之对其他教师的学习抱有同情之心,"再也不愿意看到那种觉得每天一上班好难受,不愿意来的感觉",因而乐于帮助他人。两者共同作用,使D老师与同事的关系发生了变化——这是D老师自己的解读,但从整个学校的教师氛围来看,其实教师之间的交往规则也在悄然发生变化:不愿分享的老师越来越少。

以前有不愿与人分享的老师,但现在少了。可能大家都明白了,小学老师特别辛苦,既然这么累,干嘛我们班比你们班多三分五分的,累不累啊。大家在一个办公室,有时候好几年,学校就这么几个数学老师,两三年一换就碰到一块儿去了。所以大家都开开心心的比什么都强。可能现在大家都活明白了。那种不愿分享的人越来越少,而且它也在变化。真是在变化。(S10-M4-QB)

……(以前)不像现在似的,你年轻你进来。这个时候没有工作经验,我掰开揉碎我给你说,一句一句我给你说。过去没有这样的。现在这个

环境特别好,你要想做一节课的话,我真是一句一句地给你教。(S10-M4-QB)

D 老师刚进入 S 校时,适逢学校初建。因为抱有强烈的"想发展,求上进"之心,一大批年纪相仿的年轻教师之间竞争非常激烈,老师之间不愿意分享。这是 D 老师早期学习体验非常孤独的原因。但实际上,教师之间的合作在一定程度上又可以为教师繁重的工作减负。例如,按照学校惯例,教师备课实际上分两次进行:第一次在开学前,备出整个学期要上的课;第二次是在具体上课前,根据本班学生的情况调整具体的教学细节,即复备。两次备课花费的功夫相当多,如若教师之间共享课件就能够减少教师在初次备课中所花费的功夫。此外,教师之间进行专业合作也有利于教师相互脑力激发、为彼此提供情感支持。反之,则容易产生教师之间的隔阂和情感阻碍,即如 D 老师所说,"学校就这么几个数学老师,两三年一换就碰到一块儿去了",平时都"在一个办公室,有时候好几年",低头不见抬头见,情感上的隔阂不仅会影响教师工作生活中的心情,也限制了教师进一步发展。这就产生了个人竞争和合作需求之间的矛盾。

S 校教师在面临这一矛盾时,渐渐调整着彼此之间的关系,试图在竞争与发展之间寻找平衡点。如下观点比较能够代表现在 S 校中大部分教师对"竞争"的看法:

不交流就不竞争吗?竞争肯定是无处不在的。交流也在竞争,不交流也在竞争。但这种交流吧,就是使自己在工作方面有更多的收获。竞争是一种很正常的状态。有交流之后对自己工作促进比较多。(S2-E3-O)

在 S 校很多老师眼里,学校以及上级对教师的考评是造成教师之间竞争的主要原因。但即使没有这些外部因素,人和人相处,自然也多少会有所比较。关键是自己如何看待和他人的差异。许多老师都认识到,"学校老师的工作是一个协同、共同努力的结果"(S9-E4-QB),所谓的考评结果并不能完全代表一个教师的所有价值,因此,交流合作才是教师关系的常态。

尽管很难断言 S 校的所有老师都改变了对竞争、合作以及发展的想法,但就 D 老师的实际感受而言,教师之间的合作氛围确实较建校时期要好得多。

在这样的氛围之中,即使依然有一些老师不愿分享,但也会迫于其他教师的压力,多少有所改变。例如,S校有好几个不同学科、不同年级的老师,都谈到如何"对付"那些不愿分享的老师:

> 我觉得课件不愿意分享的很少,就试卷(有老师可能不太愿意分享),比如我找到一份卷子,我自己班练、不让你班知道,不想给你知道,我又不想大张旗鼓,我就把这份试卷化整为零,我拆开做不让你知道。有这样的……如果这件事我知道了,我不会明说的,我这人特别掰不开面子,我有的时候会给她一份题,"哎,我觉得这个特别好,你们班练练吧。"有的时候她不好意思,她会说"哎,我给你这个吧",有这样的。(S10-M4-QB)
>
> 反正一谈教学上,人家就不发声,就不说话。有的时候我们就在一起,旁敲侧击地说,"哎,把你的那点经验,那什么(给说一说)……"有时候也说。人家说"啊,我没有啊",(我就说)"啊,把你那文件包里好的那什么(拿出来)……"虽然我不是组长,但我敢说,说完了之后呢,人家毕竟觉得我岁数大了,还是听的。(S5-C3-XB)

无论是用委婉的还是直接的方式去触动、改变那些不愿分享的老师,当学校中大部分教师都认识到分享对教师的意义时,学校中疏离的教师关系也就得到了整体改观。D老师作为一个深刻体验过被孤立滋味的教师,在她具备了影响他人学习的能力之后,她所做出的帮助其他教师的举动,无疑对整个学校教师关系的改变也起到了推动作用。

四、未来的期待

作为全校数学学科仅有的两名区级骨干之一,D老师对自身的期望也越来越大,自我要求也越来越高。对教学,她渴望自己能力更强,能够在日常教学中有所创新;对学校发展,D老师则期待自己能够高质量地完成学校交给的任务,例如上好督导课,帮助学校在外部考核中获得更好的成绩。

> ……那些骨干教师,区级、市级的,他们做课,人家课做出来,次次都不一样,不同的角度,同样地去阐释这个内容,很有创意、创新精神……其实大家都是在摸索,谁也没有专门、专业的训练,但人家做出来的东西会让你觉得,我怎么没有从这方面去想过啊。就这方面对我触动特别大。

我就希望做那样的人。(S10-M4-QB)

……对自己要求也越来越高。比如这次,上周四,我们刚结束完督导课,教研员和教委的领导来听课,然后我就觉得我这课必须上好。学校说得 B 就合格,但我说不行,我不是得 B 的。我应该给学校添砖加瓦,咱就得拿 A。(S10-M4-QB)

D 老师还有一个很高的目标,就是希望能够通过自身的努力,帮助其他教师提高教学水平,最终提高整个学校的数学教学水平。

原来我们学校数学力量特别薄弱。现在,应该这么说,这也是我努力的一个目标,我觉得我们学校数学还是有点弱,就说能够真正挑起来的,骨干教师特别少,一共才两个人……但是我就想呢,就能尽我最大力量,做好本职工作,再帮助其他的老师……(S10-M4-QB)

虽然 D 老师志在提高学校数学教学,但在谈及具体实现途径时,她还是认为她应该在本组内部发挥作用,而将学校层面的工作看作教学主任的责任。她认为自己作为一个区骨干和教研组长,不宜越界,也没有精力去顾及其他年级的数学老师。这也许是一种现实的追求途径。

你在其位谋其职,不是那位置……比如说,我们数学另外一个骨干教师是教学主任,她跟我这个角色就不一样。我领导我这个组,我在我这个组里能够尽量辐射,哪个年轻老师需要帮助,跨组的我都可以过去,这是你愿意或不愿意,都可以的。就看你自己。但作为主任来说,就有责任和义务带领学校的数学老师进行一个提升。有时候,你越界了也不太合适。关键你也没那么多精力。(S10-M4-QB)

对于 D 老师而言,作为骨干教师和教研组长,帮助本组教师是义务、责任,但帮助本组之外其他的教师,就只是权利了。可见,行政职位对教师领导的发挥还是具有很大影响的。

五、D 老师成长经历中的"教师学习—教师领导"互动

从 D 老师个人学习经历这条脉络来看,早期主要依靠自身对学习的坚韧

意志与毅力,主动寻求促进个人发展的资源和机会,如主动向其他教师虚心求教、积极反思和改进个人实践。其他教师对她的帮助和影响,更多是在她主动寻求的情况下发生的。因此可以说,早期 D 老师学习经历中感受到的来自其他教师的领导行为,更多是被动施加的。当 D 老师的学习产生了一些成果后,从学生和其他教师的认可中,D 老师获得了愉悦、满足与自信。此时,个人学习的成果使她对自身学习生发出拥有感和自主性,并产生了更高的学习要求和期望,即产生了自我领导。同时,D 老师的学习使她获得了知识、能力的发展,从而增强了影响其他教师的能力。她个人早期孤独的学习经历,又促使她产生帮助其他教师的意愿。因此,可以说,D 老师的个人学习经历也催生了她指向其他教师学习的教师领导行为。

但从 D 老师所处的学校环境来看,S 校教师学习的氛围也在发生变化。若将 D 老师的个人学习经历置于群体学习历程之中,不难发现她的教师学习和教师领导行为也与 S 校教师群体的学习、领导力有关联。

在 S 校初建时,外部政策环境造成的竞争压力没有遇到任何阻挡,反而受到学校初建、教师年龄层次相近、发展诉求相似的推动,直接渗透到学校教师内部,造成了 S 校教师激烈竞争的局面,恶化了 D 老师早期的学习环境,使期待帮助的 D 老师不得已走上"卧薪尝胆"的孤独奋斗历程。随后,S 校教师对教师竞争与合作之间的矛盾进行了一定程度的自发调整和平衡,因而形成了一股对抗外部竞争要求的力量,为校内教师进行合作、发挥教师领导提供了一定空间。从活动理论的角度来看,教师作为活动主体,协调资源、解决自身实践中的矛盾即为学习。S 校教师平衡同事关系中竞争与合作的矛盾,即为一种群体意义上的教师学习。这一学习活动最终催生了更乐于分享的教师学习氛围,教师通过更多的分享机会、产生更多的相互影响,即在一个组织中出现了富有领导者、经常涌现领导现象的文化。简言之,S 校教师通过自身的调节,为自己酝酿了合作性更强、更利于整体教师发展的教师学习活动规则,这一行动可以视为 S 校教师为自身学习开创了有力的教师领导空间。

D 老师的学习和领导行为可以被视为 S 校群体学习环境改变的一部分。虽然她初期的学习活动没有得到其他教师的帮助,但正是这样的经历,使她产生了帮助他人的意愿,"再也不愿意看到那种觉得每天一上班好难受,不愿意来的感觉"。而这一感受可能并非 D 老师一人所有,因为她观察到学校老师都慢慢开始"活明白了",认为"大家都开开心心的比什么都强",因此"现在不愿分享的人越来越少"。关于这一观点,在研究者和该校其他教师的访谈中,也频频出现。因此,D老师在自己的学习经历中调整和他人关系的过程,可以视为S校教师学习中教师从较为竞争到较为合作的教师关系转变过程的一部分。就D老师个体的学习而言,她的学习与领导活动既受到S校群体的教师学习和教师领导状况的影响,也参与了改变S校教师学习和教师领导的过程。

对于现在的D老师而言,她已经成为一名区骨干教师,虽然她并没有明确谈及学校其他教师能够为她具体的教学问题提供多大的帮助,但至少现在这种工作环境让她感到"特别好"。

在D老师这一个案中,群体意义上的学校教师领导与教师学习与D老师个人层面的教师学习、教师领导存在着复杂的关联,并始终处于国家宏观教育政策和学校所推行的基于教师个体评核制度所带来的压力中。初期S校教师群体学习中缺乏分享的竞争性环境促使D老师通过自我领导去推进自身学习,所以早期D老师单枪匹马、独自与外部压力抗争,谋求个人发展的空间。而当她的个人学习获得一定成果,基于帮助同事的想法,她增强了影响他人学习的能力。在采取了各种帮助其他教师的实际行动后,她事实上参与了改变S校教师学习的活动规则。这可以视为D老师通过自身的教师领导行为影响S校教师谋求自身更好发展的群体性努力,即个人的教师领导与教师学习参与推动了群体的教师学习和教师领导。S校形成了更加乐于分享的教师关系,这一学习环境的变化使D老师感到,现在的教师学习环境"特别好",具有一种情感上的愉悦。这可以视为推动D老师进一步学习发展的起点。

第二节　L老师的学习经历:"出走"的辉煌与困境

L老师是Q校唯一的一名区骨干教师,但出人意料的是,她并非语文、数学或英语等主要科目的教师,而是科学课教师,也就是通常意义上的副科教师。在L老师成长为骨干教师的学习历程中,她个人的学习、所发挥的领导,与其所在的Q校,始终都处于一种若即若离的状态。这既是她学习经历的特点,也为她进一步发展埋下了隐忧。

一、学习的动机:寻求自己生活的意义

Q校是一所农村学校,和城市学校相比,不论是学生生源还是教师来源都有差距。L老师敏锐地觉察到了这一点,将自己和城市学校教师的差距作为自己学习的动力。

　　……作为农村学校的老师,跟城里学校老师有一些差距,那你就要不断去学习,提升了自己,才能让学生提升得更多……(Q7-O-QB)

　　但实际上,外部压力并不是 L 老师最主要的学习动机。其实,学校并没有给 L 老师的工作太多压力。

　　首先,虽然是一所农村学校,但 Q 校在所属的学区①内的教学成绩还不错,因此来自校际竞争的压力并不算大。其次,Q 校长期以来形成的教师文化对教师的评核要求不是特别严格,标准不算高,造成了学校"好的老师能生存,不那么好的老师也能生存"(Q11-VH)的相对宽松的氛围。最后,科学在 Q 校是一个非常小的学科。这个学科之前全校只有 L 老师一人执教,近两年才来了一位新老师。小学科在学校不受重视,"学校的重点永远都是语文、数学、英语",学校对科学学科也没有太多要求。因此,在这样相对宽松的环境中,L 老师的学习动力更多其实是来自自己对工作和生活意义的追寻。

　　在 L 老师看来,不论外界环境是否重视自己的工作、是否要求自己的教学达到某种标准,对于自己而言,选择了做教师,就选择了一种生活方式。好好生活,就是个人为自己选择的生活所赋予的意义:

　　　你好好做你也是做,你不好好做也是做,但是这些工作你都要完成,你干嘛不好好做?(Q7-O-QB)

　　L 老师具有非常明确的想法,即要为自己作为教师的工作生活赋予意义,而学习就是实现她所期待的生活意义的必要途径。这一观点贯穿了 L 老师整个学习经历,使 L 老师表现出强烈的个人能动性。

二、成为骨干的历程

(一) 令人失望的校内教研

　　在 Q 校,L 老师所在的科学组和综合实践、品德与生活/社会(现改为道德与法治)共同编为一个综合教研组。原因是这几个学科都很小,教师不多,有的组有时全校就一位教师,无法单独成组。因为教师学科来源不同,在这个综

---

① 由于 Q 校所在的 C 区辖区范围较大,因此又分为了不同的学区。Q 校所在的学区一共有 11 所小学。

合教研组里开展教师学习很麻烦。

> 我们这个不是分学科的吗？所以活动都是主题式的。我们就围绕大家能够一起活动的主题进行活动。比如说，听评课。虽然学科不同，但理念是相同的，讲课什么的方式是相同的，都有相通的地方，是这种活动。其实正因为学科不同，活动起来是比较麻烦的，效果也不是很明显，还是得靠老师自己。(Q7-O-QB)

这种教师编组方式是不利于教师学习的。由于学科不同，教师之间真正能够研讨的内容有限。相对于 L 老师想要提升自己学科教学的要求，这样笼统的教研活动不能令 L 老师满意。

(二)"靠自己"

由于学科小，学校没有可以深入研讨教学的同事，学校教研也没有什么效果，L 老师只好"靠自己"。她"靠自己"的具体策略是增强自我学习，同时主动寻求学校之外的学习支援。

首先，L 老师根据自身情况，给自己确定了学习目标，并制订学习计划。

> ……给自己定目标。比如，这一年想达到什么水平。我要有目标。定完目标以后，就要顺着这个目标给自己制订计划，比如说学习理论，学习课标。课标上的东西要求你在科学课上有所体现。那你课标上的东西得自己去学。课标上的东西不知道你就不知道应该怎么上课……(Q7-O-QB)

除了自学，L 老师还有意识地主动寻求校外学习资源，例如通过观课，模仿其他学校科学教师的优秀课例提高自己的教学：

> 你想提高了，你就得知道外面的人在做什么，别人干什么的时候你就要去模仿。你听一节课就去模仿他这样上课，他干这个活动我就模仿他这样去活动。我最起码先要跟他水平一样了，才能再去提升。(Q7-O-QB)

L 老师意识到，仅靠模仿只能达到和优秀老师一样的水平。要进一步提

升还需要和同学科的优秀教师进行交流和研讨。因此,她积极地与学区其他
学校的科学教师建立联系、进行交流。在学区教研组的基础上,L 老师和其他
学校的科学教师自发组成了一个跨校的科学教师学习社群。这个跨校的教师
社群为 L 老师的成长提供了教学和情感方面的极大助力。

> (学区的科学教师学习群组)是我们老师自发(成立)的。因为学区教
> 研组氛围好,大家关系好,然后谁有困难谁都愿意伸把手,我认为咱们组
> 在这方面,要比其他的组做得好。你想想我们这个教研组人的关系到了,
> 大家都很无私了,这个进步就很容易。都伸一把手的话,这个老师的进步
> 就会很快了。(Q7-O-QB)
> 我当时为什么能成为区骨干,因为我们(学区)有几个科学教师关系
> 都特别好,谁有事的时候,都会大家一起来助阵。比如我讲课,大家就都
> 会来听课,每个人都特别无私地把所有的感受告诉你,你会顺着别人的感
> 受去分析,再去修改课堂教学,修改实际工作,然后你才能⋯⋯等于大家
> 把所有人的精华都给你了,你再去不断地提炼嘛。(Q7-O-QB)

这个跨校的教师社群中的老师总是组织相互听课、评课等教研活动,为 L
老师提供了许多有关科学教学方面的宝贵意见;教师之间无私的分享、互助,
使彼此之间形成了密切的情感纽带。L 老师感到自己能成长为区骨干,是在
学区所有这些科学教师提供教学支持和情感支持下实现的。

最后,L 老师还主动寻求教研员的帮助。不像学校其他教师主要通过学
校教学副校长,或者教学主任去请教研员来听课,L 老师自己主动与教研员联
系,请她来听自己的课,为自己提意见。Q 校的 S 校长谈到 L 老师的时候,也
很感叹她的这种主动性:

> 比如 L 老师,她不用学校搭"平台",她自己就搭建了。那种就是"鬼"
> 的老师,聪明的老师。人家自己和教研员联系啊。自己通过参加区教研
> 活动,自己请教研员听课来了,她有这方面的能力,但这都是个别的。多
> 数还得需要学校,校长、教学干部去跟人家联系,搭建平台。(Q11-VH)

学校请教研员是要花费一定资金的。科学是学校里不受重视的小学科,L
老师清楚地知道,等待学校给自己请教研员指导是不现实的。因此,她主动出

击,通过参加区教研活动的机会,和教研员逐渐加强了联系,让教研员逐渐了解自己,并借此机会加入了区中心组,为进一步的学习发展赢得了有利条件。

(三) 学校的支持:条件保障和功利性动机

在 L 老师自身的努力和校外其他科学教师、教研员的支持下,L 老师的教学进步很大,很快就加入了学区的中心备课组,评上了区级骨干,并最终成了区中心备课组的组长。在这一过程中,Q 校也为 L 老师的学习提供了许多支持,但这种支持并非教学方面的,而是给了她"充分的、支持自己去找学的方式"的机会和条件保障。

首先,学校在时间上给了 L 老师很大的支持。

> 学校支持最大的是时间。每周你要上 20 节课吧,每天平均要上 4 节。如果你要外出学习,就需要调课。而且有时候会有矛盾,比如班主任也要出去,我也要出去,学校可能就会让我先出去,或者是在不影响我的情况下,再进行一定的调配。这个是很关键的,老师要想学,要想开阔眼界,必须要出去。你得出去看,你在学校里怎么也是不行的。所以学校在时间的保证上还是挺重要的。(Q7-O-QB)

Q 校的科学教师少,一旦 L 老师想要出去听课学习,就需要调课。学校里"一个萝卜一个坑",每个老师的工作已经安排好,一个老师有变动,往往会涉及整个学校教师的安排。但学校在时间协调上,还是给了 L 老师很大的优先权和自由度。

此外,学校也给 L 老师的学习提供了资金支持和较大的学习自主权。

> 人家(学校)虽然不能具体支持你,但是给你提供一切条件,领导没这么说,但意思表达就类似。就说我不能对你这个学科、这个人做什么有效性的指导,让你能很快地提高,但是呢,我可以为你提供很多条件。比如,你想请骨干老师,我们还有市骨干呢,我们还有更高一级的老师,你想让他来指导你上课,学校就给你提供这个条件。你想请教研员来听这个课,学校给你提供这个条件。因为请教研员一般不是要花钱的吗? 学校有一定的资金投入的嘛。或者是你想去干什么,学校都会有一定的支持。反正我现在做起工作来,还是比较好做的吧。我想干什么,我要给学校领导说了基本上都会同意。(Q7-O-QB)

　　无论是时间安排，还是资金支持，Q校都给L老师最大的自由去外面寻找学习发展的机会。对于一家农村学校而言，为一位教师提供如此大的支持力度是非常不容易的。实际上，Q校这么做也掺杂一定的功利性目的于其中。

　　L老师坦言，学校并非一直以来都这么有重点、有针对性地培养她。学校给L老师外出听课的优先权、请教研员和骨干教师到校指导的资金支持、较大的学习自由，都是在L老师得到教研员赏识、进入区中心组、成为准骨干教师之后。在L老师看来，她这个区骨干对于学校而言是"无心插柳"，是自己已经"冒出来"之后，学校"水到渠成"给推了一把，于是最终造就了她这个全校唯一的区骨干。

> 　　学校的重点永远放在语文、数学、英语上，像小学科是不会受什么特别大重视的。基本上是自己……我说内因是很重要的嘛，你自己做到一定程度了，就这样了，好多东西水到渠成了。(Q7-O-QB)

　　既然科学并不是学校重视的科目，为什么学校还会不惜财力、人力、物力去推L老师当区骨干呢？这与学校的业绩考核有关。

　　Q校所在的C区这几年一直在进行"小学规范化投资"，即由市教委为学校投入资金进行软硬件建设。Q校在规范化期间获得了两三百万元的投资，相应地说，就需要通过验收。学校骨干教师的数量和级别都是"验收"中软件建设的内容。在这一背景下，当L老师已经通过自己的努力成为区中心组的准骨干教师之后，那么Q校理所当然会抓住这个契机，再推她一把，把她推上区骨干，Q校也完成了达标任务。对学校、对L老师，这是一举两得的事情。

　　L老师不愿点破学校推她做区骨干背后的功利目的。事实上，当L老师成为Q校唯一一名区骨干教师，并且还当上学区科学备课组组长之后，学校并没有以此为契机，去发展Q校的科学教学。Q校依然只有两名孤零零的科学教师，学校对L老师也没有任何带教新教师之外的期待。出了区骨干教师和学区科学备课组长的Q校，科学依然是一门边缘的小学科，而L老师也自觉自己这个区骨干给学校"带不来什么"实质的变化。

（四）学校其他教师的支持：教学之外的帮助

　　相对于学校的态度，学校其他教师对L老师的支持则不那么具有功利性。例如，学校其他教师愿意协调自己的时间，为L老师的学习提供便利。当L老师谈到自己外出做课，与其他教师协调时间时，她这么说：

……还有就是老师之间的关系。你像我之前做课,包括区里的课,什么活动什么的,班主任的活动也是很重要的。带学生出去比赛也好,带学生去活动也好,班主任不愿意,你缺这一课半课的,人家老师得去给补。咱班主任都不会说我不同意,我不愿意。我随便,你什么时候用都成……如果我需要时间的话,大家都会把时间给我腾出来……(Q7-O-QB)

又如,其他教师也会留心 L 老师的需要,尽自己所能去帮助她搜集教具。

……然后我需要什么东西的时候,像我们科学需要好多东西(教具),都是七零八碎的,我要跟老师说我缺什么东西,你们帮我留心,然后所有老师都会帮我搜集这些东西,最后给你拿过来。(Q7-O-QB)

学校其他教师虽然不能在教学方面为 L 老师提供直接的帮助,但在时间协调、帮助找教具等种种细微琐碎之处,表达了对 L 老师的帮助和支持。L 老师和 Q 校其他教师之间的交往主要不在专业领域,而是在生活领域。她们之间形成的这种混杂了工作与生活的朋友式同事关系,是托举 L 老师持续学习发展的情感助力。

基本上我们老师之间朋友比较多。大家都是好朋友,平时周末啊,我们还会出去玩儿,带孩子出去啊,购物什么的。所以好多就已经从工作关系变成朋友关系了。还可以吧,我觉得我跟学校老师关系还都可以。否则你不会做起工作这么容易。那时候我就跟我们校长说,我成长到今天,怎么成长的?不是个人力量,不是我自个儿多牛多牛,是所有的人都在帮我,所有的人都在拉我。可能他在教学上不能帮你,但他在其他方面都会帮助你,所以我才会有今天。(Q7-O-QB)

三、作为教师领导者的影响力

L 老师被评为科学学科的区级骨干教师,也是 Q 校唯一的区级骨干。同时,L 老师还当上了学区科学备课组组长。应该说,在官方意义上,L 老师已经是名副其实的教师学习的领导者了。L 老师在教师学习方面发挥的领导作用表现为如下三类。

第一，帮助 Q 校科学组新老师学会教学。Q 校近两年来了一位新教师，改变了 Q 校科学课几乎完全由 L 老师一人执教的局面。L 老师自然也成为这位新老师的师父。L 老师这样描述自己在指导新教师时的主要工作内容：

> 主要是，比如上课，因为她是新老师，一般提前会跟我说她这节课想怎么上，有时候她不知道这课怎么上，会来问我，就说以我的经验这课会怎么上，然后在我跟她说的时候，她也会放入一些她的想法。比如"我这么想，您看看搁在哪儿比较合适"。基本就这种研讨比较多。然后就是听课，基本上我们听课也比较多。去告诉她，以课标的什么点，什么类型的课怎么上。比如说探究这种课，实验课你怎么去上，然后自己查资料的这种课又怎么上。因为每种课有一种大体的模式，确定以哪种理念去指导自己的课，基本上就不会出什么大错误。首先你要能把你的课上完，然后再说怎么去提高你上课的质量，和你上课的水平。（Q7-O-QB）

在学校里，L 老师对新老师的带教工作，主要集中在课前回答新教师的疑问、听课并监察新教师教学目标的落实情况、指导新教师掌握基本的教学模式等方面。这些主要是在经验和实践层面上指导新老师熟悉教学，并不涉及学科的扩大发展。

第二，L 老师以自身经历带动 Q 校其他学科教师关注教师学习。虽然学科不同，L 老师能够与其他教师交流教学方面的内容不多，但她还是通过与同事间朋友式的交往，以自身的生活态度和热情去影响其他教师。如当学校音乐老师遭遇职业倦怠时，她会以自身的经历去提点她，帮助她重新去思考自己生活、工作的意义。L 老师认为自己对学校其他学科的教师的影响主要就体现在提点工作生活的态度上。

> 其实在教学上（我能提供的）真的帮助很少，但是在想法上一般就会给她点提示。就说你到底该怎么去工作，怎么去为人处事，或者说那个什么么，基本就这样。（Q7-O-QB）

第三，L 老师对学区其他科学教师的学习发挥影响。作为学区科学教研组的组长，L 老师的任务除了搞好教学，最主要的是结合上面的工作去培养本区 11 所小学的科学教师。她是这样看待自己作为学区科学教研组长的职责的：

> 首先最基本的你得把教学搞好。（然后）我们会有重点地（确定）每学期培养哪个老师，或者连续性地培养这个老师。比如确定了一位教师，我们就带着去做学区内工作，做听评课，那这一学期我就会专门找他听课。或者学区组里面几个老师，一起去听课、评课，帮他提高，完了再听课，主要就培养他一个。那目标定了，就培养他，各方面就都要追着他。再一个就是要带他接触更多的人，外出听课，以前可能没有通知就不会让他去，现在我们外出学习的时候都会叫上他一起。这样可以扩大他的眼界，多看多听自然就会提高。我们主要就是利用各种机会打造老师。就是以老师自身的提高为主。(Q7-O-QB)

在以上三类工作中，L 老师认定的工作重心并不是学校内部的工作，而是作为其所在学区科学教研组组长的工作。L 老师非常明确地回答研究者，学区工作才是自己工作的重心，而非学校内部的工作。而她之所以作出如此选择，与 Q 校科学教师少、难以开展深度学习有关系。

> （学校里）哪怕有 4～5 名（科学）老师，研讨起来也会好一些。现在比较难。学区的（科学老师），毕竟一个学科的。别人（同校其他学科的教师）他听（我的课）吧，他有再高的水平，毕竟学科和学科之间有差异。(Q7-O-QB)

Q 校新来了一个科学老师，改变了 L 老师孤军奋斗的状态。新老师专业知识很扎实，"理论比较多"、实验操作比较规范，在这些方面 L 老师也从新老师那里得到很多启发，但新老师的这些"理论知识"却不能很好地应用于实践。因此，L 老师的总体感受依然是自己往外给予的比较多。

> 现在（在学校内部的）分享更多是单向的。学校内还是自己（分享给别人的）更多。(Q7-O-QB)

此外，学校也并不太重视科学课，并没有想到要借 L 老师这样一个区骨干来着重发展本校的科学教学。即使在 L 老师已经成为 Q 校唯一的一名区级骨干之后,学校依然没有对 L 老师提出什么要求。因此,除了带教新教师之外,L 老师在 Q 校内部并没有展示和发挥领导的充分空间。

> (学校对我)现在没有明确的任务。现在就是新老师来了之后,让他的教学步入正轨。其他学校没有特别高的要求。(Q7-O-QB)

在学校科学教师少、与本学科新教师的交往难以获得较大提升、学校也不重视科学课的情况下,L 老师将自己的工作重心转向了学区。其实,在研究者走访的两所学校中,老师们大多认为区级骨干教师是比较难评上的,成为区骨干的教师是获得普遍认可、"有能力"的老师。然而,L 老师作为 Q 校唯一的区骨干,却没能受到学校的珍视,没能在学校内部找到充分的发挥领导的空间。而这并非她不愿,而是她所处的学校缺乏培育教师领导的意识,而 L 所处的学科规模、学科地位对教师发挥领导作用也产生了极大的限制。

四、发展停滞期

L 老师坦言,现在的自己处于发展停滞期。

> 现在我的发展已经到一个停滞期。这一年我都没有什么明显的提升,自己都觉得。(Q7-O-QB)

谈到发展停滞的原因,L 老师认为现在靠学习优秀课例,已经不足以支撑她的学习发展了。因为她所处的 Q 校是一个农村学校,学生的情况、学校环境都与那些优秀课例有差异,因此很难将那些优秀课例中的做法移植到自己的学校和课堂中来。

> 有机会是有机会听(市级、国家级的课),但是自己再往上走的话,市级也好、国家级也好,也是以一个主题或一个理念来支撑课程的,听完以后,跟实际教学相比较,总觉得差距很大。不适合你的应用,因为学生,包括整体设计是跟你有很大差距的。要想再往上提升的话,反正我觉得挺困难的。(Q7-O-QB)

其实 L 老师面对的问题,本质而言,是如何结合本校情况进行创新。和许多教师的学习经历一样,L 老师早先主要是以优秀课例为载体,依靠模仿来理解、学习其他教师的优秀经验,并在此基础上略微改造。但随着她参与的教师学习活动级别越来越高,她所接触的优秀课例越来越来自具有不同背景的学校。依靠模仿和简单创新的学习方式不再有效,但如何结合本校情况发展自身,L 老师又没有头绪。她甚至觉得自己连目标都难以确定:

> 就是没有找到你下一个发展的目标,或者不知道下一步应该怎么走。如果能够保持,我就觉得很不错了。就觉得哇哇哇一下就没有了似的。(Q7-O-QB)

L 老师的这一学习困境与学校没有为她提供发展平台颇有关系。L 老师面临的学习发展困境本质上是缺乏校本发展的创新力。这类基于校本的教师发展不仅需要外部资源的辅助,更需要依托本校教师的共同成长,才能为个体教师提供发展和创新的源泉。但前文已述,Q 校并没有为 L 老师提供充分的发展空间。即使在 L 老师已经成长为一名优秀的科学骨干教师之后,Q 校也没有意识要借 L 老师大力发展本校的科学教学。L 老师在 Q 校内部始终缺乏一个能够与之共同成长的科学教师学习社群,这就限制了 L 老师基于本校实际的进一步发展。

五、L 老师学习经历中的教师领导与教师学习

L 老师作为一个农村校的教师、一个副科教师,能够成为所在学校唯一的区级骨干,并当上学区科学备课组组长,她的成长历程可谓相当成功。回顾她的整个学习经历,与 Q 校的关系始终若即若离,这既是她既有学习经历的特征,也是她进一步发展道路上的障碍。

最初,因为学校不重视科学课,L 老师的学习只是源于自己内心追求有意义的生活之渴求,这纯粹是 L 老师的个人意愿。就 L 老师的学习历程而言,受到学校规模和学科规模所限,她在学校内部找不到可以进行学科教学内容研讨的同行,学科差异又使学校其他教师没有能力为她提供教学方面的直接支持。因此,她只能转向校外寻求学习发展的资源。在这一阶段,L 老师学习中感受到的教师领导更多来自 Q 校之外、学区其他学校的科学教师。Q 校其他教师为她的学习提供的更多是情感支持和物质帮助。因此可以说,L 老师的教学现场虽然在 Q 校,但她的学习活动却是游离于 Q 校的。

随着 L 老师的学习达到一定水平,她逐渐具备了一些能够影响其他教师学习的能力,但她在 Q 校内部只能发挥有限的影响力。一方面是受到学科内容差异的影响,L 老师作为科学骨干的长处和优势并不能在 Q 校内部充分发挥,她的影响更多在非教学方面,如以自己的经历去提点其他教师的工作生活态度。另一方面,学校也没有意愿大力发展科学教学,科学课在 Q 校依然处于边缘地位,学校对 L 老师的期待也不过是带教新教师而已。对于一名如此艰难才成长起来的区级骨干而言,这显然不是一个能够供她充分施展才华的地方。因此 L 老师只能将自己的工作重心放在学区,在 Q 校之外去发挥自己的教师领导。

工作重心始终放在校外,为 L 老师的进一步发展带来隐忧。一方面,L 老师的进一步发展要求她结合 Q 校实际,进行校本创新;但另一方面,Q 校对于 L 老师而言,只是提供了教学的场所,却并没有完全融入 L 老师的学习之中。学校中缺乏科学教师合作学习的情境,而单靠 L 老师自己去探索结合本校实际的创新,又显然让 L 老师感到力不从心。因此,L 老师的进一步学习受到了阻碍,陷入了停滞。

就教师领导和教师学习的相互关系而言,L 老师初期的学习受惠于学区层面其他科学教师的教师领导行为;随着学习的进展,L 老师也具备了影响其他教师学习的能力。但因为学校不重视科学学科发展,她的教师领导并未惠及 Q 校内部的教师学习。反过来,Q 校内部科学学科的教师人数少、缺乏双向交流、缺乏教师合作学习的情境,又不能为 L 老师的进一步学习发展提供支持。

其实,L 老师在学习中始终是一个"出走者"。L 老师因为科学课在 Q 校不受重视、校内的教师学习动机不高,而只能独自在校外谋求发展的资源。这是她学习历程中第一次出走。随着 L 老师获得一定学习成果,她逐渐具备了一些影响其他教师的能力,但她的教师领导尝试在 Q 校内却找不到充分发挥的空间,只能再次出走。这是她学习历程中第二次出走。在 L 老师的学习经历中,无论 L 老师的学习还是她所发挥的教师领导,都是与 Q 校相分离的。虽然在迄今为止的学习历程中,"出走"的 L 老师取得了一些成功,但若她继续保持"出走者"的身份,就可能因为脱离本校实际、缺乏本校教师合作学习的智力支持,而很难继续辉煌下去。

第三节 ◎ H老师的学习经历：始终"独行"的学习者

H老师是S校三年级数学组的三位老师之一。她有十五年的教龄，算是一名资深教师了。大概三年前，H老师调入S校。在此之前，她曾在本区另一所学校教数学。H老师工作过的两所学校，其环境与氛围都截然不同，而她自身也在慢慢变化着，但她始终是一个具有个人倾向的学习者。

一、O校的学习工作经历："单打独斗"

H老师在加入S校之前，在学区的另一所小学O校工作了十几年。O校是H老师的第一个工作场所，是她学会教学的地方。在这里，H老师形成了许多保留至今的学习习惯。

O校是一所特别小的学校，"小到一个年级只有一个班"。在这里教学，只能什么事情都自己一个人"单打独斗"，因为根本就没有人可以交流。

> 我原来在一个特别特别小的学校，小到一个年级就一个班，所以没有人研讨，没有人交流。我今天上第几课，我什么时候考试，完全自己说了算。我教什么知识，我怎么讲，都是一个人说，所以自始至终都是单打独斗。全区就一所学校那样。（S6-M3-O）

H老师作为教师的职业生涯就在这样较为孤立的环境中起步。再加上H老师自己性格较为平淡，不太愿意与人深交，她形成了一种比较具有个人化倾向的学习观。

> （学习）还是个人努力多一些吧，外界好像不管怎么引领，出力的还是自己。（S6-M3-O）

H老师在O校工作的十几年，几乎没有体验过真正的教师合作学习。她早期学习经历的这一特点在之后调入S校后虽然有所改变，但倾向个人独自探究的学习习惯并没有明显变化。

二、S校的学习工作经历：个人化学习倾向的延续和微调

大约三年以前,H老师调入S校。在这所云集了本区精英教师、极为重视教学的区重点小学中,H老师顺应环境的要求,改变了以往个人学习中的一些做法,但这种改变只是表面上的。在新的环境中,H老师不仅没有彻底扭转极具个人倾向的学习观,反而在与同辈竞争的压力中,产生了职业倦怠。

(一)"学着去交流"

与O校不同,S校学生和教师的人数都比较多,达到了一定的规模和水平。按照学校安排,每个年级都由三位数学老师共同承担教学任务。因此,H老师进入S校后,立刻就发现需要改变以往在O校什么都是自己说了算的状态,要学习与其他教师沟通、交流教学相关的问题和信息。

> 刚到这边来还不适应,什么都要和别人商量下。说进度是快是慢啊,遇到这个问题怎么解决啊,什么的。现在反而像个新老师,向别人学着去交流。之前那十几年都是自己在做这些事情。就说我现在与人的交流、沟通、与人相处方面在学、在进步。(S6-M3-O)

H老师所说的"学着去交流"指的主要是学习在教学方面进行交流的行为习惯。S校非常重视教学,组织了各类旨在提高课堂教学质量的教师教研活动,这些都硬性要求教师以教研组为单位集体参与教学研讨;S校的教师也普遍关心教学,教师之间常常进行有关教学的交流。这是与O校截然不同的学校氛围。身处新环境之中,H老师立刻顺应环境,做出了一些改变,例如像其他老师一样,在课间闲聊的时候,谈论一下当天的教学。

> ……有想法就说一下,发现问题就说。交流的时候谈谈学生,谈谈知识点,说我发现什么,我发现什么什么情况,怎么解决。(S6-M3-O)

在谈到进入S校后发生的这些同事关系方面的改变时,H老师更多是从行为习惯方面来谈自己的变化。那么她内心深处对自身学习的看法是否得到了改变呢?

(二)"任务式的交流"

虽然H老师在与同事交往方面发生了一些改变,但她自己认为,同事交

往中发生的这些变化都是外在环境要求的,她不过是顺势而为。

首先,她认为教研组人员构成是学校安排的,学校安排的合作性教师学习活动往往以教研组为单位开展,自己要参与教研组的工作,要完成这些活动,就不得不去和同事打交道。

> 现在团体组成就是上面安排的呀,不是自己选择。那么我在集体工作的时候肯定要参加的。(S6-M3-O)

同时,她认为这些学校安排的活动中,教师之间的交往都只是为了完成任务而已,对真正的学习发展并没有实质的帮助。她这样描述学校组织的教师学习和她认为对自己真正有价值的学习方式之间的差异:

> 我觉得所有的老师都是任务驱动,有任务来,大家就围拢来完成这个任务,任务完成之后,就又散开了。(真正)要交流,我肯定要找和我的性格相合的去交流。可能不是本组的甚至不是本学科的。(S6-M3-O)

在 H 老师眼里,自己与同组教师的交往是肤浅的、行为层面、任务驱动的。在能够真正触发有效学习的层面上,H 老师认为自己和同组其他教师的交流比较少,"我们各自为阵的时候多""任务式的交流占多数":

> 我们组特别的地方其实不是优点,是缺点。就像我一样,我们之间的交流沟通啊,不如其他组那么多,不如其他组那么自然。任务式的交流占多数,自发式的比较少。(S6-M3-O)

H 老师进入 S 校的这三年,她一直与另两位老师 W 和 Z 搭配组成教研组。这个教研组中教师之间的关系比较疏离,以"任务式交流"为主(H 老师所在教研组中的教师关系参见第三章第三节)。在这个教研组中,由于办公场地分散、教师工作量较大、课时安排分散等外部因素,教师之间缺乏共同的探究目标、几位教师个性不喜交流等内部因素,共同造成这个教研组中较为疏离的教师关系。在这样的环境中,H 老师虽然在工作态度、具体的教学风格上也受到其他两位教师的一些启发,在学校组织的各类教师发展活动中与其他两位教师有一些交流,但总体而言,H 老师还是认为自己与其他教师的专业交往并不多。

(三) 产生职业倦怠

H老师坦言自己这两年进入了职业倦怠期,缺乏发展的意愿和热情。

> ……干的一多,就可能疲沓了,教到十几年之后,可能是一个疲劳期,大家都讲疲劳期,比较疲惫了。家里也好啊、自己的事务也好啊,多了;上有老下有小啊,事情多了就牵扯自己很大的精力,这可能是一个客观因素。但从主观上来讲,就一个惰性。(S6-M3-O)

其实,H老师的职业倦怠与S校的氛围也有关系。与之前的O校不同,S校是所在学区最优秀的几所小学之一。作为"窗口校",这里的每一位老师都颇具实力。用H老师自己的话说,出去说是S校的老师,人家都会"掂一掂分量"。但老师的这一口碑很大部分来自S校对于教师相当高的要求。S校要求教师不仅在正式考试中成绩要领先,在一切S校参与的活动和比赛中都必须获奖。这虽不是学校的硬性规定,却已被学校教师广为接受,并形成了如下心理:不能在考试中领先或在比赛中拿奖就是教学不行,教学不行的教师在学校就低人一等,没有价值(这一文化逻辑在本章第一个案例D老师身上也曾显现)。这一逻辑成为H老师职业倦怠的另一个压力源。

> ……我们学校,这种学校的荣誉感会战胜一切。学校对荣誉看得特别重,只要有活动就必定要参加,只要参加了就必须要拿奖。从上面,多少年了,大家一直都是这想法。有活动就要参加,参加了就要拿奖,就要做到最好。这样才是我们学校的风格特色,或者说我们这大校或者窗口校应有的表现。人家比较看重(我们学校),会掂一掂分量,会被别的学校老师高抬一下。为什么会这样,就是因为所有活动都要参加都要获奖。所以在S区名气越来越大。然后人家就会想,S校的老师肯定还是不错的,要不然怎么会拿到那么多荣誉呢? 其实他们不知道,都是必须要拿,有压力的。(研究者:有什么压力呢?)我看到周围人都拿奖了,我没拿奖那就证明我不行,所以我肯定也要去(争取拿奖),每个人都有这样的虚荣心,多多少少会有一些,为了自己的面子也会努力的。(S6-M3-O)

当H老师来到S校之后,发现自己并不算"优秀",她感到每一位老师都比她有经验,自己并未在同辈教师之中脱颖而出。反观自己努力奋斗了十几年,却没有特别明显的进步,这让她产生了深深的挫败感,逐渐丧失了对工作的热情、渴望和目标。

> 好像在我这儿,每个老师都比我强一些,都比我有经验……(我就)觉得十几年了,还在这个层面上,就不会有太大的起色,还是维持现状,所以就越来越懒惰了。现在对工作的这种热情、渴望、目标反倒是模糊了。(S6-M3-O)

在 S 校短短几年的工作经历中,H 老师体验到的是所在教研组中疏离的教师关系、因为同辈教师的竞争压力产生的职业倦怠。所有这些并没有改变 H 老师在 O 校工作中就开始形成的极具个人倾向的学习态度。尽管因为外部的要求,她改变了一些表面、个人化的学习行为习惯,但她其实还是一个倾向于独自探究的学习者。在新的环境中,她是一个具有个人化倾向的、务实的学习者。

三、H 老师的学习现状:具有个人化倾向的务实学习者

虽然 H 老师在教研组中与其他教师的交往较少,产生了职业倦怠的她也自认没有以往"好学上进",有些"懒惰"、不那么"爱动脑筋",但 H 老师其实依然保持着对个人学习的关注、学习探究中依然具有个人倾向,只是在追求发展的道路上更加务实了。

(一) 保持对学习的关注

H 老师对学习的关注,最明显的就体现为她一直关注着如何改进学生学习。她这样谈起自己从教以来发生的最大变化:

> 以前刚开始工作嘛,所有的着眼点都放在知识的传授上了,就是一直在思考,我必须把这个知识教会了,我必须让他学会这个知识。但随着时间流逝,觉得知识教给孩子不是太困难了,可能是经验丰富了,有自己的方法了,但是知识传授之后的学生那种背后的能力、背后的情感,慢慢就浮现出来了。他可能知识学会了纯粹是老师的灌输、老师的强迫,但是他愿不愿意学、他有没有自己独立学习分析的能力,遇到困难他能不能独立想办法解决,这样。如果只看重知识的话,那就是孩子的一个缺失,到了

高年级马上就会凸显他能力的不足。也可能刚开始上班是从低年级开始教起的,就没有看重能力那方面。但是自己带了一个大循环,自己的孩子在这方面就不如别的班级的同学,然后就会反思自己的过程。为什么学生是这样的,其实知识都是一样的,缺少的就是能力,就是对学习钻研的劲头。从学生角度是这样一条线,是这样一个变化。(S6-M3-O)

尽管教书教了十几年,但 H 老师一直都在思考自己对学生和教学的理解。在重知识传授阶段,H 老师关注如何积累经验、积累方法,让学生学得更多。但当她达到这一目标之后,通过比较自己班和别班的学生,发现自己的学生在学习动机、学习生成能力方面有所欠缺,是自己教学中被忽视的一面,因此,她又开始考虑如何提高学生的学习能力。

H 老师一直都在关注如何改善学生的学习,尽管早期的她可能出于满足外部对教师的评价要求而工作,现在则是为了求得内心安稳而努力。但不可否认的是,她自始至终都在关注学生的学习,并为改善学生学习而改进自己的学习。这可以在下文所述的两点(H 老师与同事交往、参加外出教研活动中的表现)得到印证。

1. 与同事的交往:细心的观察者

H 老师虽然与同组其他两位教师的自发交往不多,但在学校组织的各种教师合作学习活动中,她依然关注着其他两位教师的教学,并从中学习、改进自身。例如,她对本组另一位老师的观察就很有意思。

(我们组)每个老师都有自己的特点。其实我好像……就像我刚才说的,我心目中最认同的一个老师,踏实、细致,对知识的把握特别到位。那位老师的思想,她的教学风格,她的讲课效率,都是我内心中较认同的,或者说最佩服的部分。但是每个人都有不足,我对这两点是感触最深的。因为本身我欠缺的是这两方面,所以我就关注得更多一些。……如果让我特别细致的话,我可能缺少的是耐心,让我有想法的话,我可能就比较懒惰,不爱动脑筋。这是我最需要学习、最需要努力的,渴望成为她那样的人。(S6-M3-O)

在 H 老师的观察中,那位老师教学风格细致、课堂效率高、有想法。H 老师认为这些都是自己欠缺的地方,是她渴望变得和她一样的地方。如果没有对自身学习和其他教师学习的关注,H老师是不可能去这样观察和思考的。

2. 外出参加教研活动:自觉的反思者

在外出参加区教研活动、看到优秀课例的时候,H老师也保持着反思的习惯,思考示范教师的做法是否适合自己、如何改造以适合和改进自己的教学。

> ……我们看示范课、研究课,肯定会认同他的做法,但是我要不要采用,是不是适合我们班学生的情况,那就要看自己的想法了。但是即使用的话,也要再加工、再修改,使它变得适合自己。这样变成自己的东西,孩子们会更加容易接受,而不是照搬过来。(S6-M3-O)

虽然进入职业倦怠期的H老师自认为如今不那么爱动脑筋了,但实际上,她一直都很关注学生学习,以及为改善学生学习的自身学习。经过了十多年的教学生涯,学习已经融入H老师的生活。不需刻意的提醒,她已经很自然地在自己的教学实践中,在看到其他教师的课堂教学时,外出听示范课、研究课的时候,随时进行着观察、反思、改进自己的教学,而这正是学习的本义。

(二) 更加务实的学习态度

H老师现在对学习的态度非常务实,她不像以前那么看重外界的评判,而是以"求得自己内心安稳"为准绳。

例如,在学校教科研活动中,H老师会选择参与对自己有帮助的活动,没帮助的就有策略地"偷懒"。

> 科研啊、教研啊,如果说自己能够用得上的,我就弄一下,如果说研究半天用不上,白白浪费半天,最后不一定有成果的,就不做了。(S6-M3-O)

在H老师看来,学校现在的教师教研活动实际上往往是要求教师去做科研,但教师并没有充足的时间和能力去独立做科研,她认为有许多教科研活动其实与自己切身的教育教学无关。

> (我喜欢的教研方式是)与自己教育教学有关的活动,这样大家都比较有兴趣,而且能够看到实效。(现在的)也有关,但是呢,往科研方面走得比较多……(S6-M3-O)

在这种情况下,H 老师就有选择、有策略地去参与这些活动:如果对自己教学有帮助的,她就认真去做;如果她预计对自己教学可能没有什么帮助,但又要花费大量时间,她就选择偷懒,随便应付了事,或者只是完成分配的任务,做完就上交,不去花太多精力参与后续的工作。例如她谈到自己如何参与学校要求做的某研究专题:

> 本年级的研究专题,由组长牵头……然后我们把个人的写一些,然后组长汇总整理。然后我……就是(你上面给我)安排任务,我就干,干完我就交。(S6-M3-O)

H 老师认为学校要求做的这些研究专题出来的结果"对自己教学的用处不大","大家只是看看","不会用在自己这儿",因此,她只是将之看做一项上面安排下来的任务,完成自己的分工即可,并不愿花费很多精力去更深入地参与。

除了选择性地参与学习活动之外,在学校通过教师考试成绩来评价教师业绩的时候,H 老师也会调整心态,不去进行无谓的竞争。

S 校很重视运用考试结果去影响教师学习,表现在两个方面:一方面,学校每个学期都举行不同层级的考试分析会,希望通过分析学生测试结果,获得对教师教学情况的了解,进而希望教师从中发现问题、改进自己的教学;另一方面,S 校将学生考试成绩纳入对教师的评价体系中,试图通过对考试成绩进行评核来刺激教师提高教学质量。虽然学校的初衷良好,但把考试成绩纳入教师个人的业绩评核、最终与教师的效益挂钩,却难免带来教师之间的消极竞争。H 老师就曾目睹二年级语文组老师之间因为业绩考核而发生冲突。想到这些可能发生在自己身上,H 老师选择看淡外部评价,淡化竞争对自己的消极影响。现在的她还是尽心将自己的教学做好,但并不完全依据考试成绩的比较来评价自己的学习努力,她更愿意以是否获得学生和家长的认可作为评价自身教学的标准。

> (学校的业绩考核系统带来的教师)竞争肯定会有的,但可能每个人对它的重视程度不一样。有的老师可能由性格决定更喜欢、更愿意显示自己,或者是更愿意被别人看重,觉得这个成绩、这个分值才能够反映我的水平。有的老师可能认为分数由学生来考,孩子的情况不一样,每个班

　　情况不一样,智力水平也不一样,我的分数我尽力了,分数不是很差,虽然差个一分两分平均分,我觉得很正常。我尽力了,平常的工作大家也看到了,也得到家长和学生的认可了。就有两种想法。那第一种想法的人,那种竞争完全是他自己造成的,并不见得是别人怎么样。是他自己的想法造成了他的行为方式,交流谈话。是不是竞争的想法完全是由个人造成的。我无所谓。(S6-M3-O)

　　H老师认识到,外界制订的评价标准是死的,个人可以选择不同的应对方式。对于H老师而言,她选择尽力而为、得到学生和家长认可就可以。她的学习动机是向内求索的,希望求得"内心的安稳",因此,她表现出的学习行为显出务实的特点,即对学生"有用就去做,没用就不做了":

　　　　……从内心来讲,还是求得更安稳一些。看事情更实际了,有用就去做,没用就不做了,特别实际了,能偷懒就偷懒了。(S6-M3-O)
　　　　……怎么说呢,把学生教会了,对的起这份工作、对得起学生就行了……(S6-M3-O)

(三) 与同事交往:"活在夹缝当中"

在和同事交往这一方面,H老师觉得自己是一个"活在夹缝当中"的人。

　　　　……小团体吧,三五个人,每个团体有自己的核心人物。我自己是活在夹缝当中的,呵呵。(S6-M3-O)

　　H老师所说的"活在夹缝当中",是指从内心而言,她感到自己不归属于任何一个教师团体。在H老师看来,学校中其实不乏各种教师小团体,每个小团体中都有一个核心人物,为她周围的教师提供指导。

　　　　……大家聚拢在她(注:指核心教师)身边还是对她能力上的认可,性格上的相投,然后看待问题的角度比较一致。首先她在业务上是骨干,就是说我们认同的骨干,不见得评上的那种啊。首先她业务上是骨干,是那种有头脑的人。对自己所看到的事情分析得比较透彻。然后对于身边小团体里的人,一定会有帮助、会有指点,所以我觉得还是个人的素质,这

是决定她地位的一个因素吧。(S6-M3-O)

在 H 老师看来,具有凝聚力的教师团体中,核心人物非常重要。这个人有能力对事物有透彻的理解,同时对周围的教师也乐于提点。但在自己所在的这个组里,却缺乏这样的灵魂人物。

> 我们三个都不外向,不是特别善于和别人沟通,缺少的可能就是一个核心。大家都围着一个人转,可能要团结些。三个人确实又太少了,有什么活动开展不起来,要语文的话,她们六个人可能组织活动会更方便,更轻松一些。人太少,不好。(S6-M3-O)

对自己所在教研组无法形成具有凝聚力的小团队的原因,H 老师说得很含糊,她觉得似乎是本组人少造成的,又觉得似乎是缺乏核心造成的。但这个"核心"究竟是什么,她自己也说不清。其实,从 H 老师一再强调的个人"淡然的"性格和她的经历中,可以找到她"活在夹缝当中"的部分原因。

H 老师曾经谈到过同事互助的必要性:

> (我)有这个义务去帮助(其他老师)。因为大家都是同行嘛,而且不是为了某一个人,为的还是这份工作,为的还是全体的学生。因为一个老师如果在一个细小的环节上出现了错误,或者说不足,影响的不是一个人。它不像其他工作,影响的只是自己,它影响的是整个班级,这样对学生成长来说,有可能就会缺失一环,可能会对他今后连续性的学习造成影响,所以我觉得老师之间有义务互相帮助,互相探讨解决问题。有义务而且也愿意帮助别人,也证明自己有这个能力。这样她高兴我也是高兴的。(S6-M3-O)

H 老师基于对"教育是教师协同工作"的理解,而产生了帮助其他教师学习的意愿。尽管如此,H 老师实际上却认为自己现在的能力不足以帮助他人。她觉得在自己现处的这个学校和教研组中,其他教师都比她有经验,自己不具有帮助他人的能力。

> ……因为我在这个学校,年纪不算特别大。这个学校四十多岁的老

师占多数,一般都比我有经验,没有看到比我弱的了。这方面(指帮助其他教师)没有太大感受。我还是问得多一些。主动帮助别人,无非就是体力上的,你要准备什么材料啊,需要做什么事情啊,我这个做得多一些。但是要想真正帮助不会很多。(S6-M3-O)

按照 H 老师对小团体中核心人物的观察,她显然认为自己缺乏成为所在教研组中核心人物的能力。而她一再强调自己个性淡然,这更强化了她缺乏归属感、"活在夹缝当中"的感受。

> 就维持一个很正常、平淡的同事关系,就可以了。我不太喜欢太深入地去交往。我一直就这样。如果是要好的话,也就一两个人。我可能性格的缘故。归属感这个东西比较虚。我觉得每一个人都不属于另一个人,本身也不属于另一个集体,他就属于自己。我觉得我在三年级数学组中的任务就是完成我自己班的教学、不给大家带来麻烦,不给集体拖了后腿;需要我交什么任务能够及时上交。这样的话,在考核中不会因为我的失误给大家带来不好的影响。这些是我的工作我的任务。当然如果需要我的时候,我也尽力努力。集体的意识会淡一些。个人的想法强一些。(S6-M3-O)

其实 H 老师缺乏归属感可能与她早期在 O 校乏人交流、单打独斗的工作经历有关。在她初为人师,学着去教的时期,O 校没有为她提供与其他教师充分交流合作的体验。随后在该校十多年的教学经验可能强化了她本已淡然的个性。个性与早期经历的相互强化,使 H 老师认为归属感是比较"虚"的东西、自己无法也不需要归属于任何一个教师团体。

总体而言,H 老师自感能力局限,这让她觉得自己无法成为一个"小团体"的核心人物;而她之前单打独斗的工作经验和淡然的个性相互强化,使她感到现在的自己也无法归属于任何一个"小团体"。既不能凝聚起他人,也无法归属于其他的小团体,因此,H 老师认为自己始终生活在不同小团体的"夹缝"当中。

在研究者看来,H 老师对于自己缺乏归属感和"活在夹缝中"的状态具有矛盾而复杂的心理。一方面,长期以来"单打独斗"的工作经历型塑了她个人化的学习倾向。她认为不必有归属感,"一个人不可能属于任何一个团体,只能属于(她)自己"；在具体的行动中,也倾向于自己独自探究学习。但另一方面,她也观察到有凝聚力的教师小团体能够为它的成员提供帮助和支持。当H老师目睹身边教师合作的成功案例,反观自身"活在夹缝中"的处境,这让她有一些唏嘘,但她既缺乏能力去凝聚起一个这样的团体,又因长期形成的个人学习倾向而拒绝加入任何其他团体,这就造成了她如今关于个人学习发展的矛盾心理。

但就现实而言,现在的H老师还是一位具有个人倾向、务实的学习者。H老师一直都保持对自身学习的关注。经过了十多年的教学生涯,学习已经融入她的生活,她很自然地在实践中进行着观察、反思和改善的行动。同时,她也追求更务实的学习态度,不困扰于外界的要求,有选择性地参加学习活动,主动为自己赢得学习空间;不为外部评价标准左右自己的学习,营造更加平和的心态。但在与其他学习者的关系中,H老师始终是保守、具有个人倾向的。早期单打独斗、乏人交流的工作学习经历,与H老师本就淡然的个性相互强化,造就了她缺乏归属感的学习体验;进入S校后,面对强手如林的其他教师,H老师又感到自己缺乏帮助他人的能力,无法凝聚起他人成为一个小团体。这些都使H老师感到自己"活在夹缝当中",并继续保持着个人化的学习倾向。

四、H老师学习经历中的教师领导与教师学习

H老师首先是一个学习者。无论在O校还是在S校,H老师一直都很关注学习,她既关注学生的学习,也关注如何为改善学生学习而改进自己的学习。只是在O校十多年的工作经历,造就了她习惯于"单打独斗"的个人学习倾向。在S校重视教学的新环境中,H老师开始发生改变,学着去和其他老师交流教学。尽管现在的她依然认为,自己只是顺应环境而进行行为改变,但她对周遭教师小团体中合作学习的观察以及对自身"活在夹缝中"的反思,显示她自身固有的个人化学习倾向与她在S校目睹的合作式学习之间的差别,已经带给了她关于自身如何学习的思想冲突。也许这将促使H老师重新思考作为学习者的意义,也有可能促使她获得进一步的发展。

无论如何,H老师始终都是一个很关注学习的学习者,而这使她在面对外部压力时,始终保持着自我领导。无论在怎样的环境中,H老师始终以自己的方式关注着学习,并顺应环境调整自己学习的方向：在O校乏人交流的情况下,H老师依靠个人观察、反思来思考和改进自己的学习;S校虽然普遍重视

教学交流,但在学校过分重视荣誉、提倡教师竞争的压力中,H老师选择了更加务实的学习立场:她有选择性地参与学习活动,不盲目顺从外部赋予的学习压力;面对基于个人的教师业绩评核系统时,也不将外部标准视为评价自己学习的唯一准绳,保持了较为平和的心态。尽管面对同辈竞争时,H老师还是产生了职业倦怠感,但她保持对学习的关注、选择更加务实的学习态度,实际为她自己赢得了一些学习的能动空间。

在H老师的学习经历中,她并非完全没有感受到来自其他教师的帮助,但相对于她已经形成的较为个人化的学习倾向和长期较为孤立的学习环境而言,其他教师对她学习的影响,更多是被动散发的,即H老师主动观察之下,才获得其他教师的学习经验。而H老师对其他教师的学习是否具有影响呢?在她自己看来,S校的老师都比她有经验,尤其是与她同组的两位教师,也都比她资深,她自己尽管具有帮助他人的良好意愿,却自认缺乏帮助他人的实质能力。其实还是缺乏领导自信。而在之前的O校,根本就缺乏与之交流的对象,也就遑论对他人施加影响了。

总体而言,H老师是一个始终保持着个人化倾向的学习者。如果说本章第二节中的L老师是一个"出走者",那么本节中H老师在其学习经历中,则始终像一个"独行者"。她较为淡然的个性,和她在O校长期孤立的学习经历,共同造就了她"独行"的学习者身份特点。而她这一较为个人化的学习倾向,使她进入S校后,依然抗拒着S校重视教学交流的教师氛围,依然保持"独行"的学习者身份。

尽管在学习的道路上一路独行,但H老师首先并且始终是一个专注的学习者,她对学习的关注赋予了她面对外界不利条件时的自我领导力,为个人的学习开辟了些许能动空间,但她并没有对其他教师的学习主动发挥领导作用。联系之前对她所在的教研组学习的描述(参见第三章第三节),她作为一名具有个人倾向的学习者,对她所在的三年级数学组中疏离的教师关系、个人化的学习风格也起到了一定的推动作用。对于H老师如今的学习状态,也许可以这么说,虽然她个人化的学习倾向部分归因于之前在O校孤独的工作学习体验,但这一倾向稳定下来,使她在之后进入S校新环境后,过滤了与他人深入进行学习交往的机会,某种程度上也造就了她所在教研组疏离的教师关系,继续强化着她"独行者"的学习者身份。但目睹身边教师小团体中合作学习的成功案例,她正经历着思想上的冲突与动荡,这有可能正是她改变"独行者"学习身份的开始。

第四节 ◎ 教师学习与教师领导的互动：结构—能动的转换

本章展现了个案学校中三位教师的个人学习经历。在她们的学习经历中，个体教师对自身学习的自我领导、对他人学习的领导，与群体的教师领导、教师学习均具有复杂的关联，它们之间的互动在个体、人际和社群三个层面上表现出来。

一、教师领导与教师学习的互动

（一）个体层面

即使教师处于缺乏支持的学习环境中，但只要他们自身保持对学习的关注，仍有可能在自身学习活动中展现出自我领导。上述三位个案老师中，D 老师在转岗做数学教师的最初缺乏学校和其他教师的支持；L 老师也因为自己的学科不受重视，而在本校中找不到学习支持；H 老师则因为学校规模太小，乏人交流，只能单打独斗。但她们都保持着对学习关注、对自身发展的期望或热情：D 老师"不相信自己教得好语文而教不好数学"，不能接受自己被其他教师看低，因而下定决心"卧薪尝胆""放下面子"，去寻找发展的资源；L 老师觉得既然选择做教师，那么"要做就做好"，因此积极寻求个人发展的资源；H 老师执教之初便"好学""爱动脑筋"，即便自感进入职业倦怠期之后，依然保持着悉心观察、随时反思的学习习惯。三位教师对学习的关注，都使她们在面对缺乏支持的学习环境时，为自己争取了学习的能动空间。这一过程展现出她们对自己学习的自我领导。简言之，当教师关注自身的学习发展时，她们就自然表达出自我领导。本章中三个个案教师的这些经历，丰富了"教师领导乃教师角色的内在维度"（Frost & Harris，2003）的注解。当教师将自己视为学习者的时候，她们就自然展现出内在的教师领导；这三个案例也呼应了"学习的领导"所提倡的原则，即实现"学习的领导"首要的原则即保持对学习的关注（Swaffield & MacBeath，2009）。

同时，三位教师的自我领导又导引着她们去努力推进自己的学习。以活动理论的角度观之，教师保持对学习的关注，即教师具有达成发展目标的动力，这导引着他们寻找各种有利的资源、条件，以达成学习活动目标。而当教师采取这些自我领导的行动时，其实是在解决其意欲完成的学习活动中存在的结构性矛盾。D 老师为了达成学会教数学的目标，通过虚心向同事请教、自己潜心思考、请校长反复来听课、磨课等行动,改善了自身的学习工具、解决了人际资源不足的矛盾,从而使自己的教学发生了改变,让其他教师感到"耳目一新"。L老师为自己制订学习计划,增加了学习所需的符号工具;她还积极为自己构建校外学习网络,解决缺乏人际资源的矛盾。最终,她通过解决这些矛盾而使自己的教学得到改善,获得学科内教师的认可,成为骨干教师。H老师面对发展中的矛盾时,主要选择改变自身来获得发展。她通过看书、思考、观察,逐渐获得了对学生、对教育教学的新见解,同时面对学校纷杂的学习活动和不够综合全面的评价标准,选择了更加务实的学习态度,从而赢得学习的空间去进行对学生"有用"的教学改进。三位个案教师都通过自我领导,不同程度地解决了自身学习活动中出现的各类矛盾。此时,教师领导本质是教师为实现自身的学习活动目标而采取的各类能动行动。这符合"学习的领导"对"领导"的理解,即"领导"是以人类能动性为中心的活动(Swaffield & MacBeath,2009)。

从这三个个案教师的经历来看,仅就个体教师的学习和自我领导而言,存在着相互作用的关系:当教师保持对学习的关注时,就可能表达出内在的自我领导;同时,教师内在的自我领导又引导教师去解决学习活动中出现的各类矛盾,进而推动教师自身的学习。

(二) 人际层面

在人际层面,教师领导主要表现为指向其他教师学习的能动行动。此时,教师领导是否开展、如何开展,受到教师自身学习经历和环境的影响。

首先,三位教师的教师**领导意愿**与自身学习经历、对教育的理解等有关。D老师曾经经历过被其他教师孤立、看轻,以至于产生"觉得每天一上班好难受,不愿意来的感觉",因此,现在的她希望通过自身具备的能力去帮助其他教师。D老师是出于自身惨痛的学习经历,体会到缺乏情感与智力支持对教师学习的破坏力量,进而产生了帮助其他教师的想法。与之相反,L老师在成长中得到学区其他科学教师的智力支持,以及Q校教师的情感援助。从她自身的发展经历中,她认识到"一个群体中大家都无私了才能有个人的成长"。她是从个人经历中体验到情感支持与智力支持对教师学习的重要作用,进而产生参与影响其他教师学习的领导意愿。H老师基于对学生发展的反思,理解了"教育教学是教师的协同努力",进而将帮助其他教师视为自己作为教育工作者的责任。三位个案教师领导意愿的产生过程不尽相同,但她们都在自身独特的学习经历中意识到学习中社会性支持与合作的重要性,从不同角度理解了学习的社会性内涵,进而产生了领导意愿。这意味着教师的领导意愿是基于作为社会性学习者的自觉而自动产生的。这回应了文献中的观点,即领导是教师作为专业者角色的内在维度(Frost & Harris, 2003)——当三位个案教师理解了学习的社会性内涵、当她们将自身看作这样的学习者时,三位教师也就将参与和影响他人的学习视为自己作为学习者的责任,具备了领导的意愿。她们也因此而成为潜在的教师领导者。这呼应了"学习的领导"将学习者与领导者的角色视为一体(Swaffield & MacBeath, 2009)的观点。

其次,尽管三位个案教师都具有领导意愿,但她们是否采取**教师领导的行动**,以及如何采取行动,却受到环境的影响。

D老师基本按照教研组长的岗位职责来建构自己的教师领导行动。她虽然希望帮助全校数学教师提高教学水平,却将自己的教师领导行动限制在所在年级的数学教研组中,认为提高其他年级数学教师的教学水平是教学主任的工作职责,自己可以偶尔提供帮助,但不宜越界。这说明教师的角色意识在教师启动领导行动时具有影响,学校已有的组织结构对D老师实践教师领导产生了限制。这与Scribner和Bradley-Levine(2010)的研究发现相近,即教师实际上依据学校中的文化逻辑来建构教师领导的意义。D老师也是按照S校已有的组织文化——接受组织角色的安排来理解和开展教师领导的。

L老师的教师领导行动受到学校和学科环境的限制。Q校科学教师少,学校也无意发展科学教学,缺乏发展教师领导的意识。与之相比,学区却认可L老师的教学能力,让其担当学区科学教研组组长。因此,L老师将自己的工作重心转向学区,在Q校之外去寻求发挥教师领导的充分机会。

H老师几乎没有主动采取教师领导的行动,这既与之淡然的个性、个人化的学习倾向有关,也与她所处的学校环境有关。她之前所在的O校由于规模小,一个年级只有一个班,因此,H老师无法找到与之交流教学的对象,即没有发挥教师领导的机会;进入精英云集的S校之后,她所在的教研组中教师之间缺乏平等互信的充分交流,没有帮助新加入的教师建立其专业自信。因此H自感所有老师都比她有经验,觉得自己缺乏帮助他人的能力,自认缺乏教师领导的能力,也就没有主动去发挥教师领导。本文在此暂且不论H老师是否真的不具有帮助其他教师的能力,但H老师的确是因为对自身专长具有负面感知,因而放弃采取主动的教师领导。这说明,教师所处的教研组环境是否为教师建立专业自信提供条件,也是影响教师实际发挥领导的因素。

三位个案教师的经历说明,教师建构教师领导的实际行动受到若干环境因素的影响。本研究发现，影响教师实际建构教师领导的因素包括：学校制度、学校规模、学校发展教师领导的意愿、教研组中的教师关系以及教师的专业自信。

总体而言，在人际层面，教师领导和教师学习表现出如下关系：当教师理解了学习的社会性内涵时，她们也自然会产生参与影响其他教师学习的领导意愿，但教师是否采取实际的教师领导行动，则受到学校制度、学校规模、学校发展教师领导的意愿、教研组中的教师关系以及教师的专业自信等环境条件的限制。指向他人的教师领导行动是否对教师学习具有反作用，则主要在社群层面体现。

(三) 社群层面

不论对自己还是对他人，三位个案教师在各自的学习中都发挥着不同程度的能动性。她们的个体能动性悄然地影响着自己所在的社群。反过来，社群中的教师关系又为三位教师各自的继续学习发展创造了条件或产生了制约。

在 D 老师的个案中，D 老师所在教研组内的教师关系经历了从封闭和竞争、到现在愿意分享和交流的变化。在这一转变中，D 老师个人学习中的情感体验也随之转换。在封闭竞争时期她感到"痛苦""内心在流血"、不愿意去上班；而现在，"教师之间不愿分享的越来越少"，此时她感到舒心愉悦，具有更强的自信和学习动力，不仅保持着好学之心，更产生了提升学校数学教学的愿望。在教师关系的转变过程中，D 老师自身的能动性发挥着推动作用。正因为体验过孤独成长的痛苦，所以她成为教研组长之后，有意识地去帮助其他教师，例如积极承担师徒带教的工作，积极带领组内教师共同发现问题、探索解决之道，用委婉的方式去影响那些不愿分享的教师等。这些都潜移默化地影响着身边教师，使 D 老师所在教研组中，教师之间逐渐产生了乐于分享、共同探究的组内活动规则。可以说 D 老师在追求自身学习目标过程中所发挥的能动性，促成了有利于自身持续学习发展的条件。

而在 L 老师的个案中，虽然 L 老师通过自身能动性，在学区找到了托举自身发展的动力，使自己的教学得到了改善，获得了区骨干教师的荣誉和区科学备课组组长的领导职位。但在 Q 校内部，缺乏科学教师与之交流、学校不重视科学教学、也不重视培育教师领导等固有的不利条件依然没有改观。事实上，以 L 老师作为一名科学教师的身份，她也确实无法独立对上述议题做出改变。例如，增加科学教师的数量涉及教师编制的问题，其决定权在区教育主管部门。此外,学校之所以忽视科学,也与科学的学科地位有关。正如 L 老师所言,学校关注的永远是主要学科,科学课想要获得学校的重视,所需的动力远非"学校培育一个区骨干"那么简单。总之,L 老师的个人能动性并没能改变 Q 校的环境。由于缺乏学校的支持,L 老师的个人能动性无法在 Q 校内部为自己创造一个与之共同成长的科学教师学习社群,这使 L 老师的学习发展缺乏必要的人际中介资源,她的进一步发展受到了阻碍,陷入了停滞期。

在 H 老师的个案中,H 老师的个人能动性始终没有把她学习活动的边界推到个人之外。而她惯于单打独斗的学习倾向,客观上又强化了其所在教研组中本已疏离的教师关系。在缺乏群组教师情感支持和互信交流的情况下,H 老师更加缺乏专业自信,陷入职业倦怠。H 老师的自我领导并没有将个人学习与他人学习有效地连贯起来,这不仅限制了她学习活动中所能获得的人际资源,她过分个人化的学习倾向还在客观上强化了教师之间的疏离关系,成为建构真正教师专业学习社群过程中的阻碍因素。

在三位个案教师的学习经历中,教师领导对自身学习的作用受到教研组中教师关系、学校是否支持等条件的影响,并呈现出三种不同的轨迹。D 老师的个体能动性促成了教研组中形成乐于分享、共同探究的教师关系,创造了利于自身发展的条件;L 老师的个体能动性在缺乏组织支持的情况下,未能成功改变切身环境,没能有力地推动自身的进一步发展;H 老师的个体能动性对于社群而言反而具有消极色彩,她过于个人化的学习倾向强化了本已疏离的教研组教师关系,也使自己丧失了获得充分的人际中介资源、建立专业自信的机会。三位教师的经历说明,要建构真正平等互惠、具有积极成长力量的教师学习社群,要求教师在发挥个体能动性时,不仅要着眼于自身发展,还要着眼于其他教师的发展,以此建构互惠平等的关系;不仅需要教师发挥能动性创造发展条件,还需要学校给予充分的支持。

二、活动边界

活动的边界由活动主体的动机所决定(Kozulin, 1996)。活动主体对目标采取怎样的理解,将影响其如何动用资源,体现出的活动边界也有所不同。在这个意义上,活动边界体现了主体的能动性,也影响目标达成的程度。三位个案教师为了自身发展而选择的活动边界不同。她们的选择受到环境条件的影响,但也体现了她们的能动性和达成目标的程度。

不论是发挥内在的自我领导、推动个人学习,还是参与影响其他教师学习的领导行为时,三位教师都是依据环境所能提供的条件,选择了不同的活动边界。如D老师感受到学校教师之间的竞争氛围和区教研员的负面评价压力,因而以个人反思和试验等努力行为作为发展的主要形式。她的学习活动边界仅限于个人。但当她成长为骨干教师、教研组长,掌握更多智力资本和岗位赋予的权力和资源后,她就积极地将活动边界推展至教研组,通过在组内营造共同分享、合作探究的氛围,为自身赢得更多的人际资源。D老师学习活动的边界在不断扩大,这是她能动性不断增强的表现,而扩大的活动边界也为她提供了更多的学习资源、更加愉悦的情感体验,使之获得更强的学习动机。早期限制D老师将活动边界扩大的因素主要是学校教师之间紧张的竞争关系,以及教研员的负面态度。而之后帮助D老师扩大活动边界的,则是D老师自身具备的智力资本、岗位赋予的资源和权力,以及同组教师对她领导行为的积极回应。

与之相比,L老师的学习活动边界一直都在学区的校际科学教师教研组。L老师始终没有能够将本校纳入自己的学习活动边界中来。缺乏学校的支持,是她的学习活动边界始终无法扩展的原因。而L老师也受制于脱离本校实际的活动边界影响,无法获得进一步发展。

H老师的学习活动边界则一直停留在个人。早期在O校中她做出如此选择的原因是学校规模太小,缺乏交流对象;而进入S校后,她的活动边界依然停留在个人,则是因为所处教研组内部教师关系疏离,没有为她提供平等互惠的专业对话机会。始终以个人为学习活动边界的H老师,也就丧失了获得丰富的人际资源的机会,在新的环境中无法建立起专业自信,陷入了职业倦怠。

三、教师学习系统:个人能动性与结构的互动

三位教师的学习活动始终伴随着个人能动性与结构之间的互动。

在追求自身发展的阶段,三位教师均依据环境所能提供的条件,为自己选择了不同的活动边界,D老师和H老师都个人为主,而L老师以学区中的校际科学教师备课组为主。

在参与影响其他教师学习的过程中,三位教师的领导行为对自身学习发展的影响也呈现出三种不同的"个体—结构"互动轨迹。D老师的个体能动性促成了教研组中形成乐于分享、共同探究的教师关系,创造了利于自身发展的条件;L老师的个体能动性在缺乏组织支持的情况下,未能成功改变切身环

境,没能有力地推动自身的进一步发展;H老师的个体能动性对于社群而言反而具有消极色彩,她过于个人化的学习倾向强化了本已疏离的教研组教师关系,也使自己丧失了获得充分的人际中介资源、建立专业自信的机会。

三位教师的学习经历,回应了复杂系统观对教师学习的理解,即教师学习是一个涉及教师自身因素与社会环境因素的复杂互动过程(Hoban,2002; Opfer & Pedder,2011)。在上述三位个案教师的学习经历中,教师总是依据教研组中教师交流的情况来决定如何发挥能动性,构造自身的学习活动;而教师所发挥的能动性,又可能在学校是否支持、教研组教师是否响应等环境因素的共同作用下,影响自身所处的情境,进而为自身进一步的发展营造新的结构。

四、临近发展区及其影响因素

临近发展区是用以描述学习和发展的关键概念。临近发展区是"实际发展水平和潜在发展水平之间的距离"(Vygotsky,1978)。跨越了临近发展区就意味着实现了学习与发展,而个体是在与他人的协作中跨越临近发展区的。三位个案教师跨越临近发展区的过程中得到的协助具有明显的区别。

L老师在学习发展中,始终得到学区的校际科学教师教研组的协助。这种人际协助虽然帮助她成了骨干教师,但在她进一步谋求的校本发展创新中,却无法提供基于Q校实际情况的创新资源。简言之,L老师的学习活动社群距离她在Q校的实际教学需求太远,无法提供L老师目前所需的临近发展区内的协助。影响L老师在其临近发展区内伸展能动力的因素,首当其中是学校缺乏科学教师,但更深层的原因则是学校忽视科学教学,也不重视教师领导的培育。

H老师在她的临近发展区内则一直缺乏充分的人际协助。无论在O校还是S校,H老师面对实践中的问题时,总是通过书本、期刊案例等间接的手段去寻求社会协助,她始终缺乏同样了解本校、本年级或本班情况的同事提供的直接协助。因此,H老师在临近发展区内能够伸展的能动性也就一直不够充分。影响H老师在其临近发展区内伸展能动力的因素,主要是O校规模小、H老师自身个性,以及S校教研组内教师关系的疏离。

D老师在临近发展区中能动性地伸展表现出自己明显的增强。在她发展初期,她也主要依靠自身的琢磨去推动自身发展,但在可能的情况下,她也还是争取校长、其他教师来听课、磨课。简言之,她还是在争取其他教师的人际协助,使自己能够获得相近的人际协助资源,获得能动性的伸展。在她成为骨干教师和教研组长之后,她通过主动的引导同组其他教师积累教研资料、共同探究问题等手段,把自己可以借助的人际协助资源从个人扩大到所在教研组,她在临近发展区内的能动性伸展就更大了。

三位教师的学习经历表现出三种不同的临近发展区。H 老师所能获得的人际协助过于间接,能够帮助她在临近发展区中跨越的幅度不够充分;L 老师所争取的学区科学教师的人际协助在其临近发展区中离自己的距离又太大,不足以让 L 老师达到。相较之下,D 老师获得本组、本校教师的人际协助比较直接,也不至于离她本来的水平太远,能够比较好地辅助她伸展其能动性。由此可见,基于校本的教师学习社群对教师的发展具有不可替代的作用。

第五章

释放教师的专业潜能

教师领导和教师学习都是释放教师专业能量的重要手段。本书对北京市两所小学不同层面的教师专业学习和领导实践的考察，揭示了我国新课程改革情境中，以教师学习和教师领导作为提升教师专业性之两大路径的关系和效果。与已有研究对两者关系的理想化设想不同，在释放教师专业能量的过程中，教师领导和教师学习之间存在着复杂而微妙的互动关系，其结果也并非总是能够推动教师专业发展或充分释放教师专业能量。本章根据前三章的实证研究，对教师学习、教师领导实践的性质、释放教师专业潜能的效果，以及两者的互动机制，进行深入的讨论。

第一节 ○ "学习"等于"发展"吗？——再思"教师学习"

人们常常将"教师学习"看作教师"增能"的手段，"教师学习"似乎势必能够释放和提升教师专业潜能。本书的发现则指出，在文化历史活动理论的视野中，学习首先是一套多重嵌套的结构；围绕不同的目标，这一结构的运作带来的学习产物不一定是"赋权""增能"，也可能对教师能动性形成挟制。因此，若要通过教师学习活动为教师"赋权增能"，需要正视和妥善解决教师学习活动中的结构性矛盾。其中，教师能否通过共商达成互惠目标，是教师学习能否真正释放教师专业潜能的关键。

一、教师学习的多重嵌套结构及其影响

教师的学习从来不是发生在真空中。以活动理论为镜，教研组、学校，以及更为宏观的教育情境，如国家教育制度、教育政策、教育改革等，共同形成相互嵌套的结构，熔铸为教师学习的内在情境。这一嵌套结构深入地影响着每

一个生活于其中的教师的学习。

本书中,发生在学校层面的教师学习活动受到以区教育管理部门为代表的外部目标的强力规约,学校经过一系列的自我适应行动,进而形成稳定的结构。这一结构对学校教师实践领导形成宰制。

本书的两所案例学校中,学校教师学习活动以落实教研员传达和展示的理念与教学模式为主要目标。这印证了 Fullan(2007)的观察,他发现欧美当前的教师发展活动往往以外部力量的启动为特点,活动目标常常为了满足各类教育改革提出的要求。本书的两所案例学校为了满足区教研活动下达的要求,首先在教师学习时间安排上向区教研,以及为落实区教研目标而组织的学校教师学习活动倾斜;其次,学校动用已有的组织结构——学科/年级教研组,构造各类正式的教师集体学习活动,例如 S 校的"单元献课"、Q 校的"每周一课"活动,期待教师在以"课"为载体的教研活动中,通过相互示范符合指引理念的教学行为,实现全体教师的教学行为达标;最后,学校还通过内部制定的教师考评制度,刺激教师的学习动机(如 Q 校)或惩罚教师不符要求的教学行为(如 S 校),以期达成外部安排的目标,提升上级定义的教育质量,为学校赢得更多的资源。

除了受到学校教师学习活动结构的影响,教研组层面的教师学习同样受到外部教研要求的挟制。教研组发展为教师微观学习活动边界,教研组中教师选择的学习工具,教师学习子目标的生成,教研组内部教师学习互动中分工、规则的形成等,均受限于更高层级的学校教师学习活动的结构特征。首先,由于学习内容的层次限于具体的学科教学方法,教师自然而然地接受了以教研组为重要边界的学习活动范围,同年级和同学科的几位教师成为固定交往的对象。在这一范围中,缺乏经验的新教师往往扮演被指导的角色,而资深教师则因为具有丰富的经验而扮演指导者、解疑者的角色。其次,由于区教研要求学校教师学习以"行为落实"为目标,教师往往采取"经验到经验"的学习方式。这一方式因直接而有效,符合学校教师工作负担重、学习时间有限的学习条件,而得到学校教师的广泛接受,并形成对学习活动类型的自然筛选。那些符合"经验对经验"方式的学习活动,如以"课"为载体的教研、师徒制、教师小教研等,在学校中广泛开展。相应的,科研活动作为一种教师学习活动方式,因为不够直接有效而未受大部分教师的青睐。最后,受到经验为主的学习方式影响,"老带新"成为学校中常见的教研组教师学习模式。教师在其中只能形成部分程度的互惠目标,无法使教研组中的教师学习惠及每一位成员。

　　由此可见,对于个体教师能动性实践而言,教师学习首先是嵌套的结构。活动理论中将"目标"视为决定活动边界的活动要素,活动主体根据自身对目标的理解而动用资源,进而构造活动结构。本书以丰富的案例说明,"落实教研员推崇的教学理念和教学模式"这一核心目标,对学校内部的教师学习结构发挥了"塑型"的作用,学校教师学习活动围绕这一目标生成了一整套相互强化的规则、分工等结构特点,并推动自身不断运作。整个学校教师学习在跟随外部目标的过程中,形成了一套自我适应的运行机制。而教师学习中的教师领导则在这套运行机制所规定的框架内开展。

二、改善教师学习活动结构的可能路向

　　前文将教师学习视为教师能动行动的外在结构。在这一视角中,若要发挥教师学习为教师"赋权""增能"的价值,需要妥善解决教师学习活动中的结构性矛盾。在本书中,S校三年级数学组、Q校三年级组呈现了学校中主流的教师学习模式,S校六年级语文组则呈现出少数教师学习活动结构得到改善的过程。将这两种活动结构并置,它们体现了导致活动结构变迁的因素可能出现的来源以及发生过程。

　　在学校主流的教师学习模式中,教师的学习目标来自上级教研部门的指示;而学校依据已有的教研组单元组织各类正式的教师学习活动,因而教师学习活动中的社群主要为校方所划定的分学科分年级教研组;教师在主流的教师学习活动中主要以经验为学习工具,并按照较为固化的制度性角色分工开展学习,教研组中占据主导的学习活动规则主要是"老带新"的传统教研组文化(见图5-1)。这一学习活动结构体现了接受外部的安排、进行自我适应而持续运行的学校教师学习的深层结构。

　　但S校六年级语文组的学习经历则使这一主流的教师学习活动结构在一个独特的教研组范围中发生了改变。在S校六年级语文组中,W老师最先引入"思维导图"这一工具,来解决个人教学实践中遇到的学生写作问题。这一新工具的引入,使W老师班上学生的自学能力得到了很大改善,从而引起了该组其他教师的注意和学习,其他教师开始模仿使用这一新的教学方法。这时,S校六年级语文组的教师已经开始共同关注这个学习议题,当然这一新的活动议题必须与官方订立的学习目标相契合。在关注共同学习议题的过程中,作为发起人的W老师并没有限制其他教师探索、创新思维导图教学法的空间,反而以宽容和开阔的胸襟从其他教师的创新实践中进一步反思与学习;

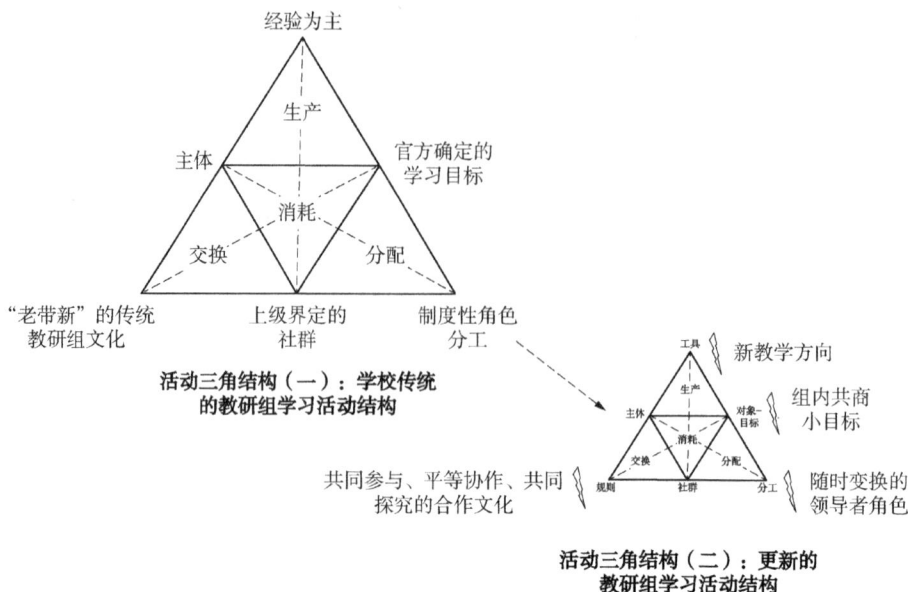

图 5-1　学校主流教师学习活动结构及可能的变迁路径

而组内其他教师也不拘泥于 W 老师已有的做法,勇于尝试新的可能,因此,教师之间通过平等参与、共同探究的行动,渐渐打破了原有的制度性分工,并逐渐改变了传统的"老带新"的教研组文化。

　　S 校六年级语文组的教师之所以会采用新的角色分工与规则,正是因为她们在了解到新的学习工具带来的优势,并在不断适应和改善新的学习工具的过程中,感受到了平等参与、共同探究这一新的活动分工和规则对彼此学习发展的促进。简言之,她们在适应新工具、重新协调活动运行的过程中,找到了行动中的互惠基础。在新的互惠目标的指引下,这个组的教师重新为彼此的关系赋予了意义,并在反复的意义协商中最终重建了分工与规则。伴随着组内教师关系的重建,这个组也最终在官方规定的学习目标之下,通过平等参与和共同探究,协商出符合本组教师自发学习要求的组内共同目标,从而为教师的持续学习与领导营造了一个具有一定自主性的空间。

　　在这个活动结构的变迁过程中,原有活动结构尽管没有赋予教师充分的自主空间,但依然以其自身的逻辑而运行着。新工具的引入及其带来的效果成为活动结构改变的契机。W 老师的宽广胸襟以及其他教师勇于尝试的学习行动,使她们有机会体味新的互动方式和关系对彼此学习所带来的推动作用。这是教师对原有的制度性分工与传统的教研组文化的重新审视,也是重现选择意义与价值的过程。其实,分工与规则本质上仍是意义的表达与呈现,在主体共商目标的意义协商过程中面临价值的重新选择和重新建构。而在这个重建的过程中,主体的能动选择,始终是改变的关键。但在其他两个组中,教师却无视可能改变的契机,她们面对出现的新现象、新观念,并没有采取变革的行动,而是通过继续采取已有的分工、规则,以忽视问题的方式,保持原有的活动状态。于是原有的活动结构一再被复制,而这些教师也因而困于自身反复采取的行动所筑成的结构之中。

有许多活动理论的批评者认为,CHAT 对集体意志的强调常常导致对个体意志的忽视,以至于活动中不见个人的存在(Paavola, Lipponen, & Hakkarainen, 2004)。但本书对教师学习活动结构变迁过程的分析,则发现推动变革的不一定是矛盾(Il'enkov, 1977, 1982),只要能够抓住变革契机,推动活动发展的始终是具有能动性的主体,具有能动性的个人在推动变革过程中,扮演着重要角色。

三、学习活动释放教师专业潜能的关键: 共商目标

就本书所呈现的教师学习个案而言,共商目标是带动形成整个学习活动结构与发展的关键节点。

第一,共商目标影响着生产/消耗环节。生产是活动延续发展的基础,而消耗与生产是一对对立统一的概念。当活动主体从事生产时,同时也在消耗之前累积的产品。生产与消耗在活动再生产的更替中同时发生(卢乃桂,何碧愉,2010)。在个案教研组的教师学习生产活动中,教师对学习目标的理解不仅会影响教师如何开展生产,也会影响他们如何消耗产品。

S 校六年级语文组的教师都保持着对“思维导图教学法”的关注,这不仅仅意味着该组教师的知识生产都围绕这一共同议题而展开,还意味着教师将各自的探究视为对彼此互惠的行为,这使该组教师不仅能够持续地将各自的产品开放给其他教师消耗,也关注其他教师做出了何种创新,对自己的发展有何影响,从而形成连续不断、螺旋上升的再生产模式。一致、互惠的目标使个体生产力不断得到汇聚和绵延,形成协同增效的合力。

相较而言,S 校三年级数学组中的教师在围绕学校安排的任务而交流时,虽然目标的一致性是外部赋予或强加的,但教师毕竟也在围绕着同一议题而进行着知识生产。但由于教师并不将交流视为互惠行为,因此,对他人知识产品的消耗是即时的、一次性的,并不能在反复交流中累积为群体再生产的资

源。这个组中教师的生产与消耗都围绕个人性的目标开展,因而无法汇聚形成合力。Q校三年级组师徒带教的共同目标互惠性不足,因而也不能够使该组教师在生产与消耗中充分利用他人的学习成果、创造新的知识产品。

而Q校艺术组的教师,由于并不认可应试为导向的学习目标,她们直接照搬外部教研的方法,根本放弃了个体生产,也就无从消耗。对学习目标的否认,是导致该组教师采取不生产、无消耗的再生产模式的根本原因。

可见,对目标的理解,或多位活动主体如何共商目标,是影响教师在生产和消耗环节中表现的主要因素。一致、互惠的目标对于社群的如何生产和消耗具有指引的作用,它能够将个体教师推动学习的领导力汇聚起来,形成合力。

第二,共商目标影响教师个体学习产品的分配与交换。在以知识为核心的学习生产中,个体的知识是否能够充分相遇、碰撞,是影响创新的重要因素。当教师不具有互惠的共商目标时,不同教师围绕各自的学习目标进行个体生产。缺乏共商目标意味着个体生产产品对其他教师而言缺乏价值,因而难以进行分配和交换。

共商目标对分配和交换环节的影响是通过分工和规则两个活动要素实现的。在S校六年级语文组中,教师都对新引入的思维导图存有兴趣,因为她们都关心自己怎样才能更好地使用这一方法。为此,她们关注他人在教学中如何使用这一方法。这一相互的关注实为一种共同的探究,需要平等参与、共同协作的互动方式来保障探究的效果,因为只有依据随时因学习需要而变动的学习者角色,每一位教师的个人学习产品才能进入分配领域;依据共同参与、平等协作、共同探究的学习文化,教师个人的产品才能得到充分的交换与碰撞,继而产生丰富的创新机会。因而以再生产为导向,共商互惠目标成为教师建构平等学习关系的指引。

反观S校三年级数学组和Q校三年级组,由于缺乏共商目标或互惠程度不足,因此组内教师也就安于已有的制度性角色分工,依然依据学校已有的"老带新"传统教研组文化行事。而当教师反复依据这种僵化的制度性角色分工和传统教研组文化行事时,能够进入分配和交换领域的教师知识产品必然不充分,创新机会也因此很少出现。这样的再生产结果并不能够使每一位教师从中获得充分发展,简言之,互惠程度不足,因而教师也就很难通过这样的分工与规则、分配与交换,而最终共商出互惠的目标。于是,已有的受限学习活动结构就在这两个组中反复出现。无法共商出互惠的目标、受限的学习分工与规则、不充分的分配与交换,三者相互牵制,互相影响。

总体而言,共商目标带动着学习活动中分工与规则两大活动结构要素的形成,并进而影响着分配与消耗环节的表现。主体如何共商目标是这一过程中的关键节点。教师如何共商目标影响着生产与消耗,而消耗实则在分配和交换的基础上实现。共商目标本身是一个关系建构的过程,影响分工与规则的厘定。而教师在共商目标/建构关系的过程中,从群体的分配、交换、消耗等体察个体再生产的效果,然后决定如何与他人共商目标,并厘定分工与规则。因此,在整个活动结构的形成与发展中,其实是透过活动主体共商目标而带动形成了整个活动的结构与发展方式。在此意义上,若要通过教师学习活动释放教师的专业能量,需要重视教师对学习活动目标的共同建构。保证共同学习目标的互惠性质,方可真正推动教师学习活动扩大再生产的循环,使学习成为释放每一位教师专业能量的有效手段。

第二节　"赋权"必然"增能"吗？——再思"教师领导"

在许多国家的教育改革中,教师领导已经成为一项必不可少的改革策略(参见 Katzenmeyer & Moller, 2001；Muijs & Harris, 2006；Crowther & Olsen, 1997)。"赋权予教师"是教师领导实践中的突出特征；赋权予教师、释放教师专业潜能,是教师领导设想的实践逻辑。然而根据赋权的对象、方式、性质的差异,教师领导实际上展现出复杂的实践形态,在释放教师专业能量时也往往走向不同的结局。本节将结合前文的实证研究,讨论教师领导不同形态和性质,释放教师专业潜能的效果,以及建设教师领导的行动原则。

一、教师领导的多元形态与性质

正如许多研究者所观察的那样,教师领导是一个复杂的现象,具有复杂多样的形态(York-Barr & Duke, 2004)。本书呈现了学校、教研组、个人的教师学习中教师领导的多种不同表现形态。本书对两所个案学校中教师领导的研究表明,教师领导不仅是教师能动性的伸展,其还具有结构的属性。

1. 作为能动性的教师领导

教师领导表现为教师为达成学习目标而展现的能动性,即教师能够按照自己的意愿选择个体学习行动。当这一能动性指向自身实践时,它表现为教师的自我领导；当这一能动性指向其他教师的实践时,则表现为对其他教师专业实践施加影响;不同类型的个体教师领导者集中展现了指向自我和指向他人的能动性的不同组合方式。本研究所见,学校教师虽萌发了一定的自我领导,但难以发展壮大,甚至不堪一击;教师之间实际发生的领导行为主要体现出"单向领导"和"影响多于引领"的特点;同时,学校中更为常见的教师领导者类型是"具有个体行动取向的积极行动者"特征和"受限行动者"特征的教师。

第一,教师内在的自我领导往往因应环境条件而发生变化,极为脆弱,往往在外部操控力量面前自动瓦解。一方面,新课改对某些学生学习新理念的宣传,例如元认知、自主学习的概念等,客观上改变了许多教师对自身学习的看法。在没有外力干扰的情况下,大部分教师都表现出要对他人经验进行反思、改造的意识,也可能在教学监控不及的时候主动进行个人尝试。但另一方面,一旦产生外在操控的力量,例如教研员出席的教研场合,教师往往自动放弃了自我领导。由于教研员把持着评价权力,对教师和学校所能获得的荣誉和利益往往具有决定权,教师在教研员出席的学习活动中,常常主动迎合教研员的意见,放弃公开对话。此外,教研员在教师学习中扮演着传达理念、模式的角色,本身就代表着国家对教师学习的指引和规约。教师以经验作为学习内容,其实已接受了外部安排的学习目标。由于始终都需追随外部目标,教师便很难通过学习而建立专业自信。当教师之间产生不同意见的时候,他们往往求诸于教研员的评判,而非从自身实践中去寻找答案。教师将教研员视为心目中的权威,放弃公开对话,正是他们进行自我规训的表现。教师在教师学习中对教研员代表的国家权力的顺从,与其表现出的初萌的自我领导意识,共同存在于教师领导实践之中,而教师自主则集中体现为教师如何处理官方订立的学习目标与个人学习需求。教师作为主要的调节者,在服膺官方的目标的大前题下,寻找教师自主的有限空间。

第二,教师之间实际发生的领导行为主要体现出"单向领导"和"影响多于引领"的特点。由于学校教师交流学习中的内容主要停留在经验层次,新教师因为缺乏经验而在教师交流之中成为被资深教师"围着说"的对象;资深教师的经验常常具有同质性,因而资深教师之间较少自发交流;此外,资深教师因为占据丰富的经验往往在教师交流中占据话语权,使新教师之间的交流被迫削弱乃至断绝。总体而言,学校教师之间的领导行为呈现出"老教师→新教师"的单向领导趋势。

此外,教师之间的领导行为更多是一种与己无关或无意为之的"影响",而非积极有意的"引领"。教师有时会为其他产生求助需求的教师提供和示范自身的有效做法,但并不关心他人实践对自身经验方法的修正;又或是产生求助需求的教师主动去观察发现其他教师的优秀经验,解决自己眼下的问题。此时,施加影响的教师并非有意施展领导,而是成为被动的"影响者"。总之,无意地"影响"他人学习时,教师们往往只关注眼下问题的解决,并不尝试持续地追踪和探究。能够在实践中有意识地带领其他教师进行互动反思、集体探究的教师很少。"影响多于引领"成为学校教师领导的常态,这意味着学校教师学习具有明显的个人化倾向——虽然大部分教师都保持着对学习的关注,但在他们的学习中缺乏有意识的互动反思和集体探究,此种领导行为之下的学习也并非真正的合作。采取"影响"作为领导方式的教师,如 S 校三年级数学组的三位教师,本质上依然将教师学习视为个人化学习,而这种个人化的学习观与学校教师接受区教研的学习内容安排不无联系——由于教师将落实区教研指引的理念视为自己学习发展的衡量标准,简言之,学习的标准来自外在,因而他们并不关注教师群体实践中能够自发产生什么问题,而是努力使自己的行为符合外部标准的要求。为此教师可以去观察其他教师的教学,但本质上依然要靠自己调整自身行为来达标。这种无意为之的"影响"式教师领导并不能使教师从自身学习实践中建立专业自信,因此,这是一种自我规训式的学习,也是一种虚弱的教师领导。

第三,学校中更为常见的教师领导者类型是具有"个体行动取向的积极行动者"特征和"受限行动者"特征的教师。

"学习的领导"将领导的内核视为能动性的发挥。本书第三章的案例教研组中,老师们无论资深与否,都曾在某一场合某一机会中"有意地"影响自身或其他教师的学习。在上述教研组的教师学习活动中,这些教师表现出的能动行动具有不同的特点,据此,本书将这些教师分为三种不同类型的教师领导者。

S 校六年级语文组的老师和 Q 校三年级组的 L 老师、W 老师,均可视为**具有群体取向的积极行动者**。她们善于探究,乐于分享。具有群体取向的积极行动者对教师学习再生产的各个环节均能起到积极推动的作用。在生产和消耗环节,她们主要凭借自身较高的学习能力,持续反思、探究教学实践中遇到的问题,并善于利用各类资源,进行创新,以此为群组教师学习提供重要资源。在分配和交换环节,她们凭借自身丰富的知识,和乐于分享的态度,积极参与到其他教师的学习中,成为其他教师学习中的重要他人。无论对于自身的学习,还是群组的学习,这些教师都具有积极的能动性,在推动自身和其他

227

教师的学习中发挥着领导作用。但两所学校中这一类教师领导者都比较少。

S校三年级数学组的三位老师均可被视为**具有个体取向的积极行动者**。她们各自都对教学充满责任感,也善于探究,能够留心自身教学中的问题,寻求外部资源(如区教研活动、专家讲座、自己看书等),进行持续的反思、探究,并从中获得一定的创新效果。就其个体的学习再生产活动而言,她们都是积极行动者,有力地推动着各自的学习再生产循环。但她们推动学习的积极行动也带有个人取向,表现为缺乏集体责任感,没有充分共享信息、交流意见,从而丧失从群组内部获得自我更新的机会。与前一类群体取向的积极行动者相比,这一类型的三位教师主要在各自的生产和消耗活动中发挥较强的能动性,她们的领导更多表现为学习中的自我领导。

Q校三年级组的D老师和J老师可被视为**受限的行动者**。与消极行动者不同,D和J都积极地反思、提问,通过向资深教师求教,以谋求个人学习活动的发展;在采用他人提供的经验或教案时,两人也保持着反思和改造的意识。但与积极行动者不同的是,就学习倾向而言,J和D虽然具有分享意愿——她们愿意表达自己的观点,分享优秀课件、资料等,与个体取向的积极行动者不同,但就结果而言,她们实际上较少对其他教师发挥影响。在同组的资深教师L和W看来,她俩并不能时常回馈有意义的经验方法,因此,J和D又与群体取向的积极行动者有差别。她们不能充分行使领导的原因在于其所在教研组中缺乏支持人人都可以成为教师领导的充分认识,因此,J和D作为年轻教师的领导空间还有待进一步发展。在两所案例学校中,"受限的行动者"和"具有个体取向的积极行动者"更为常见。这回应了本书的另一项发现,即学校中教师领导实践主要表现为"单向领导""影响大于引领"。

值得注意的是,Q校艺术组的Z老师和F老师显然称不上教师领导者,然而她们同样表现出能动性——消极的能动性。与前述三类教师领导者形成鲜明对比的是,Z老师和F老师具有**消极行动者**的倾向。两人的消极性表现在两个方面。首先,Z和F缺乏发展的动力;其次,Z和F对他人的经验和方法,只是简单地模仿、照搬,缺乏反思和创新。Z老师和F老师消极应对的学习行为,是在了解应试对音乐教学的损害,但自己又无力改变的情况所做出的选择。她们选择不行动,是消极的学习者,并没有对自身和彼此的积极改变产生影响。

2. 具有结构属性的教师领导

已有研究将领导视为能动性的发挥(如 Swaffield & MacBeath, 2009;

Lambert et al.，2002）。本书发现，教师领导不仅仅表现为能动性，还呈现出类似结构的属性。在第三章的四个教研组中，个体教师为推动学习而发挥教师领导的同时，他们的能动行动也在互动中形成了牵制或促进彼此学习的新的中介结构，主要体现为教研组中的分工与规则。这正是教研组中群体教师领导力的表现，进而对教师学习产生了不同的影响。本书通过教研组层面教师学习活动中教师领导力呈现出四种结构特点（即教研组教师学习活动的分工与规则），对教研组中的教师学习形成了促进或限制的中介效应。

S校六年级语文组所形成的群体教师领导力，具有**角色流动**的特点。在共同探索思维导图教学法的过程中，该组的每一位教师都曾在某一时机中扮演提问者或答疑者，示范者或学习借鉴者的角色。简言之，学习中的领导角色常常由不同教师担当而非固定在某个教师身上，即具有流动的角色分工和根据教师专长决定交往谁来施加影响力的行事规则。在与此对应的生产模式中，群组中每一位教师的学习产品都不仅在自身的发展中被消耗，也在群组其他教师那里得到消耗。反过来，被充分消耗的个体学习产品又在不同教师的知识生产中创造着新的智力资源，回馈着整个教师群体，使之具备自我更新的力量。

Q校三年级组中形成的群体教师领导力表现出**角色固化**的特点。其中，较为资深的L和W老师扮演了问题解答者、知识提供者的角色，而年轻的D和J老师则常常扮演提出问题者、知识接受方的角色，即具有固定的角色分工。在此角色关系中，主要由L和W发挥着影响其他教师学习的领导功能，即行事规则主要是资深教师影响年轻教师。简言之，领导固化在L和W两位教师身上。这样的群体教师领导力使年轻的D和J从L和W那里获得了许多学习资源，却并不能使L和W从组内获得发展更新的力量。"老带新"的教研组文化传统削弱了这个组中教师角色流动的弹性。

S校三年级数学组中的群体教师领导力则具有**疏离**的特点。尽管三位教师对自身的学习发展均具有自我领导力，但她们彼此的学习相互独立，交往有限，对彼此学习的实际影响也有限，即角色分工固定，且行事规则偏向于各自为阵。这个组中的群体领导力并没有使S校三年级数学组的三位教师从所在群体内部获得更新的力量。以经验为本的学习，以及教师之间经验的同质性，使这个组在缺乏新教师作为教育对象的情况下，也失去了交流的主题。

Q校艺术组的两位音乐老师之间形成的群体教师领导力具有**消极**的色彩。Z和F因为不认同应试导向的音乐教学而选择了消极应对教师学习。虽然她们也参加学校要求的各项学习活动,如区教研、师徒带教,但在这些活动中,两人都只是机械地套用外部提供的经验方法,缺乏自身的反思和创造。积极的教师领导在这个教师群体之中几乎不可见,自然也很难推动两人的学习发展。而应试为本的教学是导致这个组教师消极应对的直接原因。

上述教研组中的教师领导现象,与西方文献中讨论的两类教师领导实践有相似之处。一类是在学校中占据主流,受学校传统的"老带新"教师合作文化影响的教师领导现象,如本书中的 Q 校三年级组和 S 校三年级数学组。这类传统教研组文化中的"教师领导"近似 Murphy(2005)对教师领导的描述,即教师主要追随和满足改革所确定的政治性要求,缺乏主体思考,试图通过少数骨干教师或资深教师来控制整个教师群体的发展;也类似 Steel 和 Craig(2006)所描述的依据工业模式、依附学校已有的科层结构而设计的教师领导,本质上依然基于"个体赋权、角色为本"的思路来设计教师领导(Murphy,2005)。

另一类在学校中较少见,体现了领导的组织属性。本书中的 S 校六年级语文组就属于这一类型。这个教研组在学校中虽属少数派,但较能集中展现"社群色彩的教师领导"(Murphy,2005)。在这个教研组中,教师并不囿于制度性的角色分工,而是在共同探究思维导图教学法的过程中,因学习需要,随时转换在学习活动中的角色,每一位教师都在不同时机或情境中参与影响了其他教师的学习,因此,这个组中的教师领导并非固着于某个角色的权力,而成为组织的属性(Murphy,2005),成为能推动组织发展的财富与能量(Ogawa & Bossert,1995)。但这种具有"社群"色彩的教师领导依然限于教研组内部,与 Silva,Gimbert 和 Nolan 等人(2000)观察到的"教师领导者是引导同事参与解决学校层面问题的人"不同,这个组的教师并未对整个学校层面的决策发挥领导。

3. 教师领导的结构/能动双重性及其价值

本研究说明,教师领导具有能动与结构双重属性。作为能动性的教师领导既受到结构的限制,也可能改变不利的结构条件。

例如,在两个案例学校中,教师领导意愿和领导行动就受到区教研主导的学校教师学习结构的限制。教师学习以具体的学科教学方法为内容,学校也以学科/年级教研组为教师学习的组织形态,共同影响了教师领导的实现范围。在两所个案学校中,都没有形成贯通整个学校的教师领导力;教师领导活动往往在被学科和年级分割的教研组中开展,并且因组而异。这意味着分年级分学科的教研组是教师学习和教师领导的关键情境和活动边界。此外,在教研组层面,教师领导也有可能改变不利的微观学习情境中的结构限制。例如 S 校六年级语文组的教师学习经历,就展现了教师领导改变结构限制的能动作用。

具有结构属性的教师领导实际上源自教师学习活动的历史产物。无论是学校层面,教研组层面,还是教师个人的学习活动中,作为学习活动主体的教师所面临的学习目标、可资利用的学习工具和学习社群边界,尤其是学习中的分工与规则,无不是此前教师学习历史的凝结,而教师学习历史恰恰又为教师在此前学习活动中的能动性所造就。在这个意义上,教师领导的能动/结构双重属性意味着教师有能力通过自身实践为自己制造牢笼或创造机遇,这说明教师领导的形态与性质在释放教师专业潜能中极为关键。那么怎样建构教师领导方可促进可持续、自我更新的教师学习活动呢?

二、建构促进教师学习的教师领导

在本书各案例中,影响个体教师领导实践建构的因素,除了个性气质等个人因素之外,教师在学校科层结构中所处的位置、对环境的感知均发挥着主要作用。Q 校艺术组的两位老师对应试压力的负面感受是影响她们发挥教师领导的主要因素;S 校教学主任 Z 老师的能动性主要与其职位有关;在学校教师学习以经验为本的价值取向之下,作为积极行动者的几位老师,都因具有丰富的经验而获得了丰富的自我领导或领导他人的机会。相反,Q 校中出现的两位受限行动者则在这样的环境中,因缺乏经验而实质上很难参与和影响其他教师的学习。

在建构群体教师领导力的过程中,教师是否能够发展出有利的教师知识生产模式,需要教师合理的处理如下影响因素。

首先,教师要处理应试带来的压力。在个案中,Q 校艺术组的 Z 和 F 老师无法在自身实践中消化应试对于教育的消极影响,因而选择了消极应对。她们试图推动学习的能动性被应试所破坏。而个案中的其他教师,能够将应试的要求与自身的教育教学理想进行不同程度的结合,如 S 校六年级语文组的老师就很聪明地去寻找"思维导图教学法"与上级要求的科研课题之间的结合之处,S 校三年级数学组和 Q 校三年级组的老师都习惯于结合外部学习的理念,探索适合自身班级的具体方法等。这些教师均把个人兴趣与上级下达的目标相契合。这是她们能动性的不同表现。她们不同的处理方式也对自身的进一步行动产生影响。

其次,教师需要处理教师学习活动中的角色安排。在学校现有的组织结构中,对教学主任等中层领导者、骨干教师、教研组长、普通老师,均有制度性或规范性的不同角色要求。是完全遵从这种角色安排还是根据学习的需求打破角色限制,表现了教师不同的能动性和领导力。在上述个案中,还没有发现有教师能够打破中层领导与一线教师的角色分工,S校语文教学主任Z老师所扮演的能动角色还没有其他一线教师能够取代,这说明明确的制度性角色分工具有牢固的基础,不易改变。但在柔性的规范层面,一线教师之间实际的角色分工表现出不同状态。在S校三年级数学组和Q校三年级组中,教师基本都是严格遵照教研组长负责分派任务、普通教师完成任务上交,或者年轻教师提问、资深教师解答的角色分工开展学习活动。而S校六年级语文组中的教师则打破了既定规则,教师在学习中所扮演的角色往往相互转换,例如,不是教研组长和骨干教师的W老师实质上发挥着提供共同探究议题、凝聚其他教师探究力的作用;组内教师也常常转换示范者和学习借鉴者的身份,从彼此的经验中得到自身发展的资源。

最后,教师需要处理学习中的共商目标。目标是社群的核心,社群就是围绕着成员共商目标而建构起来的。教师是否具有共商目标的意识,是否为此而采取行动、协调彼此的关系,对于他们能否组建互信互惠的学习社群、能否形成良性的知识生产模式、能否将个体能动性汇集产生协同增效的效果具有重要的作用。在本研究的四个个案教研组中,除了Q校艺术组的两位教师在应试压力下消极应对外界安排的学习目标之外,其他三个教研组的教师均接受了上级教研部门安排的教师学习目标,但她们在共商组内小目标的意识和行动方面表现出差异。S校六年级语文组的教师协商出"思维导图教学法"这一目标,并努力使之与外部规定的教师学习目标相契合,从而保有一定学习自主,并有效地汇聚了教师的能动性,使教师从群体自身的知识生产中获得了助力,并产生了协同增效的效果;Q校三年级组的四位教师仅仅在师徒带教活动中协商出共同目标,普通教师和新教师的能动性因而无法得到汇聚,不能充分回馈社群,也削弱了教师从社群自身获得更新的能量;S校三年级组的三位教师没有共商目标的意识,各自都独立地追随外部学习目标,其能动性也因而无法汇聚回馈群体教师学习。

第三节　整合的教师专业发展路径

教师学习和教师领导不仅是教师专业发展的两大路径,同时也是彼此交融、不可分割的整体。本章第一、二节已经探讨了两者兼具能动、结构属性的特征,本节将从能动与结构相互转化的角度,探讨教师领导与教师学习共同促进教师专业发展,释放教师作为专业人士的潜能的相关议题。

一、"学习者"和"领导者"角色的内在一致性

在教育作为社群的前提下,"建构主义领导"和"为了学习的领导"均将领导与学习视为以能动性为中心的活动,每一位教育社群成员既是学习者又是领导者(Lambert et al.,2002;Swaffield & MacBeath,2009;MacBeath & Dempster,2009;O'Donoghue & Clarke,2010)。本研究第四章中案例教师的学习经历证实了这一观点,并展现了"学习""领导"两种角色需求发生、关联的过程。

本章中的三位教师都很关注自身的学习,当她们面对缺乏支持的学习环境时,都自然展现了内在的自我领导,主动为自身争取各种学习资源。教师学习与教师领导在个体内和在领导的维度上同时得到展现,即当教师将自身视为学习者、保持对学习的关注时,他就自然地展现出内在的教师领导。同时,三位教师也都从自身的学习经历中,从不同角度领悟到社会性支持对教师学习的重要意义,他们也因而产生了通过提供帮助,参与和影响其他教师学习的领导意愿。这意味着,当教师能够理解学习的社会性内涵时,便自然产生了参与和影响其他教师实践的领导意愿。简言之,"教师作为领导者"与"教师作为学习者"两种角色之间具有内在一致性。

"领导者"与"学习者"两种角色在教师实践中得以形成内在一致性,源于教师在其专业实践中对意义的追寻。对意义的追寻探求,表现为教师对自身和他人的实践保持关注,这为教师运用和伸展其能动性提供了前提条件。寻求和探索意义是人之本能(Kegan,1982),教师对意义的追寻和探求,同样也是教师作为人的本能,是教师运用其能动性的内部驱动力。因此,教师作为学习者和教师作为领导者体现了教师作为人的内在需求。这回应了"为了学习的领导"对学习和领导本质的阐释,即学习和领导都是以人的能动性为中心的道德活动(Swaffield & MacBeath,2009)。这意味着,要促进教师角色转型,

使教师成为"学习领导的学习者""领导学习的领导者"关键之处在于如何保护教师对其专业实践的意义理解和探求,这需要破除工具理性中的教师观,真正尊重教师作为人的需求,而非将教师仅仅当作改革的工具。

二、领导学习、学习领导:教师领导与教师学习的转化机制

本书中两所学校、四个个案教研组、三位个案教师的学习过程,呈现了教师领导和教师学习在个体、教研组、学校三个层面上的相互转化过程,以及贯通三个层面的转化机制。

在个体层面上,教师领导主要体现为教师追求学习与发展的能动性。由于大多数的个案教师都具有学习发展的渴求,也因此而自然表达和展现出自我领导和参与其他教师学习的领导愿望。教师学习则更多以教研组、学校,甚至更为宏观的国家教师发展政策等活动结构形态对教师领导发生影响。因为教师对宏观教研环境、学校学习文化、教研组教师合作关系等学习情境因素的不同感知,他们选择了不同的领导行动。本书中,三位个案教师推动自身学习时所采取的领导路径呈现出三种轨迹,都体现了个体与结构之间的复杂互动。

在教研组层面上,教师领导与教师学习之间的互动,主要发生在生产、分配、交换与消耗构成的活动再生产过程中。当这些采取不同领导行动的教师在同一个教研组中学习工作时,他们个人的领导行动影响了对彼此的感知,逐渐形成了不同的群体教师领导力。在教研组这一中观的教师学习情境中,群体教师领导力以角色分工和互动规则的形态转化成为教师学习活动结构的一部分,并进一步影响教研组教师学习目标的生成、工具的选择、学习边界的远近,也影响着教研组教师学习的整体进程与结果。此时,对于教研组中每一个教师的个体学习以及为了学习而施展的领导行动而言,教研组教师学习活动又构成了个体能动行动的结构中介。本书中,教研组里教师领导和教师学习的互动呈现出四种不同轨迹,分别是:S校六年级语文组的"螺旋上升式再生产"、Q校三年级组的"单向滑轮式再生产"、S校三年级数学组的"平行线式再生产"和Q校艺术组"照搬外部教研产品的再生产"。

在学校层面,教师学习表现为多重嵌套的活动系统形态。对外,学校教师学习受到教研系统下达目标的约束;对内,学校教师学习系统为回应外部制定的教师学习目标而形成各种教师互动的方式、规则,教师学习的边界、工具等。教师也只能在这一学习结构释放的有限空间中实践领导的能动性。

至此,学校、教研组、个人层面的教师领导与教师学习在多重嵌套、持续发

生的教师专业活动系统中实现了衔接。教师领导和教师学习在上述三个层面相互转化、相互影响,实质上是教师专业实践中个人与情境、能动与结构相互作用的历史过程。两者的相互转化不仅体现了活动系统之间的横向关联,也体现了活动系统的历时发展。

三、"教师领导""教师学习"释放教师专业能量的效果

教师领导与教师学习都是以能动性为核心的行动,两者的关系实乃你中有我、我中有你,其互动过程因为掺杂着个体与群体的互动,是一个极为复杂的过程。本书始终立足于教师学习和教师领导的情境性来理解两者的互动关系,针对教师领导与教师学习共同促进教师专业发展的效果,提出如下观点。

第一,教师学习并非一定能够帮助教师提升自我效能感、实践教师领导,即教师学习并非必然为教师赋权。有一些研究将学习视为教师提升自我权能的重要途径,认为学习是教师实现领导的方式(Katzenmeyer & Moller,2001)。虽然本书发现,当个案中的教师将自身视为学习者时,她们都自然展现了内在的自我领导,主动为自身争取各类学习资源,但教师的这些自我领导行动并不意味着教师产生了专业自信,提升了自我效能感。研究发现,由于学校教师学习的目标和评价始终掌握在外部力量的手中,教师在不断追随外部定义的学习目标与标准的过程中,很难建立真正的专业自信。她们或是在教研员出席的场合自动放弃平等对话和探究;或是在遇到教师之间的意见分歧时,依靠教研员的决断而非从对实践的探究中寻求答案。当学校教师学习成为国家主导的教师学习体系中的一环,教师只是学习活动中的被动响应者,内在权能感很难因此而实现。

第二,教师领导并不必然推动自我更新的教师学习,即赋权予教师未必就能为教师增能。正如上述两条互动轨迹中的描述,个体的教师领导始终是教师依据其感受到的环境所采取的行动,是高度情境化的产物;而群体教师领导力更是教师基于对彼此行动的感受而互动产生的中观结构。具有高度情境色彩的教师领导在已有的教师学习条件下、在教师之间互动形成的中观学习/领导结构之中,孕育出极为迥异的教师学习活动方式。在本书中,共同参与的教师领导推动了个体知识在群体中的交换与碰撞,孕育了更丰富的创新,依靠群体的力量为个体进一步学习提供了更多资源;相较而言,大多数局限于固定角色的教师领导并不能够推动形成进行充分知识交换与碰撞的再生产模式,教师因而始终需要追随外部的学习活动,以谋求持续发展的学习资源。由此可

见,教师领导并不必然推动自我更新的教师学习(如 Smylie,1992),仅为部分教师赋权、领导角色固化的教师领导实践并不能促进旨在增能的教师学习(参见 York-Barr & Duke,2004)。

第三,教师领导和教师学习是否能够共同促进教师专业发展,视教师能动性能在多大程度上营造促进扩大再生产的教师学习活动结构与进程;其中,教师对活动系统的意义重塑是教师领导和教师学习的本质。在本书的案例中,个人层面和教研组层面均出现了教师通过个人能动性的伸展,即教师领导的运作,有效改善不良的教师学习结构、进而推进教师学习的案例(如第四章中的 S 校 D 老师、第三章中的 S 校六年级语文组)。就本质而言,这是活动主体借助活动系统提供的条件、运用能动性妥善解决活动系统中出现的各类矛盾所得到的结果。在这个活动系统变迁改善的过程中,教师领导和教师学习的价值就在于识别活动系统中的矛盾,并通过共商互惠目标带动形成可持续、自更新的教师学习扩大再生产系统。就本质而言,无论通过教师领导还是教师学习来改善活动结构,都是教师对活动的意义重塑行为。因此,要有效整合教师领导和教师学习,以促进教师专业发展、释放教师专业能量、提升教师专业性,仍要回到对教师作为人之权利的尊重。简言之,应将学习和领导作为教师的基本权利加以尊重,而非将教师领导作为与教师分享行政权力的奖赏,或将教师学习看作因教师能力不足而"被发展"的手段。在当前问责与表现主义的教育改革氛围中,尊重教师的领导和学习意味着允许教师拥有"在雷达下飞翔"的能力,对模糊性(ambiguity)保有一定的接受度(Bangs,MacBeath,& Galton,2010)。

第六章

结　语

世界范围内的教育改革日益聚焦于教师的变革,期待通过教师的改变带来教育质量的提升。我国基础教育第八次课程改革也将教师实施课程的能力视为实现新的"创生取向"课程理念的关键,对教师提出了一系列新的角色要求,例如教师应该作为课程的开发者、课程知识的建构者;教师应该是学生学习的促进者、合作者、引导者;教师应该成为自身教育实践的批判者、反思者(靳玉乐,张丽,2004)等。对教师角色内涵和能力的各种新要求无一例外地指向"教师成为学习者""教师成为领导者",即教师要引领课程和学生学习的积极变革。而这首先要求教师在个体和群体意义上都转型成为教师学习的领导者,通过专业学习与发展,实现自主更新。

围绕上述核心议题,本书以两所小学为案例,呈现了学校、教研组、个体层面教师学习和教师领导的实践状态,探讨了新课程改革背景下教师通过专业发展活动进行"学习者""领导者"等角色转型的过程。其中,教师如何学习、教师如何领导、学习和领导如何共同促进教师发展等,这些是本书着力回应的议题。本章将在简要概述研究结论的基础上,讨论研究带来实践启示,并指出研究限制和后续研究的方向。

第一节　主要结论

综合各章研究发现,本研究得到如下结论。

结论一:在官方设定的学习目标之下,教研组是调节外部学习需求与教师个体学习需求的重要学习情境。

在两所个案学校中,学校层面的教师学习、教师领导所表现出的同质性远远超过异质性,这意味着学校在国家设计和操控的教师学习体系中缺乏灵活性,并不能为教师领导提供充分的施展空间。学校为促进教师学习采取的各项制度,主要是为了保证完成上级教研部门下达的教师学习任务;绝大部分教师也都接受了上级安排的学习目标,即使不接受上级安排学习目标的教师,也只是以消极的方式应对;三位案例教师的学习经历也说明教师在学习活动中总是以组织认可的学校教研组,或上级认可的学区教研组为其活动边界。这说明个案学校中,教师能动性的伸展始终受制于官方认可的限制,教师基本依据科层结构的原则来建构教师领导。学校教师学习与教师领导受到的限制,主要源自官方设定教师学习目标。

在这一背景之下,教师作为科层结构限制下的个体,缺乏调动资源的能力,因而教师在学习中的实际意志也就难以得到体现,教师领导很难获得施展空间,而是更多服从上级的安排。然而进入教研组这一组织层级之后,教师的生活世界(Habermas,1968)释放出更多的能动空间。例如 S 校六年级语文组中,行政力量在教师交往中有所隐退,教研组长、骨干教师等具有行政认可权威的教师,与组内普通教师往往通过知识、经验进行交往,组内教师获得的能动空间略为扩大。

教研组所具备的能动空间,使之发挥着协调教师个体学习需求与外部学习要求的功能,成为或推动,或限制教师个体学习的重要情境。S 校六年级语文组的案例说明,教师可能通过教研组中的专业交往,使自身学习目标与外部安排的学习目标相契合,从而在教室学习保有一定自主。而 Q 校艺术组的案例则提供了一个反面案例。在这个教研组中,教师均不认同外部安排的学习目标,教研组本身并没有能够形成消解外部学习压力的缓冲区,反而对新教师F 形成消极影响,使之也采取了和其师父 Z 老师一样的消极应对策略。

三位教师的学习历程进一步说明,教师如若不能在教研组层面通过能动性构造有利于自身持续发展的活动规则,那么教师将会直接感受到经由学校传达而下的学习目标规限要求,及其产生的压力。例如 L 老师和 H 老师,她们都缺乏教研组层面有利的教师互动的支持,L 老师因而始终感到学校内部的教师交往对她个人发展没有实质的作用,而 H 老师则感受到教师竞争的消极影响、教科研等活动的表现性和走过场。总之,两人的持续学习发展都受到抑制。相较之下,D 老师则通过自身能动性的发挥,在其所在教研组内部营造了互动反思和共同探究的氛围,为自身的持续发展创造了有利条件。三位教师不同的学习经历中,教研组中不同的教师互动规则,是影响个体教师学习感受、获得学习资源的重要原因。

总体而言,教研组是教师学习的重要情境,教研组中教师在顺应外部学习要求时,也有可能改变不利的学习活动结构。但教研组仅仅只是一个组织单元,有许多因素影响着教研组中教师发挥领导、改善学习情境。

结论二:学校固有的科层体制与科层式学习文化是限制教师领导与教师学习良性互动的主要因素。

在教研组中,教师有可能在官方规定的教师学习目标、规限的学习活动结构空隙中伸展能动性,以促进自身的学习发展。但个体要想获得充分的领导空间与学习资源,需要透过教研组中的教师互动,借助协调的群体领导力与顺利运作的学习再生产方能实现个体层面上领导与学习的良性互动。本书发现,教研组内部的教师领导与教师学习互动,受到学校已有的"老带新"学习文化、制度性角色分工、教师对应试压力的感知与调和,以及学校是否认可等因素的限制。

第一,学校中已有的"老带新"传统压制了新教师发挥领导,损伤年轻教师学习自主的同时,也削弱了教师学习中可能利用的学习资源。"老带新"是学校已有的科层式学习文化的典型表现,个案中的 Q 校三年级组就是一个典型。这个教研组在老带新的学习文化中,资深教师往往充当答疑者和指导者,成为年轻教师学习中的重要他人。但同时,这种文化压制了年轻教师发挥领导的可能性,一方面使年轻教师的自主学习受到影响,不能自由探究和表达自己的学习意见;另一方面,也使整个教研组中教师群体可资利用的学习资源受到削弱,例如在 Q 校三年级组中,始终只有两位资深教师的意见能够成为组内教师学习中可供利用的共享资源,年轻教师可能提供的创新观点无法进入群组交流的视野,因此,教师可供采用的共享资源有限,教师也因而无法获得充分的学习发展。

第二,教师遵循制度性的角色分工,影响了教师领导的实现程度,也进而影响教师学习的效果。学校为科层结构中不同职位的教师设计了不同的角色责任,而学校中大部分教师也遵循着这一制度性的角色分工开展学习或领导。例如,研究中的 Q 校三年级组,恪守资深/年轻教师的角色分工、S 校三年级数学组的教师严格遵照教研组长/普通教师的角色分工来决定学习活动中如何行动。制度性角色分工具有固定、僵化的特点,只能带来小范围的教师领导。有限的教师领导意味着并非所有教师都能充分参与到他人的学习之中,也就无法获得充分的学习资源,教师从教研组这个教师群体内部获得自我更新、自主发展的力量也因而极为有限。Q 校三年级组和 S 校三年级数学组正因为受制于制度性角色分工形成的有限教师领导,使得教师始终将发展更新的目光投向外部教研活动。

第三,教师感受到的应试压力,可能侵蚀教师的领导动力,甚至促使教师放弃学习。许多个案教师回应应试要求时,努力将自己认可的学习意义与目标与之相契合,从而中和应试的压力,使应试能够在个人意义系统中获得理解和接纳,并进而转化为学习和领导的行动。但同时,有的教师无法消解两者之间的裂隙,例如 Q 校艺术组的 Z 老师和 F 老师。此时,应试无法在教师个人对教师学习意义的理解中获得容纳,缺乏调和的应试压力,直接扑向教师,消磨了教师学习和领导的意愿,使教师最终放弃了学习与领导。

事实上,应试是外部教研系统为教师设定的终极学习目标。即使如 S 校将教师发展作为学校发展的基本原则之一写入文件,但其目的依然是为了学校能够在考试中获得好成绩、好名次,从而保持学校在区里的领先地位。应试是教师学习的终极目标,同时也是外部强行赋予的目标,教师如何感知与调和应试压力,就成为影响教师学习与教师领导的重要因素。

第四,教师依从学校已有或官方认可的边界开展领导与学习,其能动性的伸展始终有限。尽管大部分教师为了促进自身学习,都发挥着不同程度的领导,有些学习意愿极为强烈的教师,如 Q 校科学教师 L,甚至主动争取到学校之外的学习支持;或如 S 校的 D 老师,为自身持续发展而苦心营造教研组内平等互惠互信的学习情境。这些教师为了推进学习所发挥的能动性展现了教师作为学习者的角色中内在蕴含的领导力。

然而,当整个教师学习活动体系处于官方力量和科层架构的严密掌控之中时,教师领导不可避免地受之影响。本书中个案教师的学习与领导,始终无法跳脱官方认可或学校划定的边界。大部分教师促进学习的领导行为,不过是在学校或区教研提供的教研活动中寻找学习资源;即使那些能动性较强的教师,如 S 校 D 老师,她行使教师领导时也始终以教研组长的职责、骨干教师的义务作为行动的依据,担心在组外的领导行为会引起非议;又如 Q 校 L 老师,虽然她将自己领导和学习的范围延伸到了学校之外的学区科学教研组,但若不是学区科学教研组依然从属于官方认可的教师学习系统,L 老师也不可能做出如此选择。由是,个案中的教师领导与教师学习实则始终以官方划定的范围为活动边界,无论教师学习与教师领导如何互动,教师能动性的伸展始终是有限度的。

总体而言,上述四类因素均可视为学校中科层体制与科层式学习文化的具体表现。老带新的传统教研组文化是基于经验的科层文化的衍生;学校已有的制度性角色分工更是科层结构的直接体现;应试作为上级赋予的教师学习终极目标,体现了科层制中的等级链;而教师以官方或学校认可的边界为学习和领导边界,同样也体现了科层文化对生存于其中的个体产生的思想控制。在这个意义上,限制教研组中教师领导与教师学习良性互动的主要因素正是学校固有的科层体制与科层式学习文化。

结论三:教师领导集中体现为教研组内微观学习情境的营造和教师学习活动规则的重塑;其中,能否平等协作、积极参与、共商组内小目标是教师领导力能否积极体现的关键。

从学校层面来看,尽管学校中的某些教师个体或教师团体试图扩大自身学习活动的能动范围,但从整体而言,学校教师学习活动依然在官方给定的目标之下、在学校划定的固有框架中进行着自我重复的运作。

在教研组层面,教师领导表现出变革教师学习结构的可能性。S 校六年级语文组提供了一个积极案例。当其他教研组的教师学习活动规则以"老带新"的教研组文化、倡导个人竞争的学习文化为主时,这个组的教师却在外部赋予的教师学习目标之下,借助共同关注、参与探讨教师自发产生的"思维导图教学法"这一组内目标,逐渐建构起共同参与、平等协作、互相促进的新的教师关系与学习情境。

在 Wenger 的"实践社群"中,实践的发展要求实践者相互介入彼此的行动(mutual engagement)、协商共同的事业(joint enterprise)、发展共同的技艺库(shared repertoire),由此建立实践社群。其中,协商共同的事业意味着共同事业具有动态性、过程性。"协商"包含着持续的注意和调适,强调共同关注协调的过程(Wenger, 1998)。这暗示着意义协商中存在着异质性,经过努力协调之后,最后可能形成新的共商目标、发展新的技艺库。通过协商过程中每个人倾注的关注和努力,共商成为共同的事业。因此,共商事业其实是一个过程,或者一个起点,由成员之间倾注关注与努力去建构平等互信互惠的关系中,才能产生共同的事业;反之,教师在彼此介入的关系建构过程中,只有始终以共商目标为导向,才有可能建构互信互惠的平等关系。因此,共商目标与关系建构乃是建立实践社群过程中不可分割的同一过程,而共享的技艺库则是实践社群建立的标志或结果。

S 校六年级语文组的教师正是对彼此的学习保持着关注和参与,以 W 老师所提出的"思维导图教学法"为契机和载体,逐渐投入共同探究的历程。在共同探究中,不同教师都贡献了各自的想法,改变着彼此对思维导图教学法的理解和认识,例如,即使是新教六年级的教师也不一定完全跟从老教师的指令行事,而是有自己的创新表达;教师之间也不因竞争而封闭,而是将各自的创新课堂开放展示给其他教师观摩、学习、共同研讨和改进。这正是 S 校六年级语文组教师的共商过程。在这一过程中,学校传统教师学习活动规则"老带新"在这个教研组中发生了变化,该组教师最终重构了彼此平等互惠的关系,"有特别共同的东西""都愿意把手伸出来去做",也进而推动着共同关注的"思维导图教学法"不断地演进、发展。这就透过一个独特的教研组,在一个微观情境中改变了学校教师学习的生态。相应的,该组教师在个人学习中,获得了临近发展区内的充分协助,也获得了较大空间伸展其能动性。

相较而言,其他教研组中却缺乏共商目标的意识或共商不足,因而仍然囿于学校传统的教师学习文化,难以将教师个体能动性聚集,协同增效。教师也因而不能从组内获得个人临近发展区内的充分协助,无法依靠群组自身的力量充分伸展其能动性。由此可见,教师领导的变革力量集中体现为教研组内教师学习活动规则的重塑;其中,教师能否平等共商、共同参与探索是教师领导力能否重塑教师学习文化规则的关键所在,影响着教师在临近发展区内能动性伸展的程度。

结论四:教师学习和教师领导的互动是教师个体与群体的能动行动在学习活动赋予的结构中介下相互调适、共同变化的过程。

纵观教师领导和教师学习在学校、教研组与个人三个层面中展现出的互动关系和过程,教师学习和教师领导的互动可以被视为教师在回应外部学习要求与自身学习需求时,因应环境条件而不断协调自身的能动行动、不断与其他教师的能动行动进行协调,最终实现个人与群体共同变化的过程。具体而言,它们之间的相互关系可以表述如下。

当教师个人的领导行动具有明显的能动色彩时,互动的教师领导者在协商中发展出的群体教师领导力却产生了某种结构特征,对行动中的教师产生了不同的中介作用。当此种群体领导力促成了学习生态的改善时,个体的教师学习便获得了更加充分优质的发展资源;而当此种群体领导力不能促成学习生态的改善,或者甚至恶化了已有的学习生态时,个体的教师学习也随之遭受破坏,难以为继。在这一过程中,教师的自我领导、互动形成的群体领导会呈现怎样的实况,又有赖学习环境所提供的条件。对于两所个案学校而言,学习环境既是由国家设计好的规限结构,同时又是教师自己的能动行动所构筑的自由空间。当学校教师学习已然成为国家设计的教师学习体系中的一环，在接受规定的学习目标、学习内容、学习时间安排，并为此而自我衍生出适应机制的同时，教师却也可能在教研组中通过共商目标，重新构建教师学习中的互动规则。因此，教师领导的意义便在于如何发挥教师自身的能动性，去改变不利的学习结构或学习生态。本书的四个教研组个案和三位个体教师学习个案都说明，教师很难依靠个体的力量直接改变外部施加的规限结构，但通过教师群体在教研组中的互动，却可能发展出新的中介结构，改善微观学习生态。要实现这样的积极变革，不仅需要具有包容胸襟的种子教师不断创造新的智力资源，并通过领导行为参与和影响其他教师的学习实践，也需要每一位教师能够以积极的心态响应彼此的领导行为，勇于承担领导的责任，并在共商目标的过程中发展起平等互信互惠的教师关系，共同构筑具有自我更新能量的学习社群；不仅需要教师群体自身发挥积极能动性，也需要学校提供必要的支持，为教师之间的真正合作提供制度保障，或扮演消解外部压力的中间人。

第二节 研 究 启 示

基于上述发现和结论，本书提出如下建议。

第一，尊重教师作为学习者的自主权，激发教师领导的动机，是实现教师学习与教师领导良性互动的首要条件。

本书的核心关注是教师领导与教师学习如何互动。这一问题的实质是探讨如何激发教师的自主性，使之通过自身的力量持续发展。教师领导作为一种人类本能的发展驱动力，是伴随着教师对自身作为学习者的意义建构而自然表达的：当教师将自己作为学习者、保持对学习的关注时，他就会自然展现内在的自我领导，去争取资源推动自身学习；当教师理解了学习的社会性含义时，也会自发地产生参与和影响其他教师学习的领导意愿；能动性强的教师甚至还会改变周遭的环境，以求获得更多的学习资源。

这意味着要实现教师领导与教师学习的良性互动，首要便是要尊重教师作为学习者的自主权，帮助教师真正建立自主的学习者身份，激发教师发挥领导的动机。在两所个案学校中，教师的学习在内容目标、学习时间安排等方面都受到外部的各种规定要求，影响了教师基于自身的意愿选择学习方式和学习内容。当教师仅仅作为他人知识的消费者和追随者时，教师学习是被动的，很难产生教师对学习的真正渴求与相应的促进学习的领导行为。不能够较好调适个人学习需求与外部学习要求差异的教师,如 Q 校艺术组的 Z 和 F 老师,甚至可能消极应对。因此,首先需要给予教师更多的自由空间去追求和探究自己实践中感兴趣的问题,让教师成为真正的自身学习中的意义建构者,以逐步建立专业自信。

第二,在学校中营造关注学习的氛围,并为教师学习提供充分支持,是实现教师领导与教师学习良性互动的文化保障。

尽管教师在保持对学习的关注时,会产生领导意愿,但教师是否会将领导意愿转化为真实的领导行为却视情境而定。学校已有的组织结构与制度、学校发展教师领导的意愿、教研组中教师关系、教师的专业自信,都是影响教师采取实际领导行动的因素。这些因素都是科层式学习文化的某种表现。例如,S校D老师只是按照自身作为教研组长的职责,在本教研组内部行使领导;Q校之所以不愿意支持科学教师 L 在学校层面的教师领导,也是因为 Q 校对教师学习发展持有功利的看法,所营造的学习文化乃是为了迎合应试的要求,为了满足上级对学校的考核。在当前教育质量往往被窄化为学业成绩(沈伟,卢乃桂,2011)的背景下,Q 校所营造的学习文化其实是一种科层式、应试的学习文化。再如,教研组中教师是否发挥领导、如何协调彼此的领导行动也往往受到老带新等科层式学习文化的影响。

在两所个案学校中,学校中长期存在的、稳固的科层结构尽管已为教师学习提供了必要的制度保障,但其制度的僵化对于教师学习的限制仍然比较突出。因此,学校需要建立真正的学习文化。真正的学习文化由普遍的学习主体、教师自行定义的学习内容和多样的学习方式支撑。真正的学习文化能够弱化甚至改变按照科层职位角色固化领导的状态,使教师能够将自身因学习产生的领导意愿转化为广泛、真实的领导行为。而要改变学校已有的科层式学习文化,其关键环节便是将教研组转变为专业的教师学习社群。

第三,发挥教研组的专业属性,使之转化为基于学校情境的教师专业学习社群,是实现教师领导与教师学习良性互动的关键环节。

教研组是调节外部学习要求和教师自身学习需求的重要情境。虽然教师学习的总体目标和学习活动的基本结构已经受到上级教研部门或学校已有组织制度的规定,但教师依然可能通过教研组中的群体互动,改变不利的学习规则,重构学习的微观生态。此外,虽然学区教研组织的各类教研活动形成了一个超越学校的学习组织,但教师若要实现持续发展,最终仍需对基于本校情境的教学实践进行探究。例如,Q 校科学骨干教师 L 老师的经历就说明缺乏本校科学教师学习社群的支持,教师的持续发展将会陷入停滞。由此可见,基于学校情境的教师学习社群是支持教师持续发展不可替代的情境因素,而学校教研组本身已经具备基于校本和教师群体学习的一些基本特征,如能使之转化为专业的学习社群,则能为处于重重规限之中的学校教师学习开启能动空间。

要将教研组转化为专业的教师学习社群,需要协调教师之间的关系,使之在平等协作、共同探索的过程中逐渐建立起平等互信互惠的教师关系,将不同教师个人能动性汇聚起来,形成协同增效的教师领导合力,推动群体和个体教师自我更新的学习。为此,强化教师发挥领导的意识,职前教师教育与在职教师发展在当中应扮演重要的角色。

第三节　不足与展望

本节讨论不足之处,并指出后续可以深入探讨的方向。

一、不足之处

由于采取质化研究取向,本书所述存在如下局限。

第一,研究者个人能力的限制。因为质化研究将理解人际互动作为主要任务,研究者成为最重要的研究工具,个人素养、经历、人际交往的熟练程度等影响着其与研究对象之间互动的深度与质量;研究者世界观、价值观等构成了其理解世界的前概念,影响研究者对资料的解读等。总之,一个有品质的质化研究,要求研究者具备丰富的阅历和熟练的技巧。本书中,研究者是从事质化研究的新手,在许多研究技巧方面还有待磨炼和提高。

第二,在数据收集方面。本书尝试探究和理解案例学校中不同教研组内部的教师互动、教研组之间的互动,这些均是极其复杂的现象,需要与研究对象进行长时间接触、在案例学校中长时间地浸润,才能呈现深入、丰富的信息。研究者虽在有限的田野调查时间内,等待发现资料反复出现,呈现饱和的情况,才做出离场的判断。但若数据收集时间更加充分,必将会提供更加丰富和深入的信息。

第三,资料取舍和呈现中的局限性。面对收集的丰富资料,能够用于回答研究问题的内容材料千头万绪。为了清晰呈现主要的研究发现,需要对芜杂的资料进行取舍。其中,对于某些支线上的资料并未进行详尽呈现。虽然是出于理性选择,但在数据取舍和呈现中难免具有不足。例如,在研究设计阶段,关注到学科差异在教师学习、教师领导建构中的作用;资料收集时,也广泛关注了主要学科、非考试学科的差异。但在具体的资料分析和呈现时,研究者认为凸显学校—教研组—个人这一条线索,能够更加明晰地展现教师领导与教师学习的互动如何在个人与群体层面中展开,因此对学科差异进行了弱化处理。虽然案例呈现中兼顾了语、数、英等主要学科和科学、艺术等非考试学科,但并未对学科差异的影响进行深入的探讨。这是资料挖掘和呈现中的不足。

第四,研究结果的应用。本书作为质化取向的案例研究,选取了两所学校作为个案。但无论教师领导还是教师学习,均属复杂情境建构的产物。因而研究结果虽然能够加深对特定情境下学校教师领导、教师学习过程的理解,对两者互动过程的理解,但不能推广到其他情境。

此外,研究设计本身也存在一定局限。正如文献综述部分指出,教师领导是一个极为复杂、内涵极为丰富的概念,它既指涉行为层面,也指涉心理层面;既指涉内在的教师领导,也指涉面向其他人的领导。而教师学习也是一个极为复杂的概念。本书将两个极为复杂的现象放在一起,试图探究两者的互动与关系,是一项非常艰巨的任务。出于时间精力和本人研究水平的限制,主要从行为层面去探究教师领导与教师学习的互动,对于教师心理赋权感的探究不够充分。

二、展望

基于上述局限,以及已有的发现,未来可以关注如下方向。

(一) 对学科差异、年级差异,以及学段衔接点的深入探究

正如上文所言,对学科差异的探究不足是本书的局限所在,也是未来可以继续深入之处。此外,在研究者已经掌握的中外教师领导文献中,学科差异对教师领导、教师学习互动的影响也并未得到充分的探究,因此,这可以成为未来深入探究的一个方向。

再者,应试是影响教师领导的重要因素。本书选择了应试压力较小的小学作为案例对象进行了深入探究。未来还可对承受应试压力较大的学段,例如小学中关键年级,又如幼小、小初、初高等三个学段衔接点上的教师领导、教师学习,及其相互关系进行研究,以便对中国教育情境中教师领导、教师学习的关系进行更为全面的了解。

（二）关注学校在教师领导、教师学习的建构与互动中的作用与差异

本书在两所学校个案的基础上，发现了教研组在教师学习与教师领导互动中提供了相对较大的能动空间，在教研组中表现出了不同类型的互动模式。但在学校层面，两所学校的教师领导与教师学习的形态与互动并没有特别大的差异。本书对此提出了解释，认为教师的生活世界在教研组这一层级中存有展现空间，而在更上层级的学校层面就开始为行政力量所侵占，国家主导力量为学校留下的能动空间有限。

但由于本书仅以两所小学为个案，有可能产生偏颇的理解。按照建构主义的观点来理解，则不同学校特定的情境中可能建构出不同类型的教师领导与教师学习，两者的互动也可能表现出不同的路径。此外，从实践的角度而言，资源与能动性有关，学校掌握的资源远较教研组丰富。从改善实践的角度出发，今后也要更加关注学校在教师领导与教师学习的建构与互动中所可能发挥的多种作用。

（三）教学主任等中层领导在促进教师领导和教师学习中的角色和作用

本书主要是从教师这一群体感知的视角去呈现和理解教师领导、教师学习的建构与互动。形成良性互动的S校六年级语文组中，除了种子教师W的示范作用与该组教师的广泛回应之外，教学主任Z作为外部能动者也在推动这个教师群体的互惠合作中发挥着重要作用。但同时，本书中接触的其他教学主任似乎并没有发挥预期的作用。

类似教学主任这样的学校中层领导者往往来自教学一线的优秀教师，对教师学习的自主性理解往往较之一般教师更深刻；当他们成为学校中层领导者之后，又对上级下达的教学、学习要求有了更直接的了解。他们如何理解、应对来自上级下达的教师学习要求和教师自身学习需求之间的矛盾？如何协调两者的关系？这些都是今后可以深入探讨的方向。

（四）校际互动中的教师领导与教师学习互动

本书关注新课程改革背景下教师领导、教师学习的过程及其互动。在学习与领导的建构主义理解中，学习/领导社群应被理解为包含无数相互嵌套、边缘无限外延的社群系统，系统中的社群之间相互影响。此外，为回应国家建立教师网络联盟的政策，许多地方教育部门采取建立学区、进行学区化管理的方式，促进地区内学校和教师交流。这为研究教师领导与教师学习关系提供了更加独特的背景。教研员在其中发挥的作用也有待进行更深入的探讨。

参 考 文 献

中文文献

［1］波格丹,比克伦. 质性教育研究:理论与方法［M］. 黄光雄,主译. 嘉义:涛石文化, 2001

［2］操太圣,卢乃桂. 教师赋权增能:内涵、意义与策略［J］. 课程·教材·教法,2006(10): 78-81.

［3］陈桂生."中国的教研组现象"平议［J］. 南通大学学报(教育科学版),2006(4):1-4.

［4］陈向明. 质的研究方法与社会科学研究［M］北京:教育科学出版社 2000.

［5］陈峥,卢乃桂. 正式与非正式教师领导对教师专业发展的影响［J］. 教师教育研究, 2010(1):12-16.

［6］丁钢. 教师的专业领导:团队发展计划［J］. 教育发展研究,2004(10):5-10.

［7］冯大鸣,徐菊芳. 我国骨干教师队伍建设的若干偏向及改进对策［J］. 教学与管理, 2005(10):17-19.

［8］冯大鸣. 美英澳教育管理前沿图景［M］. 北京:教育科学出版社,2004.

［9］管培俊. 我国教师教育改革开放三十年的历程、成就与基本经验［J］. 中国高教研究, 2009(2):3-11.

［10］胡惠闵. 教师专业发展背景下的学校教研组［J］. 全球教育展望,2005(7):21-25.

［11］黄显华,朱嘉颖. 课程领导与校本课程发展［M］. 北京:教育科学出版社,2005.

［12］吉鲁. 教师作为知识分子:迈向批判教育学［M］. 朱红文,译. 北京:教育科学出版社, 2008.

［13］靳玉乐,张丽. 我国基础教育新课程改革的回顾与反思［J］. 课程·教材·教法,2004 (10):9-14.

［14］卡尔·波普尔. 客观知识——一个进化论的研究［M］. 舒炜光,卓如飞,周柏乔,等 译. 上海:上海译文出版社,2005.

［15］卢乃桂,操太圣. 中国教师的专业发展与变迁［M］. 北京:教育科学出版社,2009.

［16］卢乃桂,陈峥. 赋权予教师:教师专业发展中的教师领导［J］. 教师教育研究,2007(4): 1-5.

［17］卢乃桂,何碧愉. 能动者工作的延续力:学校改进的启动与更新［J］. 教育学报,2010b (2):1-39.

［18］卢乃桂. 信息社会的人才要求［M］. 教育研究,2000(11),8-10.

[19] 卢乃桂,何碧愉.能动者行动的意义:探析学校发展能量的提升历程[J].教育学报,2010a(1):1-31.

[20] 罗伯特·K.殷.案例研究:设计与方法[M].周海涛,主译.重庆:重庆大学出版社,2004.

[21] 罗绍良.黔南民族地区中小学骨干教师示范辐射作用的调查与分析[J].民族教育研究,2011(5):56-60.

[22] 马克斯威尔.质化研究设计:一种互动取向的方法[M].高薰芳,林盈助,王向葵,译.台北:心理出版社股份有限公司,2001.

[23] 马歇尔,罗丝曼.质性研究:设计与计划撰写[M].李政贤,译.台北:五南出版有限公司,2006.

[24] 马云鹏.课程改革实验区追踪评估的最新报告[J].教育发展研究,2005(9):18-23.

[25] 裴淼,刘静,谭士驰.国外教师认知概念演变发展的研究[J].比较教育研究,2011(8):55-58.

[26] 彭华茂,王凯荣,申继亮.小学骨干教师反思意识的调查与分析[J].西北师大学报(社会科学版),2002(5):27-30.

[27] 沈伟,卢乃桂.问责背景下的教育质量:何为与为何[J].全球教育展望,2011(2):56-61.

[28] 王长纯.1978—2002年中国教育改革的四次浪潮[J].首都师范大学学报(社会科学版),2002(4):102-107.

[29] 王绯烨.教师领导力视角下我国骨干教师的发展研究[M].北京:北京交通大学出版社,2018.

[30] 王艳玲.新课程改革与教师角色转型[J].全球教育展望,2007(10):20-25.

[31] 谢登斌.从课程改革的视角关注学校文化转型[J].教育探索,2006(2):12-13.

[32] 尹弘飚.全球化时代的中国课程改革[J].高等教育研究,2011(3):69-75.

[33] 曾荣光.从教育质量到质量教育的议论:香港特区的经验与教训[J].北京大学教育评论,2006(3):129-143.

[34] 郑一明.认识与人类旨趣[M]//谢立中.西方社会学名著提要.南昌:江西人民出版社,1998:353~368.

[35] 钟启泉,崔允漷,张华,等.为了每一个学生的发展——新世纪中国基础教育课程改革刍议[J].全球教育展望,2001(2):3-8.

[36] 钟启泉,赵小雅.义无反顾奏响改革进行曲[N].中国教育报,2006-12-15(05).

[37] 钟启泉.教育民主:我国基础教育新课程改革[J].辽宁教育,2009(11):4-6.

[38] 钟启泉.课程改革的文化使命[J].人民教育,2004(8):8-11.

[39] 钟启泉.寻找课程范式的转型[J].比较教育研究,2003(1):6-11.

英文文献

[1] Achinstein, B. Community, diversity, and conflict among schoolteachers: The ties that blind [M]. New York & London: Teachers College, Columbia University, 2002.

[2] Anderson, J. R., Reder, L. M., & Simon, H. A. Situated learning and education

[J]. Educational Researcher, 1996(4): 5 - 11.

[3] Bangs, J. , MacBeath, J. , Galton, M. Re-inventing schools, reforming teaching: From political visions to classrooms reality [M]. London: Routledge, 2010.

[4] Barth, R. School: A community of leaders [C]//Lieberman, A. (Eds.). Building a professional culture in schools. New York: Teachers College Press, 1988: 129 - 147.

[5] Barth, R. S. Teacher leader [J]. Phi Delta Kappa, 2001(82): 443 - 449.

[6] Bell, L. , Bolam, R. , & Cubillo, L. A systematic review of the impact of school headteachers and principals on student outcomes [R]. London: University of London Institute of Education, 2003.

[7] Berger, P. L. , & Luckmann, T. The social construction of reality: A treatise in the sociology of knowledge [M]. London: Penguin Press, 1967.

[8] Bigge, M. L. , & Shermis, S. S. Learning Theories for teachers [M]. New York: Longman, 1999.

[9] Birky, V. D. , Shelton, M. , & Headley, S. An administratior's challenge: Encouraging teachers to be leaders [J]. NASSP Bulletin, 2006,90(2): 87 - 101.

[10] Borko, H. Professional development and teacher learning: Mapping the terrain [J]. Educational Researcher, 2004,33(8): 3 - 15.

[11] Bransford, J. , Brown, A. , & Cocking, R. How people learn: Brain, mind, experience, and school [M]. Washing, D. C. , National Academy Press, 1999.

[12] Bu, Y. H. , & Han, X. Promoting the development of backbone teachers through University-School Collaborative Research: The case of New Basic Education (NBE) reform in China [J]. Teachers and Teaching, 2019,25(2): 200 - 219.

[13] Caine, G. , & Caine, R. N. The learning community as a foundation for developing teacher leaders [J]. NASSP Bulletin, 2000,84(7): 7 - 14.

[14] Cannata, M. , McCrory, R. , Sykes, G. , et al. Exploring the influence of National Board Certified Teachers in their schools and beyond [J]. Educaional Administration Quarterly, 2010,46(4): 463 - 490.

[15] Cochran-Smith, M. , & Lytle, S. The teacher research movement: A decade later [J]. Educational Researcher, 1999,28(7): 15 - 25.

[16] Cole, M. Cutural Psychology: A once and future discipline [M]. Cambridge, Massachusetts, and London, England: The Belknap Press of Harvard University Press, 1996.

[17] Crawford, K. Untitled (Review of the book The concept of activity in Soviet psychology, by Wertsch, J.)[J]. Educational Studies in Mathematics, 1985,16(4): 431 - 433.

[18] Cresswell, J. W. Research design: Qualitative & quantitative approaches [M]. Newbury Park: SAGE, 1994.

[19] Crowther, F. , Ferguson, M. , & Hann, L. Developing teacher leaders: How teacher leadership enhances school success [M]. Thousand Oaks, CA: Corwin Press,

2009.

[20] Crowther, F. , & Olsen, P. Teachers as leaders: An explanatory framework [J]. International Journal of Educational Management, 1997,11(1): 6 – 13.

[21] Darling-Hammond, L. , Bullmaster, M. L. , & Cobb, V. L. Rethinking teacher leadership through professional development schools [J]. The Elementary School Journal, 1995,96(1): 87 – 106.

[22] Darling-Hammond, L. , Ruth C. W. , Andree, A. , et al. Professional learning in the learning profession: A status report on teacher development in the United States and Abroad [R]. NSDC, 2009.

[23] Davydov, V. The content and unsolved problems of activity theory [C]//Engeström, Y. Miettinen, R. & Punamaki, R. (Eds.). Perspectives on activity theory. New York: Cambridge University Press, 1999: 39 – 52.

[24] Day, C. Developing teachers: The challenges of lifelong learning [M]. London, UK: Falmer, 1999.

[25] Day, C. School reform and transitions in teacher professionalism and identity [J]. International Journal of Educational Research, 2002,37: 677 – 692.

[26] Day, C. , & Sachs, J. Professionalism, performativity and empowerment: Discourses in the polities, policies and proposes of continuing professional development [C]//Day. , C. & Sachs, J. (Eds.). International handbook on the continuing professional development of teachers. Maidenhead: Open University Press, 2004: 3 – 32.

[27] Desforges, C. Learning out of school [C]//Desforges, C. (Eds.). An introduction to teaching: Psychological perspectives. Oxford: Blackwell, 1995: 93 – 112.

[28] Doll, W. E. J. A post modern perspective on curriculum [M]. New York: Teacher College Press, 1993.

[29] Duke, D. L. Drift, detachment, and the need for teacher leadership [C]//Walling, D. R. (Eds.). Teachers as leaders: perspectives on the professional development of teachers. Bloomington, IN: Phi Delta Kappa Educational Foundation, 1994: 255 – 273.

[30] Easton, L. B. From professional development to professional learning [J]. Phi Delta Kappan, 2008,89(10): 755 – 759.

[31] Edwards, A. How can Vygotsky and his legacy help us to understand and develop teacher education? [C]//Viv Ellis, Anne Edwards, & Peter Smagorinsky (eds.). Cultural-Historical Perspectives on teacher education and development: learning teaching. London & New York: Routledge, 2010: 63 – 77.

[32] Edwards, A. , & Daniels, H. Using socio-cultural and activity theory in educational research [J]. Educational Review, 2004,56(2): 107 – 111.

[33] Emira, M. Leading to decide or deciding to lead? Understanding the relationship between teacher leadership and decision making [J]. Educational Management Administration & Leadership, 2010,38(5): 591 – 612.

[34] Engeström, Y. Learning by expanding: An activity-theoretical approach to developmental research [M]. Helsinki, Finland: Orienta-Konsultit, 1987.

[35] Evans, L. What is teacher development? [J]. Oxford Review of Education, 2002,28 (1): 123 – 137.

[36] Fenwick, T. J. Teacher learning and professional growth plans: Implementation of a provincial policy [J]. Journal of Curriculum and Supervision, 2004,19(3): 259 – 282.

[37] Fishman, B. , &. Davis, E. Teacher learning research and the learning sciences [C]// Keith, S. R. (Eds.). Cambridge handbook of the learning sciences. West Nyack, NY: Cambridge University Press, 2002: 535 – 550.

[38] Fitzgerald, T. , &. Gunter, M. Teacher leadership: A new myth for our time? [Z] Chicago, AERA, 2007.

[39] Frost, D. , &. Harris, A. Teacher leadership: Towards a research agenda [J]. Cambridge Journal of Education, 2003,33(3): 479 – 498.

[40] Frost, D. , &. Durrant, J. Teacher leadership: Rationale, strategy and impact [J]. School Leadership &. Management, 2003,23(2): 173 – 186.

[41] Frost, D. 'Teacher leadership': Values and voice [J]. School Leadership &. Management, 2008,28(4): 337 – 352.

[42] Fullan, M. Change the term for teacher learning [J]. Journal of Staff Development, 2007,28(3): 35 – 36.

[43] Fullan, M. Large-scale reform comes of age [J]. Journal of Educational Change, 2009,10(2/3): 101 – 113.

[44] Gallucci, C. Districtwide instructional reform: Using sociocultural theory to link professional learning to organizational support [J]. American Journal of Education, 2008,114(4): 541 – 581.

[45] Ghamrawi, N. No teacher left behind: Subject leadership that promotes teacher leadership [J]. Educational Management Administration &. Leadership, 2010,38(3): 304 – 320.

[46] Giddens, A. The constitution of society: Outline of the theory of structuration [M]. Berkeley: University of California Press, 1984.

[47] Gigante, N. A. , &. Firestone, W. A. Administrative support and teacher leadership in schools implementing reform [J]. Journal of Educational Administration, 2008,46 (3): 302 – 331.

[48] Gold, R. L. Roles in sociological field observations [J]. Social Forces, 1958,36: 217 – 223.

[49] Goodlad, J. I. The school as workplace [C].//Griffin, G. A. (Eds.). Staff development. (Eighty-second Yearbook of the National Society for the Study of Education). Chicago: University of Chicago Press, 1983: 36 – 61.

[50] Grant, C. Emerging voices on teacher leadership: Some South African views [J]. Educational Management Administration &. Leadership, 2006,34(4): 511 –

532.

[51] Gronn, P. Distributed leadership as a unit of analysis [J]. The Leadership Quarterly, 2000,13: 423 - 451.

[52] Gronn, P. Distributed leadership [C]//Leithwood, K. & Hallinger, P. (Eds.). Second International Handbook of Educational Leadership and Administration (part 2). Dordrecht, Boston, London: Kluwer Academic Publishers, 2002: 653 - 696.

[53] Grossman, P., Wineburg, S., & Woolworth, S. Towards a theory of teacher community [J]. Teachers College Record, 2001,103(6): 942 - 1012.

[54] Guskey, T. R. Professional development and teacher change [J]. Teachers and Teaching: Theory and Practice, 2002,8(3/4): 381 - 391.

[55] Habermas, J. Knowledge and human interests [M]. Boston: Beacon Press, 1968.

[56] Hargreaves, A. & Fullan, M. Understanding teacher development [M]. New York: Teachers College Press, 1992.

[57] Hargreaves, A. Push, pull and nudge: The future of teaching and educational change [R]. Paper presented at the CTER Global Teacher Education Summit, Beijing, 2011.

[58] Harris, A. Teacher leadership as Distributed leadership: Heresy, fantasy or possibility? [J]. School Leadership & Management, 2003,23(3): 313 - 324.

[59] Harris, A. Leading or misleading? Distributed leadership and school improvement [J]. Journal of Curriculum Studies, 2005,37(3): 255 - 265.

[60] Harris, A. Distributed leadership: Conceptual confusion and empirical reticence [J]. International Journal of Leadership in Education, 2007,10(3): 315 - 325.

[61] Harris, A. Distributed leadership: What we know [J]. Journal of Educational Administration, 2008,46(2): 172 - 188.

[62] Harris A., & Muijs, D. Improving schools through teacher leadership [M]. Maidenhead: Open University Press, 2005.

[63] Harris, S., Lowery-Moore, H., & Farrow, V. Extending transfer of learning theory to transformative learning theory: A model for promoting teacher leadership [J]. Theory into Practice, 2008,47: 318 - 326.

[64] Hartley, D. The emergence of distributed leadership: Why now? [J]. British Journal of Educational Studies, 2007,55(2): 202 - 214.

[65] Hoban, G. Teacher learning for educational change: A systems thinking approach [M]. Buckingham, Philadelphia: Open University Press, 2002.

[66] Hord, S. M. Professional learning communities: What are they and why are they important [J]. Issues about Change, 1997,6(1): 1 - 8.

[67] Huffman, J. B., & Hipp, K. K. Reculturing schools as professional learning communities [M]. Lanham, MD: Scarecrow Education, 2003.

[68] Illeris, K. How we learn: Learning and non-learning in school and beyond [M]. London & New York: Routledge, 2007.

[69] Katzenmeyer, M. , & Moller, G. Awakening the sleeping giant: Helping teachers develop as leaders [M]. Thousand Oaks, CA: Corwin Press, 2001.

[70] Keedy, J. F. Examing teacher instructional leadership within the small group dymanics of collegial groups [J]. Teaching and Teacher Education, 1999,15(7): 785 – 799.

[71] Kelly, P. What is teacher learning? A socio-cultural perspective [J]. Oxford Review of Education, 2006,32(4): 505 – 519.

[72] Kozulin, A. The concept of activity in Soviet psychology [C].//Daniels, H. (Eds.). An introduction to Vygotsky. London, New York: Routledge. 1996: 99 – 122.

[73] Lambert, L. , Walker, D. , Zimmerman, D. , et al. The constructivist leader [M]. 2nd edition. New York, London: Teachers College Columbia University, 2002.

[74] Lambert, L. Leadership capacity for lasting school improvement [M]. Alexandria, VA: Association for Supervison and Curriculum Development, 2003.

[75] Lave, J. , & Wenger, E. Situated Learning: Legitimate peripheral participation [M]. Cambridge: Cambridge University Press, 1991.

[76] Leithwood, K. , Harris, A. , & Hopkins, D. Seven strong claims about successful school leadership [J]. School Leadership and Management, 2008,28(1): 27 – 42.

[77] Leslie, Lo. Teachers and teaching in China: A critical reflection [J]. Teachers and Teaching, 2019,25(5): 553 – 573.

[78] Lieberman, A. , & Miller, L. Teacher leadership [M]. San Francisco: Jossey-Bass, 2004.

[79] Lieberman, A. , & Mace, D. P. Teacher learning: The key to educational reform [J]. Journal of Teacher Education, 2008,59(3): 226 – 234.

[80] Little, J. W. Assessing the prospects for teacher leadership [C]//Lieberman, A. (Eds.). Building a professional culture in schools. New York: Teachers College Press, 1988: 78 – 106.

[81] Little, J. D. Constructions of teacher leadership in three periods of policy and reform activism [J]. School Leadership & Management, 2003,23(4): 401 – 419.

[82] MacBeath, J. , & Townsend, T. Leadership and learning: Paradox, paradigm and principles [C]//MacBeath, J. & Townsend, T. (Eds.). International Handbook of Leadership for Learning. Dordrecht, Heidelberg, London, New York: Springer, 2011: 1 – 28.

[83] Mangin, M. M. Facilitating elementary principal's support for instructional teacher leadership [J]. Educational Administration Quarterly, 2007,43(3): 319 – 357.

[84] Mangin, M. M. Literacy coach role implementation: How district context influences reform efforts [J]. Educational Administration Quarterly, 2009,45(5): 759 – 792.

[85] Matusov, E. In search of 'the appropriate' unit of analysis for sociocultural research [J]. Culture Psychology, 2007,13: 307 – 333.

[86] Mayorwetz, D. Making sense of distributed leadership: Exploring the multiple usages of the concept in the field [J]. Educational administration Quarterly, 2008,44: 424 - 432.

[87] Muijs, D., & Harris, A. Teacher leadership-Improvement through empowerment?: An overview of the literature [J]. Educational Management Administration & Leadership, 2003,31(4): 43/7 - 448.

[88] Muijs, D., & Harris, A. Teacher led school improvement: Teacher leadership in the UK [J]. Teaching and Teacher Education, 2006,22: 961 - 972.

[89] Mitchell, C., & Sackney, L. Profound improvement: Building capacity for a learning community [M]. Lisse, the Netherlands: Swets and Zeitlinger. 2000.

[90] Murphy, J. The educational reform movement of the 1980s: A comprehensive analysis [C]//Murphy, J. (Eds.). The educational reform movement of the 1980s: Perspectives and cases. Berkeley, California: McCutchan Publishing Corporation, 1990.

[91] Murphy, J. Connecting teacher leadership and school improvement [M]. Thousand Oaks, CA: Corwin Press, 2005.

[92] Nelson, B. S., & Sassi, A. The effective principal: Instructional leadership for high quality learning [M]. New York: Teachers College Press, 2005.

[93] O'Donoghue, T., & Clarke, S. Leading learning: Process, themes and issues in international contexts [M]. London, New York: Routledge, Taylor & Francis Group, 2010.

[94] Ogawa, R. T., & Bossert, S. T. Leadership as an organizational quality [J]. Educational Administration Quarterly, 1995,31: 224 - 243.

[95] Opfer, V. D., & Pedder, D. Conceptualizing teacher professional learning [J]. Review of Educational Research, 2011,81(3): 376 - 407.

[96] Paavola, S., Lipponen, L., & Hakkarainen, K. Models of innovative knowledge communities and three metaphors of learning [J]. Review of Educational Research, 2004,74: 557 - 576.

[97] Patrick, F., Forde, C., & McPhee, A. Challenging the 'new professionalism': from managerialism to pedagogy [J]. Journal of In-Service Education, 2003,29(2): 237 - 277.

[98] Patton, M. Q. Qualitative evaluation and research methods [M]. Newbury Park, Calif: SAGE Publications, 1990.

[99] Phillips, D. C. The good, the bad, and the ugly: The many faces of constructivism [J]. Educational Researcher, 1995,24(7): 5 - 12.

[100] Phillips, D. C., & Soltis, J. F. Perspectives on learning [M]. 5th ed. New York: Teachers College Press, 2009.

[101] Porter, A. C. Teacher collaboration: New partnership to attack old problems [J]. Phi Delta Kappa, 1986,69: 147 - 152.

[102] Putnam, R. T., & Borko, H. What do new views of knowledge and thinking have to say about research on teacher learning? [J]. Educational Research, 2000,29: 4 -

15.

[103] Reeves, D. B. Reframing teacher leadership to improve your school [M]. VA: ASCD, 2008.

[104] Rogoff, B. Observing sociocultural activity on three planes: Participatory appropriation, guided participation, and apprenticeship [M]//Wertsch, J. V. del Rio, P. & Alvarez, A. (Eds.). Sociocultural Studies of Mind. New York: Cambridge University Press, 1995: 139 - 164.

[105] Roth, Wolff-Michael. Introduction: "Activity theory and education: An introduction" [J]. Mind, Culture, and Activity, 2004,11(1): 1 - 8.

[106] Roth, Wolff-Michael. Heeding the unit of analysis [J]. Mind, Culture, and Activity, 2007,14(30): 143 - 149.

[107] Roth, Wolff-Michael, & Lee, Y. J. "Vygotsky's neglected legacy": Cultural-historical activity theory [J]. Review of Educational Research, 2007,77(2): 186 - 232.

[108] Roth, Wolff-Michael. On theorizing and clarifying [J]. Mind, Culture, and Activity, 2008,15: 177 - 184.

[109] Sanders, M. G. Missteps in team leadership: The experiences of six novice teachers in three urban middle schools [J]. Urban Education, 2006,41(3): 277 - 304.

[110] Schön, D. The reflective practicner [M]. New York: Basic Books, 1983.

[111] Scribner, J. P., Swayer, R. K., Watson, S. T., et al. Teacher teams and distributed leadership: A study of group discourse and collaboration [J]. Educational Administration Quarterly, 2007,43(1): 67 - 100.

[112] Scribner, S. M. P., & Bradley-Levine, J. The meaning(s) of teacher leadership in an urban High School reform [J]. Educational Administration Quarterly, 2010,46(4): 491 - 522.

[113] Sergiovanni, T. Moral Leadership: Getting to the heart of school improvement [M]. San Francisco: Jossey-Bass Publishers, 1992.

[114] Sergiovanni, T. Organizations or communities? Changing the metaphor changes the theory [J]. Educational Administration Quarterly, 1994,30: 214 - 226.

[115] Sergiovanni, T. J. The lifeworld of leadership: Creating culture, community, and personal meaning in our schools [M]. San Francisco: Jossey-Bass Publishers, 2000.

[116] Sfard, A. On two metaphors for learning and the dangers of choosing just one [J]. Educational Researcher, 1998,27(2): 4 - 13.

[117] Shulman, L. S. Those who understand: Knowledge growth in teaching [J]. Educational Researcher, 1986,15(2): 4 - 14.

[118] Sieber, J. E. Planning ethically responsive research [M]. Newbury Park: SAGE. 1992.

[119] Silva, D., Gimbert, B., & Nolan, J. Sliding the doors: Locking and unlocking possibilities for teacher leadership [J]. Teachers College Record, 2000, 102 (4):

779 - 804.

[120] Smagorinsky, P. A Vygotskian analysis of the construction of setting in learning to teach [M]//Ellis, V. , Edwards, A. , & Smagorinsky, P. (Eds.). Cultural-Historical perspectives on teacher education and development: Learning teaching. London, New York: Routledge, 2010: 13 - 29.

[121] Smylie, M. A. , & Denny, W. Teacher leadership: Tensions and ambiguities in organizational perspective [J]. Educational Administration Quarterly, 1990,26(3): 235 - 259.

[122] Smylie, M. A. Teacher participation in school decision making: Assessing willingness to participate [J]. Education Evaluation and Policy Analysis, 1992,14 (1): 53 - 67.

[123] Smylie, M. A. Redesigning teachers' work: Connections to the classroom [C]// Darling-Hammond, L. (Eds.). Review of research in education. Washington DC: American Educational Research Association, 1994: 129 - 177.

[124] Smylie, M. A. Research on teacher leadership: Assessing the state of the art [M]// Biddle, B. J. Good, T. L. & Goodson, I. F. (Eds.). International handbook of teachers and teaching. Netherlands: Kluwer Academic Publishers, 1997: 521 - 591.

[125] Smylie, M. A. , Conley, S. , & Marks, H. M. Exploring new approaches to teacher leadership for school improvement [M]//Murphy, J. (Eds.). The educational leadership challenge: Redefining leadership for the 21st century. Chicago: University of Chicago Press, 2002: 162 - 188.

[126] Smylie, M. A. , & Mayrowetz, D. Footnotes to teacher leadership [M]//Saha, L. J. & Dworkin, A. G. (Eds.). International Handbook of Research on Teachers and Teaching. LLC: Springer Science + Business Media, 2009: 277 - 289.

[127] Spillane, J. P. Educational leadership [J]. Educational Evaluation and Policy Analysis, 2003,25(4): 343 - 346.

[128] Spillane, J. P. Distributed leadership [M]. US: Jossy-Bass, 2006.

[129] Stake, R. The art of case study research [M]. Thousand Oaks: SAGE Publications, 1995.

[130] Stake, R. Qualitative case study [C]//Denzin, N. & Lincoln, Y. (Eds.). The SAGE handbook of qualitative research. London: Thousand Oaks, . 2005: 443 - 466.

[131] Steel, C. , & Craig, E. Reworking industrial models, exploring contemporary ideas, and fostering teacher leadership [J]. Phi Delta Kappan, 2006: 676 - 680.

[132] Stetsenko, A. , & Arievitch, I. M. The self in cultural-historical activity theory: Reclaiming the unity of social and individual dimensions of human development [J]. Theory & Psychology, 2004,14(4): 475 - 503.

[133] Stoll, L. , Bolam, R. , McMahon, A. , et al. Professional learning communities: A review of the literature [J]. Journal of Educational Change, 2006,7(4): 221 - 258.

[134] Stoll, L. Teacher educators in the 21st century: The role of professional learning communities [R]. Paper presented at the CTER Global Teacher Education Summit, Beijing, 2011.

[135] Swaffield, S. , & MacBeath, J. Leadership for learning [M]//MacBeath, J. & Dempster, N. (Eds.). Connecting leadership and learning: Principles for practice. London, New York: Routledge, Taylor & Francis Group, 2009: 32 – 52.

[136] Tappan, M. B. Reframing internalized oppression and internalized domination: From the psychological to the sociocultural [J]. Teachers College Record, 2006,108(10): 2115 – 2114.

[137] The Holmes Group. Tomorrow's Teachers [R]. East Lansing, Mich: Holmes Group, 1986.

[138] Thornton, H. J. Excellent teachers leading the way: How to cultivate teacher leadership [J]. Middle School Journal, 2010,41(1): 36 – 43.

[139] Veenman, S. Perceived problems of beginning teachers [J]. Review of Educational Research, 1984,54(2): 143 – 178.

[140] Vermunt, J. , & Verloop, N. Congruence and friction between learning and teaching [J]. Learning and Instruction, 1999,9: 257 – 280.

[141] Vygotsky, L. S. Mind in society: The development of higher psychological processes [M]. Cambridge, MA: Harvard University Press, 1978.

[142] Webster-Wright, A. Reframing professional development through understanding authentic professional learning [J]. Review of Educational Research, 2009,79(2): 702 – 739.

[143] Weiler, H. N. Comparative perspectives on educational decentralization: An exercise in contradiction? [J]. Educational Evaluation and Policy Analysis, 1990,12(4): 433 – 448.

[144] Wenger, E. Community of practice: Learning, meaning, and identity [M]. Cambridge: Cambridge University Press, 1998.

[145] Wertsch, J. V. Voices of the mind. Cambridge [M]. MA: Harvard University Press, 1991.

[146] Wertsch, J. del Rio, P. & Alvarez, A. (Eds.). Sociocultural Studies of the Mind [M]. Cambridge, England: Cambridge University Press, 1995: 1 – 36.

[147] Wertsch, J. V. Mind as action [M]. New York: Oxford University Press, 1998.

[148] Westheimer, J. Among school teachers: Community, autonomy and ideology in teachers' work [M]. New York: Teachers College Press, 1998.

[149] Wilson, S. , & Bernest, J. Teacher learning and the acquisition of professional knowledge: An examination of research on contemporary professional development [J]. Review of Research in Education, 1999,24: 173 – 210.

[150] Wilson, M. , & Coolican, J. How high and low self-empowered teachers work with colleagues and school principals [J]. Journal of Educational Thought, 1996,30(2): 99 – 117.

[151] Winch, C. The philosophy of human learning [M]. London & New York: Routledge, 1998.

[152] Witziers, B., Bosker, R. J., & Kruger, M. I. Educational leadership and student achievement: The elusive search for an association [J]. Educational Administration Quarterly, 2003,39(3): 398 - 425.

[153] Wood, D. Teachers' learning communities: Catalyst for change or a new infrastructure for the status quo? [J]. Teachers College Record, 2007,109(3): 699 - 739.

[154] Woods, P. A., Bennett, N., Harvey, J. A. et al. Variabilities and dualities in distributed leadership: Findings from a systematic literature review [J]. Educational Management Administration & Leadership, 2004,32(4): 439 - 457.

[155] Lisa C. Y-L, & Michael T. H. Using activity systems analysis to identify inner contradictions in teacher professional development [J]. Teaching & Teacher Education, 2009,25(3): 507 - 517.

[156] York-Barr, J., & Duke, K. What do we know about teacher leadership? Findings from two decades of scholarship [J]. Review of Educational Research, 2004,74(3): 255 - 316.

[157] Zepeda, S. J., Mayers, R. S., & Benson, B. N. The call to teacher leadership [R]. NY: Eyes on Education, 2003.

▶ Index

索　引

B

辩证思想　51

表现主义　31

补足取向　5

C

参与型观察　80

参与隐喻　43

操作　53

冲突　23

创生取向　2

垂直视角　50

刺激维度　43

D

大教研　84

道德权威　22

第二世界　56

第三世界　56

第一世界　56

动机　43

F

分布式领导　22

分配　21

分析单位　46

复杂系统观　42

赋权　1

G

改革　1

个人取向的文化历史研究　50

个体工作再造模型　13

工具　14

工业管理模式　13

共商目标　163

共享的技艺库　47

骨干教师　3

骨干教师引领的教师学习　3

规则　35

H

合作性学习　47

活动　1

活动边界　54

活动结构　53

活动网络　50

获取隐喻　43

J

基本型案例研究　74

基于角色的组织理论　13

基于教师专长的科层式教师领导
　　26

基于教师专长的社群式教师领导
　　26

基于现场的管理　12

集体性学习　47

建构主义　7

建构主义领导　6

交换　59

交往维度　43

教师改变　5

教师角色　2

教师理事运动　13

教师领导　1

教师领导—教师学习关系　8

教师社群　27

教师学习　1

教师学习产品　133

教师学习过程　10

教师学习社群　17

教师研究　11

教师与课程的关系　2

教师专业发展　1

教师专业化　2

教师专业性　2

教师专业学习社群　46

教师专业学习系统　48

教师作为领导者　2

教师作为学习者　4

教师作为研究者　14

教研组　10

教育分权　11

教育领导　2

教育社群　6

结构—能动　40

K

科研　4

客体　54

L

劳动分工　54

老带新　168

两次存在　52

临近发展区　50

领导　4

领导动机　32

领会　29

M

矛盾　11

民主行政运动　13

目标　1

N

内容维度　43

能动性　7

P

平等协作　224

Q

嵌入性多案例研究　74

权力　1

群体取向的文化历史研究　50

R

人工制品　51

人类高级心理机能　50

认知主义　44

S

社会盟约　21

社会民主　5

社会文化理论　50

社会性学习　46

社群　6

社群为本　19

社群中的领导观　21

生产　14

实践社群　19

T

调适　53

W

为了学习的领导　6

文化　4

文化历史活动理论　49

文化适应　48

文化—行为　40

文化中介　51

X

消耗　59

小教研　84

新课程改革　1

新手—专家教师对比　46

新自由主义　11

行动　5

学徒制　55

学习　3

学习悖论　45

"学习—领导"关系　6

学校领导　6

学校文化　34

Y

引导式参与　55

Z

再生产循环　57

增能　1

质化取向的案例研究　74

中介　9

中介工具　50

中介物　55

中介行动　50

中介行动理论　50

种子教师　243

主体　15

专业权威　22

专业自主　5